U0529407

本书是教育部人文社科规划项目"西北民歌'花儿'词汇研究"（20YJA740004）的成果

本书得到天水师范学院重点学科出版经费的支持

西北民歌"花儿"词汇研究

毕小红 ◎ 著

中国社会科学出版社

图书在版编目（CIP）数据

西北民歌"花儿"词汇研究／毕小红著. —北京：中国社会科学出版社，2021.3

ISBN 978 – 7 – 5203 – 8249 – 6

Ⅰ.①西… Ⅱ.①毕… Ⅲ.①花儿（音乐）—歌词—方言研究 Ⅳ.①H172.2

中国版本图书馆 CIP 数据核字（2021）第 066916 号

出 版 人	赵剑英	
责任编辑	张　林	
责任校对	李　莉	
责任印制	戴　宽	

出　　版	中国社会科学出版社	
社　　址	北京鼓楼西大街甲 158 号	
邮　　编	100720	
网　　址	http://www.csspw.cn	
发 行 部	010 – 84083685	
门 市 部	010 – 84029450	
经　　销	新华书店及其他书店	
印刷装订	三河弘翰印务有限公司	
版　　次	2021 年 3 月第 1 版	
印　　次	2021 年 3 月第 1 次印刷	
开　　本	710×1000　1/16	
印　　张	31	
插　　页	2	
字　　数	508 千字	
定　　价	188.00 元	

凡购买中国社会科学出版社图书,如有质量问题请与本社营销中心联系调换
电话：010 – 84083683
版权所有　侵权必究

序

　　花儿是流传在我国西北部甘肃、宁夏、青海、新疆各省区多民族杂居地带的民间歌谣，当地人们在日常生活中随感而发的，带着浓厚的乡野气息。

　　从语言的角度来看，花儿的用语有不少值得关注的方面。首先，虽然花儿的创作者和歌唱者来自汉族和回族、土族、藏族、蒙古族、撒拉族、东乡族、保安族、裕固族等不同民族，但歌词却并未采用传唱者的母语，而是都采用当地通行的汉语方言，反映了处于融合状态下的多民族群体交际中，对于共通交际符号的需求，也有助于我们了解跨语言交际中，影响语言选择的诸多因素。

　　语际关系反映了复杂的人际关系，一方面，在日常交际中采用本民族或本地方言，可以激起人的乡土情感，拉近交际者之间的距离，同时也在其他语言或方言的使用者之间立起了一道交际的藩篱；另一方面，人际交往范围的扩大，有利于个人眼界的拓宽，也能促进不同群体互通有无、取长补短，因此，打破交际的阻隔也有着切实的需求。总之，不同族群之间沟通和同一族群内部的情感凝聚，都是交际中的实际需求，对于同一个交际者来说，两种不同的需求产生了不同的语用选择，以适应不同交际场合的实际需要。花儿的用语，方便西北各族人民之间的情感交流，反映了各民族之间密切交往的需要。

　　作为一种文化形态，在封建时代，花儿以倾诉个人情感为主，兼述个人生活遭遇，具有通俗、非主流的色彩，不登大雅之堂。因此尽管它已经存在了几百年，但直到一百年前才受到学者的关注，进入文献记载。20世纪50年代，受新民歌运动的影响，花儿的社会地位明显提高，花儿的创作也更加接近社会政治生活，更多地反映时代的面貌。其后，对花儿的搜集整理形成高潮。丰富的花儿文献，为研究西北方言提供了难得的语言研究材料。

方言区别于通语，是通语的变体。从词汇的角度来看，方言中大量用词跟通语是一致的，同时，又有部分跟通语不同的词汇成分。所谓方言词汇，通常就专门指跟通语不同的方言用词，而不计方言中跟通语相同的部分，方言词汇重在体现该方言在词汇方面的特点。

本书以花儿作为基础语料，从共时的角度，以词义系统为纲，全面梳理其中的方言词语，进而分析这些方言词在概念场中的分布特征，了解花儿所反映的方言词在语义系统中跟通语词汇的差异，并从历史和其他各个角度，对它们展开分析。方言和通语的词汇差异，在一定程度上，反映了当地人们所关注事物的重点，跟其他地域人们关注重点的不同，从一个方面折射出当地的地方文化特色，因而，描写花儿用语的特点，也是展示当地人民在不同时期，尤其是近百年来的不同生活和思想面貌。

作为一种口语性语料，花儿蕴含着丰富的信息，本项研究从词汇的角度，以描写为基础，通过多方面的深入分析，为我们展示了保存在花儿中大量富有时代背景和生活气息的鲜活词汇语料，既为西北方言的共时观察和历时探索方面的研究提供了可靠的资料，也有助于对花儿的记录整理，方便读者对花儿歌词的理解，具有良好的社会效益。

毕小红多年来致力于花儿的词汇研究，在此基础上，完成了她的博士论文，并喜获教育部社科基金支持。本书的出版，是她这些年来不懈努力的结果，希望以此为新的起点，在今后的深入探索中，有更多的收获。

俞理明
2021 年 3 月

目 录

第一章 绪论 (1)
  第一节 花儿的搜集整理与编纂 (1)
    一 中华人民共和国成立前阶段 (1)
    二 中华人民共和国成立后阶段 (3)
  第二节 花儿语言研究回顾 (13)
    一 修辞研究 (13)
    二 句式、韵律、衬词的研究 (14)
    三 花儿中的特殊语言现象研究 (15)
    四 花儿的词语研究 (16)
  第三节 花儿词汇的研究价值 (18)
    一 有助于建立科学的汉语词汇史研究观 (18)
    二 为汉语词汇史的研究提供方言佐证 (19)
    三 为方言词汇的对比研究提供材料 (22)
    四 有助于花儿文本的整理 (23)
    五 有助于古籍、方志等文献的整理 (41)
    六 有助于花儿词典的编纂 (43)
  第四节 研究对象及方法 (44)
    一 研究对象及处理原则 (44)
    二 选材范围及依据版本 (47)
    三 研究方法 (48)

第二章 名物篇 (51)
  第一节 称谓 (51)

一　亲属称谓及其泛化称谓 …………………………… (51)
　　　二　爱人称谓 ………………………………………… (59)
　　　三　人物、品类称谓 ………………………………… (67)
　　　四　诸神之称 ………………………………………… (86)
　第二节　躯体 …………………………………………………… (91)
　　　一　身体部位 ………………………………………… (91)
　　　二　毛发、斑点等 …………………………………… (106)
　第三节　饮食 ………………………………………………… (110)
　　　一　米面及制品 ……………………………………… (110)
　　　二　烟、酒、糖、茶及调味品 ……………………… (120)
　　　三　水、油类 ………………………………………… (124)
　第四节　服饰 ………………………………………………… (125)
　　　一　服装类 …………………………………………… (125)
　　　二　布料 ……………………………………………… (132)
　　　三　饰品类及相关的辅助工具 ……………………… (134)
　第五节　器具及财物 ………………………………………… (138)
　　　一　生活用具 ………………………………………… (138)
　　　二　农具 ……………………………………………… (152)
　　　三　交通工具 ………………………………………… (153)
　　　四　财物 ……………………………………………… (155)
　　　五　其他器具 ………………………………………… (157)
　第六节　疾病医疗及废弃物 ………………………………… (157)
　　　一　疾病 ……………………………………………… (157)
　　　二　废弃物 …………………………………………… (159)
　第七节　方位建筑 …………………………………………… (159)
　　　一　各种建筑 ………………………………………… (160)
　　　二　道路设施及状况 ………………………………… (167)
　　　三　农田及相关建筑 ………………………………… (170)
　　　四　各种建筑材料 …………………………………… (172)
　　　五　方位 ……………………………………………… (173)
　第八节　植物 ………………………………………………… (181)

一　花草树木 ………………………………………………… (181)
　　二　果实及其壳、核 ………………………………………… (189)
第九节　动物 ……………………………………………………… (196)
第十节　自然现象 ………………………………………………… (206)
　　一　星辰、云雾、风雨 ……………………………………… (206)
　　二　山川地理及其沙尘、瓦砾 ……………………………… (215)
第十一节　机构规则与礼俗娱乐 ………………………………… (217)
　　一　机构集市 ………………………………………………… (217)
　　二　礼俗法规 ………………………………………………… (219)
　　三　书信契约 ………………………………………………… (222)
　　四　言辞娱乐 ………………………………………………… (223)
第十二节　表示抽象概念的词语 ………………………………… (225)
　　一　心绪谋略 ………………………………………………… (225)
　　二　踪迹事由 ………………………………………………… (229)
　　三　方法、对错及其他 ……………………………………… (231)

第三章　行为篇 ……………………………………………… (234)

第一节　生命成长行为 …………………………………………… (234)
　　一　婚恋 ……………………………………………………… (234)
　　二　养育 ……………………………………………………… (241)
　　三　寿夭、疾病以及各种与疾病相关的行为 …………… (244)
第二节　五官行为 ………………………………………………… (247)
　　一　耳、目、鼻、首 ………………………………………… (247)
　　二　口部 ……………………………………………………… (254)
第三节　肢体行为 ………………………………………………… (270)
　　一　手部行为 ………………………………………………… (270)
　　二　躯体位移 ………………………………………………… (286)
第四节　生活行为 ………………………………………………… (294)
　　一　衣、食、住等生活行为 ………………………………… (294)
　　二　人际交往 ………………………………………………… (298)
　　三　交易理财行为 …………………………………………… (308)

四　祭祀活动 …………………………………………………… (310)
　　五　备办从事 …………………………………………………… (310)
第五节　农牧行为 ………………………………………………… (313)
　　一　农牧行为 …………………………………………………… (313)
　　二　谋生行为 …………………………………………………… (316)
第六节　意识行为 ………………………………………………… (317)
　　一　心谋绪感 …………………………………………………… (317)
　　二　晓悟思慕 …………………………………………………… (327)
第七节　自然界非人类行为 ……………………………………… (329)

第四章　性状篇 ………………………………………………… (340)
第一节　外在特征 ………………………………………………… (340)
　　一　形貌特征 …………………………………………………… (340)
　　二　声、色、味特征 …………………………………………… (346)
第二节　性质状态 ………………………………………………… (350)

第五章　花儿词汇的基本特征 ………………………………… (361)
第一节　花儿词汇覆盖面广，但分布不均衡 …………………… (361)
　　一　包含词语较多的概念域 …………………………………… (361)
　　二　包含词语较少的概念域 …………………………………… (368)
第二节　花儿词汇历史层次明晰 ………………………………… (369)
　　一　古语词(上古至清代末年的词语) ………………………… (370)
　　二　反映1919—1949年社会生活词语 ………………………… (407)
　　三　反映1949—1978年社会生活词语 ………………………… (408)
　　四　反映1978年至20世纪90年代末期社会生活词语 ……… (408)
　　五　反映2000年之后社会生活词语 …………………………… (408)
第三节　花儿词汇的口语风格 …………………………………… (409)
　　一　喻体词语通俗 ……………………………………………… (410)
　　二　具有民俗意义和专指意义的多音节词语 ………………… (416)
　　三　詈词 ………………………………………………………… (443)
第四节　花儿词汇一词多形与一形多词 ………………………… (451)

一　一词多形的类型及特点分析 …………………………（452）
　　二　花儿中的多词一形 ……………………………………（461）
第五节　花儿词汇中的外来成分 ………………………………（463）
　　一　外来成分的来源分类 …………………………………（463）
　　二　花儿词汇外来成分特点分析 …………………………（465）

结　语 ……………………………………………………………（473）

参考文献 …………………………………………………………（475）

第 一 章

绪　　论

第一节　花儿的搜集整理与编纂

"花儿"① 是一种演唱语言、演唱方式都比较独特的民间歌谣，传唱于甘、宁、青、新四省区汉族和回、土、藏、蒙古、撒拉、东乡、保安、裕固等少数民族杂居区域。从 1925 年花儿被记录以来，历经百年，其搜集整理与编选研究均获得可观的成绩。社会变革影响花儿的搜集和整理，我们以中华人民共和国成立为分期，把花儿的搜集整理分为中华人民共和国成立前和成立后两个阶段。

一　中华人民共和国成立前阶段

这个时期的搜集整理多属个人行为。受五四时期北京大学歌谣学运动的启发，1923 年北京大学地质学教授袁复礼"在深入甘肃各地考察（地质）期间，又被当地的花儿歌声所吸引"，② 于 1925 年将收集的 34 首甘肃歌谣③刊发于《北大歌谣周刊》，并附录了一篇文章《甘肃的歌谣——话儿》，这是第一篇向世人全面介绍花儿并且影响较大的文章，文章指出了花儿传唱者的身份、花儿的禁忌、花儿的传唱范围以及花儿曲调及语言的特征和歌词记录采用的方式等情况，并赞花儿有"国风的意味"。自袁复礼后，记录与整理花儿的文章和著作渐次出现。最值得一提

---

① 由于文中多次出现"花儿"一词，为了行文简洁，"花儿"不再标注引号。
② 刘凯：《西部花儿散论》，载马列《岷州花儿》，甘肃人民出版社 2009 年版，第 89 页。
③ 30 首是花儿，4 首是其他类型的民歌。

的是甘肃榆中人张亚雄编著的《花儿集》,"它是历史上第一本全面而系统地记述、讨论、研究西北'花儿'的专书,其价值尤其不能够简单评估"。① 此书把花儿歌词编选与研究合在一起,分为上下两编,上编介绍花儿,下编收录歌词。以后的很多花儿著作都沿用了这一体例。《花儿集》至今共出了三版。前两版中华人民共和国成立前所出,为繁体字版。后一版即第三版1986年由中国文联公司出版社出版,为简体字版。②

1940年第一版《花儿集》面世③(以下简称1940版)。全书分为上下两编,上编介绍花儿。下编选录歌词653首。④ 分列于30个主题之下,这30个主题内容相当广泛,展示了西北农村生活的方方面面。《花儿集》记录整理的歌词在文字上有一个显著特点,注重记方音,如:"我"记作"脑","的"记作"仔","绿"记作"溜","不要"记作"抱"等("脑、仔、溜、抱"为"我、的、绿、不要"的西宁方音⑤)。

1948年《花儿集》再版(以下简称1948版),集歌词677首。增加花儿歌词26首,多为战争歌曲。由甘肃临潭人谢润甫做了序言。序言对《花儿集》一书做了高度评价。"实在是一部研究陇上社会民情、风俗、甚至历史、方言文学……等好多方面有用的书,过去虽然销路很好,但还不是这书真价值的发扬,它的真价值,是要等上述的这些学问发展的时候,才能见出真需要来。"⑥ 此版本增加了花儿常用语汇索引。录入的长篇叙事花儿《马五哥与尕豆妹》被张亚雄誉为"西北高原之绝唱,山歌之翘楚"。⑦

同期,还有一些散见于甘、青报纸杂志上刊录的花儿歌词与一些介

---

① 乔建中:《花儿研究第一书——张亚雄和他的〈花儿集〉》,《音乐研究》2004年第3期。

② 1986年中国文联出版公司出版《花儿集》第三版。辑录歌词627首,删除了一些反映战争年代的花儿。文字上由繁体字改为简化字。注音方法由民国时候的注音符号改为汉语拼音和直音法。

③ 此版载娄子匡《民俗丛书》第94册《花儿集》,台湾:东方书局1973年版序言(朱介凡),序言对花儿格律及某些字词做了阐释。

④ 实际为651首。

⑤ 张亚雄:《花儿集》,中国文联出版公司1986年版,第76页。

⑥ "中国西北民俗文献丛书"《花儿集》第138册,兰州古籍书店1990年版,第15页。

⑦ "中国西北民俗文献丛书"《花儿集》第138册,兰州古籍书店1990年版,第56页。

绍花儿的文章。①

这个阶段花儿的搜集整理，扛鼎之作当属张亚雄的《花儿集》，其他的搜集整理在数量和质量上都难以与《花儿集》相抗衡。《花儿集》的初版、二版都是研究民国时期语言不可多得的材料。

二 中华人民共和国成立后阶段

中华人民共和国成立后，花儿的搜集整理由于政府的倡导和推动进入了腾飞状态。大致20世纪50年代是个高峰，六七十年代较为沉寂，70年代末期至今是搜集整理与研究的稳步前进期。尤其2000年之后，花儿的歌曲歌词编选佳作迭出不穷。

（一）20世纪50年代至70年代末期

1952年甘肃人民出版社编辑部编《花儿选》（第一本）由甘肃人民出版社出版，共收集"歌颂毛主席、抗美援朝、土地改革、爱国增产、回汉人民团结、新婚姻制度等70首新花儿"。② 1954年，被誉为"西北花儿王"的歌者朱仲禄③编选而成《花儿选》，由陕西人民出版社出版，此书收集花儿歌词700多首。将河州花儿、洮岷花儿分类进行了编选。并编选了"解放后的花儿"这一崭新的主题，是"歌颂解放军、歌颂领袖及劳动生产、抗美援朝的新歌词"。④ 在记录上，采用繁体字。后期"花儿"记录中常见的虚词"者"，一律被记为"这"。这意味着"者"，此时还没有被约定俗成为统一字形。

同年，纪叶编《青海民歌选》，由人民文学出版社出版，收录了青海地区的花儿和一部分藏族土族的民歌。同年，在甘肃，由周健、剑虹整理，甘肃省文化局、甘肃省文联编印了《甘肃民歌选》（共四辑），其中

---

① 1936年《甘肃民国日报》刊登牙含章收集的花儿100首，后收录于张亚雄《花儿集》；1937年慕寿祺《甘宁青史略》收录百余首花儿（后经专家确定，只有六首是花儿）。其他散见于报刊的文章可参看王沛《中国花儿——大西北之魂》以及其他花儿研究专家通论性著作中的介绍。

② 甘肃人民出版社编辑部编：《花儿选》（第一本），甘肃人民出版社1952年版，扉页。

③ 朱仲禄，既是大学生，又是唱花儿的歌者，他是花儿界的奇才，因为与朱仲禄同期唱花儿的歌者基本都不识字。

④ 朱仲禄：《花儿选》，陕西人民出版社1954年版，第144页。

第二辑包含三部分内容，常用词汇注解、歌词辑选和曲谱。① 1957年由剑虹、周健整理，甘肃省文化局、甘肃省文联编的第一辑《甘肃民歌选（花儿）》由甘肃人民出版社出版，是非常优秀的花儿编选集。1958年4月达玉川编选《青海花儿选》（上海文艺出版社），收集了流传在青海地区的400多首花儿。1958年季成家《青海山歌》（甘肃文艺出版社）收集花儿约800首。1958年青海人民出版社编辑出版《青海花儿选》等。1959年甘肃民族出版社出版了中共临夏回族自治州编委会编的《临夏花儿》。

1960年甘肃省文化局编《甘肃歌谣》和1960年青海民歌办编《青海歌谣》都收编了一部分花儿歌词。1963年甘肃人民出版社编辑并出版《花儿（甘肃民歌选集）》。1966年雪犁编《好不过毛泽东时代》（临夏花儿第一集）。1966年汪玉良编《幸福的大道共产党开》（临夏花儿第二集）等。

五六十年代搜集整理出版的花儿选集集中在甘肃和青海两省，出了十几部编选集。② 当时，由于国家提倡简化字，而繁体字也没有退出语用市场，五六十年代的花儿选集基本是繁体字和简体字混用。以达玉川《青海花儿选》（1954年）为例，随意抽出一首《你死了我死了心折断》（39页），字体记录如下：

白鸚哥吃草滿嶺兒轉，霜殺了園里的牡丹；你死了我死了心折断，不死了要说个领干。

如第一、二句中，"草""里"是简体，第一句中"鸚""滿""嶺""兒""轉"是繁体。

60年代末期到70年代中期，受政治运动的影响，出现了封山禁歌的情况。花儿的搜集整理工作也基本停止了。但花儿的衍生物——一个新的剧种——花儿剧在甘肃诞生了。1964年，甘肃歌剧团正式排出花儿歌

---

① 笔者没有搜集到其他几辑，仅购到第2辑。
② 此处的书目例举和统计见兰州大学中文系段平、柯杨《花儿研究资料索引》，1981年10月。

剧《向阳川》①。1966年，临夏编写的小型花儿剧《试刀面》，参加了甘肃省地方戏曲表演。花儿剧由一首首的花儿缀联而成，结合了舞台的艺术特征来表现戏剧冲突，推动故事情节的发展。此后青海，宁夏的创作者都写出了很优秀的花儿剧。"截至现在，又产生了花儿方言戏，花儿歌剧，花儿舞剧，花儿歌舞剧，花儿情景剧，花儿电视片和影视剧等，仅西北地区已有20余部之多。"② 在花儿的基础上衍变出的各种艺术形式，对传播花儿，保存花儿都起着重要作用。

　　1974年出版的《手搭凉篷望北京》③，此书编选了8个不同民族的花儿，并在每一首歌词下面注明民族名称。首次收录甘肃省特有的少数民族——裕固族传唱的两首花儿《学习了毛选斗志坚》和《贫下中牧爱公社》。此书记录了时代词语：大寨、文化大革命、跃进、批林批孔、土改团、公社、互助合作、农业社、贫下中农、阶级斗争、样板戏、帝修反、知识青年、插队、民兵、苏修等。1978年临夏回族自治州文化局编《春催花儿开》属内部交流本，收录28首花儿皆是"美盛德以形容"的颂歌。1979年甘肃省康乐县文化馆编印《莲花山花儿选》收集花儿歌词100首。记录了"毛主席、周总理、华主席、四化、新长征、包工到组、社员、发电厂、副业、封山禁歌、三中全会、八字宪法、四人帮"等富有时代特征的词语。此书中还记录了大量的"二简字"，反映了国家当时的文字政策。此外还有1978年青海省文化局民歌征集组编写的《青海民歌选》集歌词、曲令于一体。1979年西宁演唱特刊《花儿集》不仅收集了青海花儿，也收集了甘肃花儿，包括洮岷花儿等。

　　总之，70年代出版的花儿选集时政味道浓烈，学界普遍认为时政歌内容空洞，没有价值。但实际上，时政歌记录了随时代而产生的新词语，指明了花儿语言的时代属性，起兴句又描摹了民族、民俗、地域文化，反映了一定历史时期的社会风貌，其语言价值与史料价值不容小觑。

（二）20世纪80年代至今

　　20世纪80年代开始，花儿的整理工作进入腾飞状态，出现了三个景

---

　　① 王沛：《大西北之魂》，黑龙江人民出版社2000年版，第95页。
　　② 蔡国英：《宁夏花儿精粹》，黄河出版传媒集团阳光出版社2013年版，第560页。
　　③ 卜锡文执笔，甘肃师大艺术系革命民歌调查组搜集整理：《手搭凉篷望北京》，青海人民出版社1974年版。

象：一是参与搜集整理的人员越来越多；二是参与者的文化水平越来越高；三是政府加大了对花儿的传承保护和搜集整理的力度。花儿编选集成燎原之势。

80年代，国家指令各级政府机构搜集整理民歌，并由国家部委投资编选了大型丛书《中国民间歌曲集成》和《中国民间歌谣集成》，"首先出版《集成》的县卷资料本，在县卷资料本的基础上编纂省、自治区、直辖市卷"。[①] 大有一网打尽所有民歌的气魄。在这种风气的带动下，对花儿全面的大规模的搜集整理工作展开了，到2000年之后，更是达到了搜集整理的高峰。其成果与特点如下。

1. 数量上"蔚为大观"

从80年代至今，仅笔者所见收录千首以上的花儿集有：1982年临夏回族自治州文化局创作研究室编《临夏花儿选》收录花儿1000多首；1986年《中国民间歌谣集成·青海省大通县卷大通花儿集》选编2000多首；1986年《中国民间歌谣集成·花儿专辑湟中资料本》选编2000多首；1989年宁夏固原文化馆编《六盘山花儿两千首》；2000年《中国歌谣集成》甘宁青新四卷收集了不同民族不同类型的花儿歌词近两千首[②]；2001年董克义《积石山爱情花儿2000首》（积石山位于甘肃临夏，为河州花儿传唱地）；2004年张吉庆编选《花儿五千首》；2009年吉狄马加主编《青海花儿大典》收录花儿歌词2500多首；2011年李少白编《河湟花儿大全》（前两卷）编选花儿万首以上；2012年董克义《河州爱情花儿对唱》收录歌词1200多首；2013年季绪才编选《岷州花儿》收录歌词1344首等。收录集中，歌词有重复现象，但并非照搬重合，"他们或许在自己过去演唱或者诵说的'结构框架'基础上，变换个别语词，有意识地添加或删除一些语汇；或者在别人演唱或诵说的'既定'的口头诗歌的基础上，在模仿中再次'创作'"。[③] 通过一首花儿字词的变动能窥见花儿所处的不同时代和不同地域。另有甘肃陇崖编《花儿集萃》（2005

---

① 《中国歌谣集成·甘肃卷》，中国ISBN中心2000年版，第3页。
② 统计数字见王沛《大西北之魂——中国花儿》，黑龙江人民出版社2000年版，第91页。
③ 李建宗：《口头诗学：西部裕固语口头诗歌程式分析》，《河西学院学报》2012年第2期。

年）是不得不提到的花儿编选集中的精粹之作。此集子为临夏回族自治州民间文化系列丛书之一，共分《河州花儿卷》《莲花山花儿卷》和《花儿曲令集》三册。歌词收录千首以上，其语言质朴，完全是"我手写我口"的记录特征，注重记录方音，乡土气息非常浓厚，口语特征十分明显，是研究临夏方言、文化及民俗难得的资料。

2. 从不同角度分类搜集整理编纂花儿

分类角度的多样化意味着对"花儿"搜集和编纂视野的多样化。

首先，按族别名称分类编选。以《中国民间歌曲集成·青海卷》（2000年）为例，收录汉回族花儿（100首）、土族花儿（56首）、撒拉族花儿（41首）。《青海卷》（第95—112页）介绍了青海方言的音系特点、语法特点和词汇特点。歌曲中也对某些方言词以及流传在青海地区的花儿令名进行了随文解释。

其次，按不同主题分类。这是花儿编选集中最常见的分类方法，如爱情花儿和生活花儿的分类、传统花儿和新花儿的分类等。以《中国民间歌谣集成·甘肃卷》为例：首先按流派，花儿被分为洮岷花儿和河州花儿两大部分。其次又按不同的主题分了小类。本书最大的特点是列出了每首歌采自的县名、演唱者、采录者的姓名以及采录时间。这是其他编选集很少做到的。郗慧民就曾遗憾地指出："张亚雄《花儿集》全书总收纳花儿作品600多首，标明歌唱者身份和流行地区、搜集地点的竟一首也没有。"[1]

再次，以更小区域命名的花儿集越来越多。之前的花儿集以省区分类的较多。20世纪末以来编选集的区域缩小到县及以下的村镇。2001年哈守德《天祝花儿选》（甘肃天祝藏族自治县）；2002年汪鸿明《莲花山与莲花山花儿》（莲花山坐落于甘肃南部的康乐、临潭、卓尼、渭源、临洮五县交界处，主要以临潭为中心，形成洮岷北部花儿）；2003年《宁河花儿缀集》（甘肃临夏回族自治州和政县，古名宁河）；2004年《宁河花儿缀集》（第二集）；2007年临洮诗词编辑部编《临洮花儿选》（甘肃临洮县）；2008年渭源县文化馆编《渭源花儿精选》（甘肃渭源县）；2009年临洮寺洼文化研究会编《临洮花儿》（寺洼是甘肃临洮县的一个乡镇）；

---

[1] 郗慧民：《西北民族歌谣学》，民族出版社2001年版，第304页。

2010年王登云编《梨都花儿》（梨都指青海海南藏族自治州贵德县）；2011年和政县文化局《松鸣岩原生态花儿》（松鸣岩位于甘肃临夏回族自治州和政县）；2011年《花儿大通》编委会编《花儿大通》（青海大通回族土族自治县）；2012年杨生海编《八宝川花儿选》（八宝川在甘肃永登县红谷一带）；2013年王新林编《海原民间花儿》（宁夏海原县）；2013年马春晖《张家川回族自治县花儿全集》（甘肃天水市张家川回族自治县）；2013年季绪才编选的《岷州花儿选集》（甘肃岷县，古称岷州。此书被列为"岷县非物质文化遗产保护丛书"）；2015年杨琪昌《七里寺花儿集》（七里寺在青海省民和回族土族自治县古鄯镇）；2016年政协舟曲县文史资料委员会编《舟曲花儿》（甘肃甘南藏族自治州舟曲县）。小区域内整理，从词汇学角度说有利于明确方言词语的地域范围。"一个大方言里的各个小方言在词汇方面往往有或大或小的出入，我们在记录和整理方言词汇的时候得注意说明每一个词语通行的具体地区或地点，不能只是笼统地说是某方言的词语。"①

最后，按演唱者的名字命名花儿集。每一个演唱者都是民歌花儿的创造者，在唱词上带有个人风格，演唱者不同则意味着同一首花儿用词上的差异。2006年米东新区文化馆编《韩生元演唱专辑》，2011年和政县文化局主编《松鸣岩原生态花儿——马金山演唱集》，2015年甘肃渭源县文化馆编印《殷建章花儿集》，2015年甘肃渭源县文化馆编印《汪莲莲花儿集》等都自成风格。

3. 花儿编写者的身份发生了变化

1980年之后，诞生于民间，为劳动人民即兴口头创作演唱的花儿，文人开始参与创作，个人创作的花儿集随即出版刊发。如朱仲禄《爱情花儿》（敦煌文艺出版社2002年版）②，马得林《新编大传花儿》（青海人民出版社2003年版），是"就着一盏昏暗的白炽灯，垫着炕桌写出了一千余首以历史起兴的花儿。"③ 赵存禄的长篇花儿叙事诗《东乡人之

---

① 张永言：《词汇学简论》增订本，复旦大学出版社2015年版，第76页。
② 《爱情花儿》第366页张君仁跋："《爱情花儿》收录的作品大约分为三类，第一种来自民间的原始采集；第二种经过老人改编的作品；第三种类型就是纯粹创作的新作品。"
③ 马得林：《新编大传花儿》，青海人民出版社2003年版，第5页谢佐序言。

歌》（天马出版社2004年版），满自忠《新编花儿擂台卷》（内容有自编有现场实录）（青海人民出版社2014年版），殷建章《殷建章花儿集》（甘肃省渭源县文化馆2015年版）等。虽然这些创作带有个人痕迹，或有雕琢之嫌，但数量少，对于即兴编词的花儿影响并不大。花儿考量的是现场"口占"，陇崖说："花儿的编串有很大的随意性，极讲求即兴而发，有时几个人互相对唱，硬逼着对方挖空心思，来往互对。"[1] 柯杨在《听众的参与和民间歌手的才能》一文中写道："1991年我邀请了一位北京女歌手和两位台湾民间文化专家赴莲花山花儿会采风，四位男歌手就冲着正在拍照的女记者唱道：'斧头要剁白杨呢，北京的尕妹照相呢，今晚给你唱亮呢，明天把你跟上呢，跟上才有希望呢。'……歌手们要求这位女记者也唱一首花儿，她不会，只好唱了一首流行的歌曲——《黄土高坡》，而歌手们依然不依不饶地唱道，'柴一页，四页柴，北京尕妹好人才，黄土高坡不算数，你把我唱下的花儿补者来'。"[2] 刘秋芝在《西北回族口头文学研究》中说："他们（演唱者）即兴编词，能将眼前的一切纳入自己的歌唱中。调查人作为陌生的他者，被当作新奇的材料编入歌词，成为现场互动的重要因素。这是歌手的惯用技巧和演唱模式，任何一个显得特殊的人物或者关键性的听众都会引起他们的注意，成为他们口头表演的重要互动因素。当演唱者意识到某位在场的听众可能会牵动整个歌唱活动甚至演唱场面时，他就会主动拉近自己与特定听众的心理距离。其方式就是将其编进歌词，或赞美或调侃，使听众不知不觉地进入他的歌唱世界，产生共鸣。"[3]

4. 花儿被编成教材

花儿教材是甘肃、宁夏"花儿进校园"活动的产物，这些教材既精选歌词又讲解花儿特点，是通识类读物。2011年刘明等编《花儿十讲》在宁夏大学音乐学院试讲。[4] 2013年包孝祖编的"岷县非物质文化遗产保护丛书"乡土教材《岷县花儿》"是国内第一部面向中学生和普通读者

---

[1] 陇崖：《花儿集粹·莲花山花儿卷》，甘肃文化出版社2005年版，第269页。
[2] 柯杨、武文：《洮岷花儿与西北民族民俗文化研究》，人民出版社2012年版，第46页。
[3] 刘秋芝：《西北回族口头文学研究》，中国社会科学出版社2014年版，第129—130页。
[4] 刘明：《中国花儿教程》，中国社会科学出版社2013年版，第142页。

全面介绍岷县花儿的教材"①。后又在此基础上出了小学版。② 其中引例了很多富有特色的岷县花儿并分节介绍了岷县花儿的方言特征。2013年和政县文化广播电视局主编的乡土教材《松鸣岩花儿曲令》专门介绍花儿曲令，并收录花儿歌词170首，教材中收录的歌词由于少了爱情成分、生活经验，在内容上略显单薄。

5. 在互联网上传播

在纸质版编选的同时，20世纪90年代以来，音频视频等先进的传媒技术逐渐应用于花儿的记录保存。2000年之后网络逐渐普及，花儿开始在网上流传，专门介绍花儿的网站就有青海花儿网、中国花儿网，临夏花儿网等。花儿歌词也在网上大量涌现，光百度文库，我们就能搜到《青海花儿歌词100首》《青海花儿歌词大全》《青海花儿歌词精选》《青海花儿歌词集锦》等编选集。网络版的花儿歌词更注重方音，记录者采用大量同音字来记录，保持了花儿原生态的特点，不过，网络版花儿出现滥用同音字的情况，遑论自古代承传至今在普通话中已消失的词语的记录，即便是普通话中的常见字词也都写成同音字代替，形与义扞格，妨碍了读者对文意的正确理解。

6. 四省区搜集整理的快慢程度不同

河州花儿中的青海、甘肃河州花儿③走在搜集、整理与研究的前列。新疆、宁夏花儿搜集整理工作在20世纪80年代之后才渐渐有了规模。1982年新疆昌吉回族自治州《博格达》编辑部编《天山下的花儿》辑录传统花儿和新花儿共206首，"新花儿是在新疆昌吉回族自治州这块土壤里生长出来的，具有新疆花儿的特色"④；1994年铁学林、马玉琪《新疆回族传统花儿》由新疆青少年出版社出版，此后新疆花儿编选集陆续问世。新疆花儿主要是回族花儿，里面夹杂了大量的回族词语，又融合了新疆当地的文化和方言，唱词中出现了独具新疆特色的词汇，如巴依（维语音译词，财主）、抓饭（新疆特产）、马奶子（新疆特产）、坎土曼

---

① 包孝祖、季绪才：《岷县花儿》，甘肃文化出版社2013年版，第114页。
② 包孝祖、季绪才：《岷县花儿》（小学版），甘肃文化出版社2015年版。
③ 甘肃还有洮岷花儿。甘肃临夏回族自治州，以莲花山为界，南边传唱河州花儿，北边传唱洮岷花儿。
④ 《博格达》编辑部：《天山下的花儿》，新疆人民出版社1982年版，前言。

(维语音译词，镢头)、巴扎（维语音译词，集市）、塔河（塔里木河）、坎儿井（新疆特有）等词。其实不只是新疆花儿，花儿所到之处，皆跟当地的民俗语言文化相融合，形成独有的地域特色。正如柯杨所言："变异、创新、和各民族文化之间的相互交流与影响，是我们这个多民族国家中任何一个民族的民间文学在其发展过程中必然出现的带有规律性的现象。"①

1986 年中国民间文艺研究会宁夏分会编《宁夏民间文学》第九辑为花儿专辑；1986 年中国民间文艺研究会宁夏分会编选《宁夏花儿三百首》和 1989 年宁夏固原县文化馆与中国文艺家协会宁夏分会选编的《六盘山花儿两千首》，被誉为"实现了宁夏选本的重大突破"。② 2000 年之后，宁夏选本出了一系列精彩的编选集，如 2009 年马国财《六盘山花儿集锦》，"这可以算得上从田野中采集来的基本保持了原汁原味的民间歌谣集"③；2012 年蔡国英《宁夏花儿精粹》；2013 年蔡国英《中国宁夏花儿歌曲集》等。

河州花儿的搜集整理工作在甘宁青新四省开展得轰轰烈烈，而传唱在甘肃西南的洮岷花儿搜集整理工作显得较为缓慢。"在搜集整理研究成果中，河州型花儿约占 80%，洮岷型花儿约占 20%。"④

洮岷花儿的歌唱者主要为汉族和藏族，两族的民众不重迁徙，世代生活在甘肃西南部的洮州（今甘肃临潭）、岷州地区（今甘肃岷县），洮岷花儿的传唱地域也集中在以这两地为中心的区域内。因按地域，调令的不同，以往研究者又把洮岷花儿分为洮州花儿和岷州花儿。洮州花儿较之岷州花儿的编选略早一些，1979 年甘肃省康乐县文化馆编印了边海莹、丁作枢等搜集整理的《莲花山花儿选》、1984 年雪犁编《莲花山情歌》、1986 年中共康乐县委宣传部编《莲花山花儿选》、1986 年中国民间文艺研究会甘肃分会编《莲花山花儿选萃》。1992 年宁文焕《洮州花儿散论》是第一部关于洮州花儿的通论性著作，集研究与编选为一体，共

---

① 柯杨、武文：《洮岷花儿与西北民族民俗文化研究》，人民出版社 2012 年版，第 94 页。
② 曹强：《花儿语言民俗研究》，中国社会科学出版社 2016 年版，第 20 页。
③ 屈文焜：《六盘山花儿集锦·序言》，黄河集团出版公司、宁夏人民出版社 2009 年版。
④ 王沛：《中国花儿——大西北之魂》，黑龙江人民出版社 2006 年版，第 92 页。

收录了洮州花儿 700 余首。1997 年甘南藏族自治州临潭县莲花诗社王文光、闫国新编《莲花山花儿》。2002 年汪鸿明、丁作枢《莲花山与莲花山花儿》收录洮洲花儿 600 多首，详细介绍了罕见的"搭喜花儿"①，并将洮岷花儿中的单套花儿和双套花儿分类编辑②。这些都是洮州花儿的编选集。

岷州花儿的专辑编选始于 20 世纪 90 年代，1994 年岷县文化局编《叠藏河花儿专刊》第一期为洮岷花儿的专辑，除了研究论文之外，共收录 137 首三句四句及多句花儿。另外收录《十二牡丹》《送扎角儿》《十八相思想到死》等整花儿。③

2000 之后岷州花儿逐渐出现了较多的编选集。宋志贤《岷县民间歌谣》（2002 年），收录岷州花儿歌词 767 首。④ 岷县文学艺术界联合会主编的《叠藏河》（2004 年）第 16 期为花儿专号；季绪才《岷州爱情花儿精选》（2006 年），收录花儿歌词 747 首；马列 2011 年《岷州花儿精选》，收录歌词 100 首。季绪才《岷州花儿选集》（2013 年），共收集岷州花儿 1944 首。

花儿搜集整理编纂工作与花儿的语言研究工作相辅相成。花儿搜集整理的蓬勃发展促使花儿的语言研究向广度与深度挺进，而花儿语言研究的深入又反过来促使花儿的搜集整理工作更加精细和准确。关于如何更好的搜集整理花儿文献，雷汉卿在《西北"花儿"语言刍议》一文中给出了理想的建议："系统整理花儿文本，即从文献学和语言学角度出发整理、记录和研究这些濒危的方言，对于语言学、民俗学、人类学的研究具有十分重要的意义。"⑤

---

① 搭喜花儿指在孩子过满月时唱给产妇和孩子的歌。参见汪鸿明、丁作枢《莲花山与莲花山花儿》，甘肃人民出版社 2002 年版，第 120 页。
② 单套花儿指一首花儿由奇数句构成。一般是三句为主，可以是五句、七句等句数。双套花儿则是由偶数句构成，一般是六句或者以上偶句数构成。
③ 整花儿相对散花儿（单首花儿）而言，指在同一个主题下唱多首花儿并将其按顺序编纂在一起。
④ 季绪才：《岷州花儿选集》，甘肃文化出版社 2013 年版，第 2 页。
⑤ 雷汉卿：《西北花儿语言问题刍议》，《甘肃社会科学》2015 年第 3 期。

第二节 花儿语言研究回顾

花儿的研究工作涉及花儿的各个方面，就语言而言，早期的语言研究多为音乐、文学、文化等研究的附庸，研究者利用语言中的韵律、修辞以及词语的理性意义与附加意义来探讨音乐的节律、文学欣赏与民俗文化，单纯谈语言的并不多。对于语言现象也是描写多，解释少。

2010 年之后，花儿语言研究致力于语言本体研究，如用字、注释匡正、本字探讨、音韵等。

从内容上看，花儿的语言研究主要集中在四个方面：（1）花儿的修辞研究；（2）花儿的韵律、衬词研究；（3）花儿中的特殊语言现象研究；（4）花儿的词语研究（包括用字、注释、本字探寻等问题的研究）。

一 修辞研究

主要讨论花儿中赋、比、兴手法的特点，多和文学赏析结合在一起。如：罗实《青海花儿赋比兴浅谈》（《青海师范学院学报》1981 年第 4 期）、任丽璋《试论花儿中的比兴赋》（《青海师范学院学报》1981 年第 3 期）、任碧生祁永寿《关于河湟"花儿"比兴的几个问题》（《青海师范大学学报》1994 年第 2 期）、靳玉兰《河湟花儿中"比"的特殊用法》（《兰州大学学报》1995 年第 2 期）、武宇林《论/花儿中的对喻程式化修辞手法》（《西北师大学报》2002 年第 6 期）、范长风《西北花儿歌手的亲密称谓与文化解释》（《中文自学指导》2008 年第 4 期）、曹强《狂欢与凄婉：花儿的对立修辞论》（《宁夏师范学院学报》2011 年第 1 期）、曹强《"花儿"修辞文本的心理学解读》（《河西学院学报》2011 年第 4 期）、赵元奎《青海花儿的取事与喻理》（《中国土族》2012 年春季号）、黄明政《花儿兴比赋修辞手法特色新探》（《民族音乐》2012 年第 1 期）、马俊杰《宁夏六盘山"花儿"中认知隐喻研究》（《现代语文》2014 年第 4 期）、马俊杰、王馥芳《"花儿"隐喻义生成和建构的多维性——兼论隐喻义生成和建构的多维向度及其理论根源》（《外语学刊》2018 年第 5 期）等。

兼及其他修辞手法的有：刘凯《试论"花儿"的几种表现方法》

(《青海民族学院学报》1981年第2期)、杨生顺《试论青海花儿的歌词艺术美》(《青海民族大学学报》2010年第6期)等。

有一些论文题目是写文字或者语言的，但内容多半是在谈修辞。悦兰《青海"花儿"中的文字游戏》(《群文天地》2012年第3期)、吴土艮《花儿的语言魅力》(《浙江树人大学学报》2001年第1期)、王小敏《略论"河州花儿"的方言词语及修辞特征》[①](《青海师范大学学报》2013年第1期)、黄明政《论西北花儿的遣词炼句》(《大舞台》2013年第1期)、商莉萍《西北民歌信天游与花儿的语言艺术特色》(《民族艺林》2014年第3期)、蒲占新《浅赏河湟"花儿"的几个特殊民俗语言》(《中国土族》2014春季号)、荆兵沙《"花儿"的隐喻认知阐释》(《渭南师范学院学报》2018年第33期)、刘锦《以洮州方言为视角的"花儿"歌词研究》(《甘肃高师学报》2019年第1期)这篇论文对方言特点的论述没有展开，对修辞的介绍较为饱满。张钊《宁夏六盘山区回族"山花儿"歌词修辞研究》(2012年)是一篇硕士学位论文。

此外，还有一些和其他山歌作对比的文章，如：徐建云《陕北信天游和宁夏山花儿歌词比较》(《艺术教育》2011年第3期)、黄玉淑《试比较广西壮族山歌与西北花儿反复修辞手法的差异》(《青海民族师范学院学报》2002年第2期)等。

二 句式、韵律、衬词的研究

这类研究多和音乐学结合在一起。如朱刚《花儿语言的音乐美》(《青海民族学院学报》1978年第4期)、郗慧民《花儿的格律和民间文学工作的科学性》(《西北民族大学学报》1980年第1期)、屈文焜《花儿交错韵的美学意义》(《固原师专学报》1987年第1期)、刘妹《青海"花儿"的歌词格律及音乐特征》(《青海师范大学学报》2002年第2期)、薛松梅《论原生态歌种"花儿"歌词的文化价值》(《科技信息》2008年第35期)、康红英《"啊呕令"的唱词及音乐特点分析》(《甘肃高师学报》2011年第1期)、荆兵沙《试论宁夏海原"花儿"的押韵》(《渭南师范学院学报》2011年第9期)、孙建武《浅析"河湟花儿"的

---

① 此文论述的河州花儿仅指甘肃境内的河州花儿。

文学特征》(《黄河之声》2013年第3期)、屈文焜《试谈宁夏花儿的衬词和复韵》(《固原师专学报》1981年第1期)、郗慧民《"花儿"的衬词》(《西北民族学院学报》1987年第4期)、武慧《河湟花儿的衬词研究》(《西南科技大学学报》2007第4期)、黄明政《宁夏花儿艺术特色探微》(《民族音乐》2009年第1期)等。也有些论文从语言学角度谈韵律，如1983年中国民间文艺研究会甘肃分会编《花儿论集2》载张文轩《河州花儿的押韵特点》、曹强《论固原花儿的押韵》(《西北第二民族学院学报》2008年第3期)等。

三 花儿中的特殊语言现象研究

研究内容主要集中在"风搅雪"花儿的特点以及花儿中一些与普通话有明显差异的特殊的语法现象上。因为和汉语句法形式具有显著差异，这类语言现象较早受到关注和研究。

1. "风搅雪"花儿的研究

初期研究主要描写语言现象，2000年之后，开始从语言接触的角度解释这种语言现象。如刘凯《"花儿"流传中的一种特异现象——"风搅雪"》(《西北民族大学学报》1981年第4期)、朱仲禄《有关花儿的几个问题》(《中国音乐》1983年第3期)、朱仲禄、刘凯《疑义相与析》(《民族艺术》1987年第4期)、刘凯《"风搅雪花儿"与双语文化钩沉》(《青海社会科学》1999年第4期)、王双成《青海少数民族语言对当地汉语的影响——从风搅雪花儿说起》(《青海师范大学学报》2004年第4期)、张连葵《少数民族语言对"风搅雪花儿"的影响》(《民族音乐》2014年第2期)等。

2. 对花儿中SOV句型和一些特殊虚词的研究

刘凯《"花儿"中的方言语法结构及一些虚词的探讨》(《青海师范学院学报》1982年第4期)、1983年中国民间文艺研究会甘肃分会编《花儿论集2》(载鲁晋《花儿语言结构再探》)等文章。屈文焜《花儿的语言艺术》(《宁夏社会科学》1984年第2期)、马甘《谈花儿中的民族语言》(《民族艺术》1986年第3期)、齐安《花儿语言艺术三题》(《甘肃理论学刊》1988年第1期)、韩华《浅谈临夏花儿的语言特征》(《内蒙古大学艺术学院学报》2008年第1期)、莫超《洮岷花儿语法摭谈》

(《甘肃高师学报》2003年第4期)、孔祥馥《略论河湟"花儿"的语言魅力》(《青海民族大学学报》2011年第3期)等。

四 花儿的词语研究

花儿的词语研究根据不同阶段的特点可分为三个时期：早期、中期、近期。早期的词语研究主要体现在注释上。严格来说，注释不算语言研究，但是它为语言研究提供了极重要的参考价值。1980—2010年是花儿研究的中期阶段，较多集中在对字词的应用赏析以及词语表达的民俗文化上。如：刘凯《俗语与花儿》(《青海社会科学》1980年第1期)、罗实《数量词与青海花儿》(《青海师范学院学报》1982年第4期)、朱刚《河湟花儿中的花儿谚》[《青海民族研究》(社会科学版)1992年第4期]、刘凯《积淀于"花儿"中的青海饮食习俗》[《青海民族学院学报》(社会科学版)2000年第1期]、贾文清《关于花儿》(《群文天地》2011年第6—10期)、孔祥馥《试析河湟"花儿"语言中蕴涵的民俗文化现象》[《青海民族大学学报》(社会科学版)2012年第3期]、武宇林《"花儿"民歌与北方少数民族语言》(《宁夏社会科学》2012年第2期)专门介绍了一些外来词的情况。

2010年之后，即花儿词语研究的近期阶段。这一阶段词语研究出现了新的方向，雷汉卿、曹强、剡自勉等学者，从语言本体出发对花儿歌词出现的释义问题、本字探寻等进行了研究，如：曹强《基于问题意识的"花儿"语言研究》(《青海民族研究》2010年第2期)、曹强《花儿歌词注释中存在的问题》(《青海民族大学学报》2012年第1期)、剡自勉《学界对民间花儿的若干误解摭谈》(《伊犁师范学院学报》2013年第3期)、剡自勉《论"花儿"文化争议用词》(《克拉玛依学刊》2014年第5期)、曹强《传播学视阈下的"花儿"歌词用字问题》(《青海社会科学》2015年第1期)、雷汉卿《西北"花儿"语言问题刍论》(《甘肃社会科学》2015年第3期)等。

除此之外，还有一些著作是关于花儿语言研究或者涉及花儿语言研究。如：曹强的《"花儿"民俗语言研究》(中国社会科学出版社2016年版)是花儿语言研究方面的一部专著。内容分为两大部分：词汇研究和音韵格律研究。词汇部分主要是为讹写的方言词语寻找本字，解决了诸多文意不通的情况，并指出了花儿中的同词异形、异词同形以及同素异序词等现象，但遗憾的是没有展开论述。

罗耀南《花儿词话》（青海人民出版社2001年版）收编花儿700余首；此书是以赏析青海花儿为主，解释了青海花儿中一部分富有地域特色的名物词，校正了一些讹传的词语，如"花椒树"，应为"花标树"（41页）等。

还有一些通论性著作涉及花儿语言研究。如张亚雄《花儿集》、宁文焕《洮州花儿散论》、王沛《河州花儿散论》、汪鸿明《莲花山与莲花山花儿》等都对花儿中部分方言词语集中做了注释，为花儿语言研究提供了线索。王沛《河州花儿》分两章介绍河州花儿的语言情况：第三章花儿的艺术表现，从构思方式、修辞手法、炼词炼句等三个角度出发对花儿的押韵、花儿的赋比兴手法、部分辞格在花儿中的应用、某些词语表现出的艺术张力做了详细的分类和介绍。第四章花儿的语言特色，从河州话的构成谈花儿中的古语词的保留，外来语和语音变异情况，并解释了一些独有的词汇，分析了几种"奇异的语法"现象。

另外，两本花儿词典《花儿民俗辞典》和《青海花儿词典》为人们查询理解花儿词语提供了便利，是非常有意义的著作。《花儿民俗辞典》是第一本花儿词典，开山之作功不可没，但一些标明是洮岷花儿的词语，实际在河州花儿中也出现。《青海花儿词典》收词较多，不仅收词，也收了一部分谚语。这部词典不仅解决了青海花儿中某些难理解的词语，对其他各地的花儿词语也有帮助理解之功，对花儿的研究和传播起到了深化作用。遗憾的是两本词典中，出现了一些问题。如词语切分不明；或是没有关注到同词异形现象，如一些分开列目的词语，实际是同一个词的不同词形；缺乏对同音同形异义词的理解，造成同音假借义项缺乏。

总体来说，这些论文及专著对于描写和研究花儿词汇都有启发之功，但研究的广度和深度还不够，相关的研究只是浅尝辄止，并没有充分展开，迄今为止，尚未见到从词汇语义学的角度全面、系统的描写研究花儿词汇的著作。

第三节　花儿词汇的研究价值

一　有助于建立科学的汉语词汇史研究观

（一）应把方言词汇研究纳入汉语词汇史研究的范围

方言有自己的语言结构体系，在语音、词汇、语法等语言诸要素上与普通话有一定的差异，方言的研究自成体系，与汉语通语的研究并行不悖。但越来越多的研究者认为方言的研究应纳入通语的研究范围中。郭在贻在《训诂学》一书中说："俗语词（方俗词）的研究应该在汉语词汇史的研究中占据重要的地位，因为汉语的全部词汇绝不仅仅存在于历代雅言——即规范化的书面语中，还包括历代的口头语词，即方言、俗语之类。研究汉语词汇史不能无视这些方俗语词，否则便不能认识汉语词汇的全貌。"[1]

"纵观汉语词汇研究史，我们看到传统的汉语词汇学是把共同语词汇作为自己的研究对象的，其理论基本上是建立在对共同语词汇的研究基础之上的。但是，汉语方言词汇特别丰富而复杂，而且与共同语词汇有较大的差别，许多现象只靠传统词汇学理论难以解释清楚。这就要求我们必须加强对方言词汇的研究，借以丰富和发展传统词汇学的理论和方法。"[2]

花儿用汉语西北方言演唱，词汇是汉语西北方言词汇，研究花儿词汇能够拓宽汉语词汇史的研究视野，为汉语词汇史的研究提供新的材料，推动这一目标的实现。

（二）汉语词汇史的研究不应把现代汉语词汇排除在外

一直以来，汉语词汇史的研究在语料的选择上，有一个奇怪的现象，学界很少拿现代汉语时期的语料做汉语史的研究材料，1919年之后的文献材料被莫名地排斥在汉语史研究范围之外。这是学界"重古轻今"的观念在作祟。刁晏斌说："长期以来，在人们的认识和实际的研究中，汉语史的研究范围是不包括现代汉语阶段的，它的下限被相当一致的定在

---

[1]　郭在贻：《训诂学》，中华书局2005年版，第100页。
[2]　董绍克：《汉语方言词汇比较研究》，商务印书馆2013年版，戴庆厦序。

了五四前后。……我们认为现在人们所了解和认识的汉语史由于缺少了现代汉语阶段,因而是不完整的,正是基于这样一种认识,我们才提出了现代汉语史,并作为相对独立的研究领域,而提出的目的之一,就是补上传统汉语史所缺的这一段,使之趋于完整和合理。"① 俞理明言:"语言不断地发展,不同时期的语法,前后相承,环环相扣,其中每一个阶段都是这一长链中不可缺少的环节,所以,汉语历史上的任何一个时期,都可以说是关键时期。"② 俞理明虽然说的是语法,但这个道理同样适用于词汇。汉语史研究中"重古轻今"的观念应该被打破。现代汉语已经发展了近百年,近百年的现代汉语,它的结构性质本身值得研究,在整个汉语发展史的长河中,作为古代、近代汉语的继承者,未来汉语的过渡者,现代汉语承上启下的地位,其语言的特点,成分的消长、隐显也是值得研究的。花儿的记录始于1925年,与现代汉语产生、发展的时间基本一致,是研究现代汉语词语动态演变的绝好材料。

二 为汉语词汇史的研究提供方言佐证

研究花儿词汇可以为汉语词汇史的研究提供方言佐证,深化汉语词汇史的研究。花儿保存了大量的共同语中已消失的古、近代词语,为近代汉语和古代汉语词汇的研究提供了活的语言材料。"有些古代的俗语词,在后来的书面语中消失了,但在某些方言词汇中可能还活着。于是利用这些方言词语,便能解决俗语词研究中的一些难题。"③ 方言佐证是历代语言学家释义时采用的普遍方法。"秦汉以降,举凡训诂学家,从郑玄、高诱、许慎、刘熙、郭璞,到清代戴震、段玉裁、王念孙、王引之,无不举方言证成词义。"④ 现今也有多位学者倡导并采用这一方法。张永言在《词汇学简论》中说:"丰富的汉语方言词汇是研究汉语词汇史的宝贵材料,它可以用来跟书面材料互相印证,尤其是可以补书面材料之不足。"⑤

---

① 刁晏斌:《现代汉语史概论》,北京大学出版社2006年版,第106页。
② 俞理明:《东汉佛道文献词汇新质研究》,商务印书馆2013年版,第1页。
③ 郭在贻:《训诂学》,中华书局2005年版,第117页。
④ 汪启明、才颖:《汉语文献方言学及研究再思》,《中国社会科学报》2017年2月7日。
⑤ 张永言:《词汇学简论》(增订本),复旦大学出版社2015年版,第67页。

(一) 花儿保存了共同语口语中消失了的词语

如"匿"：隐藏、藏起来。这是近代汉语中的常用词。

存纪、存确匿于南山民家，人有以报安重诲。《北梦琐言》卷18 | 既有谋人，因何不匿伞灭迹？《包龙图判百家公案》第 10 卷

"匿"在现代汉语中仅作为固定搭配的语素存在，不能单独使用，但岷县花儿中的记录，保留了"匿"的近代用法：

铁亲家，木亲家，这个事情阿么恰？三斗金子匿了吧？亲家给他把话答，这个事情匿不下，人家要你髇髅价。景生魁《洮岷花儿与西羌文化》215

网络平台重新起用了这个词，可能是旧词的翻新，也可能是受方言的影响。

比如不好意思说一些话，则为"要脸，匿了"。

一个重磅消息乍现！又悄悄匿了！假如注册制来了，股市会怎样？（东方财富网股吧） | 炫个富，然后我就可以匿了。（长安 CS95 论坛） | 许家印孙宏斌匿了：贾跃亭 30 亿地产拍卖 谁敢接盘?!（百度冷眼看网事）

(二) 保留共同语中不再能产的虚语素

前缀——"阿"在西北方言中的运用

前缀"阿"，始于汉代，宋元时期用得尤为广泛，研究者普遍认为"阿"前缀仅保留在南方方言中。褚福侠说："近年来，北方话受南方方言的影响，偶尔也用到阿缀。"① 但在花儿中，"阿"前缀普遍使用，不仅亲属称谓前可用，如阿爷、阿婆、阿妈、阿爸、阿大、阿娘、阿哥、阿姐、阿舅、阿姨夫等，还用在疑问代词"谁"前，构成"阿谁"一词。

---

① 褚福侠：《元曲词缀研究》，中国海洋大学出版社 2014 年版，第 16 页。

证实了前缀——"阿"在西北方言中分布广泛,它的使用并非是受到南方方言的影响,加深了我们对汉语词汇发展演变不平衡性的认识。

(三)保存了共同语中已消失的古代词义

合1

"合"在唐代有一个意义是"类"或"似"。如:"秀骨像山岳,英谋合鬼神。(李白《赠张相镐》)……故人美酒胜浊醪,故人清词合风骚(高适《同河南李》)。"等①表示"类似"义的"合"在现代汉语共同语中已消失。花儿中有大量的表"类似"义的"合",如:

  有话可给谁带来?活把人心想坏哩,山川绿的合菜哩!张亚雄《花儿集》48 | 要唱八九七十二,你合羊肉我合茄,羊肉下茄将一碟。朱仲禄《花儿选》66 | 红心柳,四张权,男人就合豆子大,老鼠拉着柜底下,不扫屋是看不下。马列《岷州花儿》130 | 你合牡丹打骨朵,我合黄花撒蔓呢。《莲花山花儿卷》58

(四)保存了一些濒临消失的方言词语

随着经济的迅猛发展,花儿所赖以产生的这些地域的方言逐步在消失,甚至濒临灭亡。②尤其当下,经济迅速发展,交通便利,西北农村老百姓的生活方式正在发生很大变化,由固守家园、重土难迁的农耕生活方式逐渐走向外出打工、经商贩卖等生活方式,与区域外的联系越来越紧密,造成了普通话对方言的极大冲击,有些方言词语在迅速消失,而花儿中保存了这些词语。如表示"价格"义的"街道"一词。

街道:市价,行情。

  百七百八的糶青稞,二百的街道里过了。年青的时节不欢乐,到老是时节过了。张亚雄《花儿集》55 | 拿的镰刀割刺哩,我望你要五十两银子哩,我看你拿阿呢寻去哩。山里麻柳拧蔓哩,你把你兀点地方胡要哩,阿呢兀摸的街道哩。《中国西北文献论丛》138 册

---

① 王锳:《诗词曲语辞集释》,语文出版社1991年版,第170—171页。
② 雷汉卿:《西北"花儿"语言问题刍论》,《甘肃社会科学》2015年第3期。

《花儿集》12（谢润甫序言）|今年的街道是百七八，一斗麦扯不下大褂。《春风吹动花千树》40

"街道"表示价格义，在今天的西北方言中已基本消失。花儿文献中，排除重复出现的，也仅见这三个用例。

三 为方言词汇的对比研究提供材料

研究花儿词汇可以为方言词汇对比研究提供材料，深化方言词汇的研究。"历史上，方言词汇的研究虽然一直受到学者们的重视，但传统的研究方法主要是编纂方言词汇集或方言词典，这虽然是基础建设，是地基工程，但如果能进一步在此基础上对方言词汇的异同和特点做出比较，从理论上探讨其内部各种规律，就必将会使方言词汇的研究向前推进一步。"①

（一）补充方言词语流布的地域范围

方言是共同语的地方变体。花儿是当地汉语方言演唱，其词汇的研究可以为普通话和西北方言词汇的对比研究提供材料，也为方言区之间的词汇研究提供材料。如：刚、将。"普通话副词'刚'在北京方言里有两读。一读 gang，写作刚；一读 jiang，写作将。"② 花儿中同样是两读，有记作字形"将"的，有记作字形"刚"的。

我和尕妹将对当，花花的世界里闹上。《湟中资料本》107|夜来晚夕刚梦见。《新编大传花儿》196

而且"将、刚"在西北方言中都能重叠成为新词"将将、刚刚"，与"将、刚"表示同一个意思。

（二）揭示词义在不同方言中的变异情况

董绍克在《汉语方言词汇比较研究》指出："好—坏在方言的引申发展也呈现出不平行对称的特点，'好'在很多方言都发生了语法化，发展出语法词的用法，如娄底方言'好'可以作为疑问副词，说好久、好高来询

---

① 董绍克：《汉语方言词汇比较研究》，商务印书馆2013年版，戴庆厦序。
② 董绍克：《汉语方言词汇比较研究》，商务印书馆2013年版，第22页。

问程度或数量，相当于普通话的多久、多高。长沙发言'好'也能做疑问副词，同时娄底话的'好'还和普通话的'多'一样可以做副词表示程度加深，如'好冷''好快'，其他如成都、贵阳、柳州方言也都如此。"[①]

西北方言中，"好"与"少的"组合，位置在"少的"之前，意义虚化，表示程度加深，有"特别"之义，语义指向否定，词语"好少的"表示"特别多"。

莲花山全景好少的，一天阿么游了呢，你得三四天着要跑呢，再才把你玩好呢。《莲花山与莲花山花儿》566 | 阴丹衫子绿罩子，月白俩吊给个里子，模样儿像你的好少的，心肠儿跟不上你的。《湟中资料本》44 | 好少的工人辞走了。员外的家庭就着他守了。《莲花山花儿卷》151 | 把我谋着的好少的，手一绕排成个队哩。进去院门摘轮柏，后院里好少的刺梅；中间里隔着个薄墙墙，墙那哈好少的响动。悦兰《青海"花儿"中的文字游戏》

花儿中也有"好多的"一词。

七更太阳照花山，花山上好多的牡丹。想起尕妹者下夜川，三九天冻下的可怜。《花儿集》122

二者按照字面理解，意义相反，但实质词义相同，只是附加意义略有区别，"好少的"程度上比"好多的"更加强一些。

四 有助于花儿文本的整理

花儿是方言演唱，一系列的方言借音字，给花儿的阅读与理解带来困扰，研究花儿词汇，可以破假借，正释义，为花儿更进一步的语言研究以及其他领域的研究扫除障碍。

（一）校正别字记录

1. 校正实词的讹误记录

[①] 董绍克：《汉语方言词汇比较研究》，商务印书馆2013年版，第110页。

有些文本记录时忽略方言词和共同语词语义同、音不同的问题，导致一些词在共同语中有本字，但是被记成了别字。如：

（1）合2

　　花儿你把人合好，待到金川麦割到，金川的麦子割完了，花儿想成黄连了。《宁夏花儿精粹》135

把人合好，意即把生活过好。"合"应为"活"。普通话凡读"合"的音，在西北方言中读"活"，如"呵""合""荷""活"在西北方言中是同音词，花儿中词语"水呵呵""水合合""水荷荷""水活活""水嚯嚯"是同一个词的不同写法，读音为"水活活"。

　　一对的大眼睛水合合笑，笑眼里有实话哩。郭正清《河州花儿》194｜一对的大眼睛水呵呵笑，笑眼里有实话哩。雪犁《花儿选集》68｜一对大眼睛水活活笑，笑眼睛说实话哩。《临夏花儿选》第一集68｜一对儿大眼睛水荷荷笑，笑眼里说实话哩。鲁剑《西北民歌与花儿集》250｜一对的大眼睛水嚯嚯笑，心疼者丢不下你了。《宁河花儿缀集》37

方言中有"活人"一词，指生活、过日子。

　　没好的吃瞎的也中哩，活人者要顾住肚哩。《春风吹动花千树》98｜酸刺颗颗儿辣椒红，我怜儿把人没活成，我们从打骨朵儿从活人。《岷州爱情花儿精选》110

也指处理人际关系的能力，如笔者家乡方言甘肃武都话：他活人咋样？那人活人好。

（2）寒

　　疼我的少，恨我的打寒里笑哩。《爱情花儿》211

"寒"应为"憨"，"憨"在西北方言中有"傻"的意思，这里引申为表程度。"打寒里笑"即指"笑傻"了。打为介词"往"的意思。花儿歌词可证：

尕手抓住笑憨了，我当是再不得见了。《甘肃卷》89

这种＊憨了的句式，西北方言常见，如想憨了，哭酣［憨］了等。

把茶障的林英女想憨了，想的信活不贪了。《岷州爱情花儿精选》103｜日头撒西者下山了，俩个人抱住者哭酣了。雪犁《花儿选集》选集 193

（3）米子

量下的米子人吃哩，量下了糠皮做啥哩？雪犁《花儿选集》84

米子即糜子。花儿词可证："量下的糜子人吃的，量下了糠皮做啥的？"（纪叶《青海民歌选》89）花儿中没有把大米小米记成"米子"的，而且西北方言中也没有"米子"这样的词语。

2. 校正虚词的讹误记录

虚词在句中体现的是词语之间的关系意义和句子的语气状况，在句中本就不好理解，被讹记成同音的实词，或是同音的虚词，造成句义的不知所云。如：

（1）巴

红铜的锣锅里打茶呢，松潘茶，犏牛的奶子啦对巴。《青海民间文学资料——传统花儿专集》32

"巴"是语气词"吧"的记音字，"对"则为"兑"的记音字。本句的意思是把松潘茶和牛奶兑到一起，做成奶茶。方言中还有"对巴"一词，指对面。如"尕妹阴山我阳山，对巴儿对几首少年。"（《湟中资料本》192）"兑吧"记录成"对巴"造成异词同形现象。

(2) 吓

城墙到了城根在,城门吓门担啦顶着。达玉川《青海花儿选》55 | 杀不吓时还唱呢,不唱我的花儿忘呢。《莲花山花儿选粹》90

因"哈""吓"在方言中同音(读"哈"),助词"哈"常被记成实词"吓"。使句义难理解。

(3) 拉

心想尕妹拉来说话,恐怕是连长见下。达玉川《青海花儿选》16

语气助词"啦"被记成实义词"拉",不好判断停连,影响句义的理解。

(二)校正句法上的记录讹误

1. 词序颠倒引起的语义错误

汉语是孤立语,最重要的语法手段就是词序和虚词。词语的位置不同,语法结构不同,句义就会产生变化。

《岷县花儿》里有一首花儿录为:

兰州的木塔里藏的经,拉卜楞寺院的宝瓶,疼烂了肝花想烂了心,望麻了一对儿的眼睛。①

其他花儿编选集记录为:兰州的木塔藏里的经,拉卜楞寺的宝瓶。最早张亚雄的《花儿集》亦是这种记录。到底哪一个对呢?似乎《岷县花儿》句序更符合现代汉语语法规则,语义也更好理解。但事实并非如此,"藏里"非"里藏",花儿中另有歌词用到"藏里":

喇嘛爷穿着的黄缎子,三两步下到个藏里。《新编花儿擂台

---

① 包孝祖、季绪才:《岷县花儿》,甘肃人民出版社2014年版,第44页。

卷》149 | 藏里的喇嘛祈雨哩，吹的是海里的乱咧。张亚雄《花儿集》187 | 藏里的走马千万匹，不知道挑哪一匹呢。《临洮花儿引子》

这些例句中。藏指"藏族喇嘛寺庙"。① 藏里指藏族喇嘛庙里。木塔指兰州的木塔寺。"兰州的木塔"和"藏里的经"是并列短语，兰州、藏里是两个地方，按照《岷县花儿》的记录，就变成一个地方了，这是对原文的曲解。

2. 对被动句的误记

乱箭穿身的杨七郎，被绑在花椒的树上。《河州花儿与陕北信天游文化内涵的比较研究》45 | 日头落了实落了，尕阿哥被绑着走了。《河州花儿与陕北信天游文化内涵的比较研究》55 | 六郎的儿子是宗保，被绑在辕门上了。《八宝川花儿》87

"被绑"记录错了，应该是"背绑"。西北方言中，被动句一般不用"被"做标志词，都是用"着"表被动，或者用"哈"引进动作的施事主语，或者意合。花儿歌词可证：

（1）标志词"着"表被动

三魂七魄的你揽了，起来着风吹倒了。《八宝川花儿》182

（2）标志词"哈"表被动

西番的牦牛哈贼偷了，兰州的八卦上告了。《河州花儿卷》122

"西番的牦牛"是宾语前置，"哈"是前置标志词，引进施事主语"贼"，表被动。

---

① 参见《中国民间歌谣集成·甘肃卷》，中国 ISBN 中心 2000 年版，第 13 页。

（3）意合，无标志词

杨三郎马踏者如泥酱，浑身儿血染者遍了。《花儿集》1940年版 86

浑身儿血染者遍了，即"全身被血染了"。
"背绑"即捆绑时，手被绑到背后，面朝大家。最早花儿编选集《花儿集》记录为：

乱箭贴身的杨七郎，背绑在花椒的树上。《花儿集》192

《花儿集》中出现"背绑"两次，皆录为"背绑"。在多数花儿编选集中，都录为"背绑"。如：

提起杨家杨七郎，背绑在花椒树上。《八宝川花儿》86 | 千股麻绳背绑下，柱子的根里站下。雪犁《花儿选集》128 | 绳子哈拿来了背绑下，松木的大梁上吊下。郭正清《河州花儿》228

3. 词和短语同形引发的歧义问题
上山与下山：

上山者打了个蕨菜了，下山里成蕨罗扇了。①《河州花儿卷》26

这一首花儿中，"上山"指山腰以上及山顶的部分，"下山"指山脚处。

剁根杨树搭桥子，我花上山折蕉子。《舟曲花儿》123

---

① 蕨罗扇指长老了的蕨菜散开铺在地面。方言还有"老哇扇"一词，指菜长老了边叶铺散在地面上。

这一首花儿中,"上山"指往山上走。

　　　上山的香子下山来,打一个颠倒了卧来。《湟中资料本》20

这一首花儿中上山指山顶处,"下山"指往山下走。

"上山"在方言中有两个意思,一是短语:登山,爬山;二是处所名词:山腰到山顶的一段位置。下山,一是往山下走;二是山脚。由于方言中词和短语同形,容易引发歧义。普通话里只有短语的意思,受普通话的影响,容易理解成动宾短语,而忽略了方言中充当处所名词的意义。郗慧民在其著作《西北歌谣学》中写道:"初次参与这一工作时,看到'上山的鹿羔儿下山来',这样的诗句,总觉得它含意不清,正在往山上走的鹿羔子下山来了,那它到底是在往山上走还是往山下来?于是随手把这个句子改成'山上的鹿羔儿下山来',自以为这样就词意明确多了。后来到山区工作了,才知道上山是指山的上部,下山是指山的下部,上面的句子经我一改,正好把产生于山区花儿的那种山味改掉了。"[①]

（三）校正注释

曹强《花儿歌词注释中存在的问题》[②]从十个方面阐释了花儿注释中存在的问题。（1）注释有误;（2）同一语词,不同注本,注释有别;（3）同一词语,同一注本,注释前后不一;（4）当注而未注;（5）个别词语注释过略;（6）文人整理加工,但未加注说明;（7）搜集者加工,略加注释说明;（8）不明方言,将同一词语,误解为不同词语;（9）未理清词语的引申关系;（10）不谙方言,将个别词语局限为某地的方言特征词等。除曹强上述看法外,注释问题还有:

1. 望文生义

望文生义迷惑性很强,常给人感觉是对的,但实际上,词语往往被注解错了。

---

① 郗慧民:《西北民族歌谣学》,民族出版社2001年版,第8页。
② 曹强:《花儿歌词注释中存在的问题》,《青海民族大学学报》2012年第1期。

（1）着

尕妹着了个尕毛驴，阿哥哈着了个步犁，春耕时架给者大地里，随心的庄稼哈做哩（《临夏花儿选》第一集 17）

《中国民间歌谣集成·甘肃卷》也记录了这首歌，这两本书都解释"着：分给的意思"。解释不妥。"着"做动词表示"遭受"，由本义"附着"引申而来。花儿里的解释"分给"是凭借上下文得出的释义，并非"着"的意义。

花儿中表示"遭受、承受"意义的"着"，还有以下用例：

跟了个康乐者跟黑了，回来时挨了个骂了，家儿里着了个眼黑了，外面的好，宁好者再不能罢了。《河州花儿卷》303｜人家的花儿夋眼馋，眼馋哈着榔头哩。《花儿大通》148｜马银苔苔儿药腥呢，我着一部新神呢，把旧神阿打儿安顿呢。《岷州爱情花儿精选》107

方言中常说人被什么东西砸上或者遇上什么事情（好坏皆可）都用"着"。含有"遭受""遇上"的意思。比如笔者家乡方言（甘肃武都）遇上坏事，会说："才给对的，给着上了。"（幸灾乐祸的语气）遇上好事："这下着了个好的（东西或人）。"（侥幸口吻）

花儿中有"着雨"一词：意为"被雨淋"，含有"遭受"义。

石山的垭豁哩过来了，半山里着了些雨了。郭正清《河州花儿》209

李如龙《汉语方言学》："着"表示"遭遇、触及、命中"等义更是在吴、闽、粤语及官话广泛应用，也是古代常有的说法。[①]

花儿中另有"招着"一词。

---

① 李如龙：《汉语方言学》，高等教育出版社 2001 年版，第 119 页。

>房子修着墙泥着,墙头上土块招着。《青海民间文学资料——传统花儿专集》19

编者注为"招,即堆垒,把墙垒起来"。"招"当为"着"的记音。招着即是"着着",意为"放置"。本句中第一个"着"为动词,遭受。第二个"着"是动态助词。读为"者"。

（2）法码

>新农村,一年比一年哈法码。《手搭凉篷望北京》101｜山里的老虎法码大。《松鸣岩原生态花儿》3

第一例"法码"编者注为"方言,此句是一年比一年好的意思"。
第二例"法码"编者注为"有来头或气势凛然"。
两注均不妥。"法码",西北方言常用词,表程度强,可理解为"特别、十分、确实"等意义,充当副词、形容词的功能。"法码"最早是度量衡的器具,《天香楼偶得马字寓用》："交易者以铜为法,衡银轻重,谓之法马。"[①] 由称重数量引申为表程度强、大、深、重等含义,附带有"惊奇"的意思。

"法码"为何能做度量衡工具？王宝红《清代笔记小说俗语词研究》第25页指出,"马"的意义有三个：①计数的工具。②形状像马的东西。③通指各种纸画神灵的像。花儿中的"法码"由"马"的第一个意义引申而来。"马"由计数工具可引申出"规则、准则"的意思。花儿中还有"定码"一词。定码即定规则。如：

>割竹竹者扎马呢,要媒人者做啥呢,咱们两个定码呢。柯杨、武文《洮岷花儿与西北民族民俗文化研究》58

"法"也有标准、准则之义,法码为联合构词,由表度量衡的工具逐

---

① 王宝红：《清代笔记小说俗语词研究》,巴蜀书社2012年版,第24页。

渐词义虚化，表程度。

（3）下茬 | 下茶

  猫蹲在洞口上下茬哭。《春风吹动花千树》39

  编者注为"不断地"。似乎跟整句句义相合，但并非词语的意思，属望文生义。"下茬"应为"使出全身的力量"。

  家啦啦落下了一杏树，我有个下茬的劲儿。《湟中资料本》67

在表达中，可添加词语，如"下老茶"。也可颠倒顺序。如：

  为烧酒嫂子把老茶下，不是这酒煮不下。《莲花山与莲花山花儿》557 | 她的脾气可瞎了，为烧酒她把茶下了。《莲花山与莲花山花儿》557

（4）方位词上、下的具体含义

由"上下"构成的词语，在花儿中比较多。往往注解错误。如"上地""下地"。

  上地胡麻下地荞，叫你把我想的骁。《岷州爱情花儿精选》60 | 上地里种的糜穗儿，下地里种的豆儿。1940 版《花儿集》179

娄子匡《民俗丛书》（94 册）《花儿集》朱介凡第 14 页注："上地下地指土壤厚薄。"不妥。"上""下"指地理方位，与土地肥沃贫瘠无关。而且"上""下"的具体含义还要根据语境而来。如：上庄下庄、上面下面、上块下块、上河下河、上头儿下头儿、上沟下沟、上泉下泉、上胯下胯、上手下手等词语，可指高处低处，也可指西面东面，或是指身体部位的高低位置。

花儿中"上下"的含义，以构成的名词而论有：

①以河流的流向作为依据，上游的方位叫上地，下游的方位叫下地。

根据水往东流的特点，引申出东西位置，一般西高东低，西面的叫上地，东面的叫下地。需要注意的是向东流的洮河在岷县曲而向西流，因此在洮河流经区域岷县、临洮等区域形成了西低东高的概念，上游为东，下游为西。

②以山势的高低作为依据。上指地势的高处，下指低处。如上山下山指山腰以上到山顶的位置和山脚处。

③按主次位置定，如上房、下房等。上房指正房，下房指厢房。

④按物体同一平面的高低位置定，如上墙、下墙。上墙指墙的上面，下墙指墙的下面。

娘娘哈庙里挂金匾，上墙里画的是轿子。《春风吹动花千树》33

⑤按宴席座位定，如上席、下席，民俗中一般正面对着门的席面是上席，背对门的是下席。

高级的沙发大电视，摆在了中堂的上席。《花儿大通》170 | 上席里坐的刘主公，下席里坐的是子龙。《花儿词话》12

2. 释义不准

表现为"语义含混、似是而非"。

（1）圆泛

叶叶又绿又圆泛。《临夏花儿选》第一集208

"圆泛"编者注为"俊美"。释义不妥。"圆泛"当为"圆"之义，附加有"好看"的意义。"泛"是词缀，花儿中还有"灵泛（灵活）、活泛（灵活，有精神）、松泛（轻松）"等词。下文中，"范"是"泛"的记音字。

嘟噜噜的行转了，拉去稀不灵范了。《莲花山花儿卷》110 | 哥哥年轻者人活范，好像是将开的牡丹。《河州花儿卷》21 | 合作医疗

的政策好，松泛俩看了个病了。《花儿大通》182

《陇右方言发微》153页："《庄子·天下篇》：'连犿无伤也。'犿有欢、藩二音。陇右形容动作之速曰'连欢'，活曰'灵翻'。皆连犿之音转。"近代汉语中记载了"圆泛"，如《醒世姻缘传》第五十四回："说合的人遂把他荐到那胡春元门下，试了试手段，煎豆腐也有滋味；擀薄饼也能圆泛。"

（2）膛儿｜镗

新打的镰刀膛儿薄。《八宝川花儿》124｜打一把镰刀镗里薄。《临洮花儿》155

《八宝川花儿》124页编者注："膛"为刀。不妥，刀膛应该是"刀刃与刀背连接的地方，比刀背薄"。

3. 词语切分的问题
（1）全且

穿的没有了全且哩，不成是走口外哩。达玉川《青海花儿选》21

全且，《青海花儿选》编者注为"青海土语就是克服困难的意思"。实际上，"全且"是两个词，"全"为副词，修饰动词"且"，西北方言"且"与共同语"扛"意义相同。在这里"全且"是生生扛着，引申为忍受。花儿中"且"还记为"藉、掮"等字形。

犁铧藉上牛赶上，路过者把尕妹喊上。《青海民间文学资料——传统花儿专集》37。（编者注：藉，读如茄，以肩承物曰藉）｜你掮上轭子我牵上牛，四斗的大地哈种走。郭正清《河州花儿》14

（2）一扑滩｜烂散

思想二老无人管，家里一扑滩烂散。《春风吹动花千树》51

一扑滩烂散编者注为"凡事都杂乱无章,没有头绪"。不妥。应释为"一堆乱七八糟的事"。"一扑滩"和"烂散"是两个词。"一扑滩"指一堆、一团。"烂散"指令人心烦的琐事。与"一扑滩"音近词语、同义词语还有一扑踏、一普榻、一扑塌、一拍大、一疙瘩、一欶达、一欶搭等。

花花牛犊儿一扑踏。《青海花儿大典》53 | 花椒的树是一普榻,刺梅花把我的手扎。1940版《花儿集》197 | 花椒的树是一扑塌,刺梅花把我的手扎。郭正清《河州花儿》211 | 天上的云彩跑马哩,花椒树儿一拍大。张亚雄《花儿集》115 | 花椒树结籽是一疙瘩,碎刺儿倒把个手扎。《甘肃卷》48 | 花椒的树儿一欶达,碎刺儿把我的手扎。杨生顺《试论青海花儿的歌词艺术美》 | 花椒的树儿一欶搭。《青海花儿大典》114

(3) 黄扣线

黄扣线结下的撒鱼的网,网不到清水的浪上。《青海民间文学资料——传统花儿专集》36

编者注为"丝线的别称"。不妥。"扣线"是丝线、绣花线的意思,黄扣线应为"黄色的绣花线"。

(4) 丢展

新买的摩托丢展了,把尕妹带,浪个花儿的会了。《花儿大通》173

编者注"丢展"为:"方言,跑得快、快跑。"不妥。"丢展"应是两个词,"丢"应为拟声词,表示"速度快"之义。方言中"展"有"走、跑"之义。

4. 用方言注释方言词语的问题

青杏话:

眼前囊说青杏话,背过了你不要忘下。《青海民间文学资料——传统花儿专集》27

编者注为"即光面子话"。"光面子话"也是西北方言,指漂亮话,即说得好听,没有实际行动的话。

光面子话儿甭说了,隔肚皮,人心哈见了。朱仲禄《爱情花儿》168

青杏话疑为"亲近话"的转音。西北方言中前后鼻音不分是常见现象,汉语拼音j、x在语流中也常混用。

籴:

百七百八的籴青稞。《青海民间文学资料——传统花儿专集》134

编者注"籴"为"量"。"籴青稞"即"量青稞"。

"籴"是古语词,"买进"的意思。"量"在方言中引申为购买义。在西北方言中,表购买义,一般不用词语"买",而用表示这一事物动作行为的词。比如买布则为"扯布",买醋则为"灌醋",买面食或者米饭则为"抬几碗饭",买餐馆中的菜则为"端几盘菜"。

共同语中"量"没有"购买"的意思。注释的用语原则一般是由通语注释方言,由通俗注释抽象,由简单注释深奥。此处应该用普通话的词语注释,才利于花儿的阅读和传播。

5. 不明古词词义

源于古代的传承词,保留在方言中,今人不了解古词的意义,注释出现错误。如:

芽狗:

芽狗的伙伙里卧下。朱仲禄《爱情花儿》210

注为母狗，此注错误。《陇右方言》272 页："《左传·定十四年释文》① 牡豕曰豝。《尔雅·释兽》牡鹿曰麚。今呼牡豕为豝，音近牙。"芽狗即公狗。

6. 注释语为文雅字词，难以理解

刁上功夫：

　　山又高来路又远，刁上个功夫了看来。《八宝川花儿》261

刁上功夫：注为抽暇。"暇"为古语词，今已演变为词素保留在"闲暇"等词语中。应注为"抽空"，通俗易懂。刁为"抢夺"义。

7. 多义词注解错误

麻：

　　痛烂肝花想烂心，哭麻了一对儿眼睛。纪叶《青海民歌选》108

注为"麻，即麻木"。这个解释不妥。此句中"麻"是"眼盲的意思"。注释混淆了多义词的词义。

"麻"在方言中至少有六个意义：①颜色麻（深土黄色接近褐色）。如：身上穿的麻道袍｜麻洋芋（表皮褐色、粗糙、口感很面）｜麻核桃。②天将黑的时候。如：天麻乎乎的，还没亮。③味道麻（花椒的味道或者洋芋绿皮时候的味道）。如：新花椒麻死了。④肢体麻（无知觉）。⑤（思想）麻木。⑥眼盲等。

8. 同音同形异义词注解错误

（1）与普通话是同音同形异义词，引发注解错误

心痛：

　　尕妹站下是一根葱，坐下来更是心痛。《青海民歌选》46

---

① 孔疏《左传》：豝音加，牡豕曰豝。

编者注为"令人痛爱"之义，这个注释与普通话意义吻合。但不妥，方言中应为"漂亮"之义，也记录为"心疼"。如：

　　心疼儿脸势（脸蛋）给我转，就合锦鸡戏牡丹。《岷州花儿》37

安：

娄子匡编《中国民俗丛书》第 94 册《花儿集》49 页，解释"安"是"安席的安，摆下的意思"。不对，在西北方言里"安"是烧开、煮开的意思。

　　正月里安茶哩，牡丹土里生芽哩，多藏结子开花哩。1940 版《花儿集》144丨罐子安的扑楞楞，鸡蛋油饼给你寻。柯杨《西北花儿精选》35

另外"安"还有其他字形"腤"等。如：

　　杆一根，一根杆，想你没吃夜饭呢，脑髓就像锅腤呢。《岷州爱情花儿精选》155

西北方言中，开水也叫"安水"。如：

　　半碗凉水烧安水。《莲花山花儿卷》124

（2）不同的词语用了同一词形记录，引发注解错误

挖展：

　　抹布抹了油碗了，把我引着你们门上不管了，叫狗娃儿断上挖展了，叫石头把我脚砍了，白丝袜子叫血染了。《岷州花儿选集》140

"挖展"编者注为"岷县方言快速逃跑"。曹强《花儿民俗语言研

究》释"挖"为"跑"①。这两个注释均不妥。

"挖展"在方言中有两个意义，挖展1：跑。挖展2：被挠，被抓，且程度严重。

"挖""展"在方言中各有两个意义。

挖1：快步走或跑。如：

贼婆娘哈孬管时胡浪哩，一管时跟上人者瓦了。《河州花儿卷》33

挖2：挠、抓。这个意义在西北方言也很常见。如：脊背里痒得很，给我挖个儿（挠一下）。

花儿歌词可证：

一晚夕想你者挖慷子，蹭烂了花被的里子。《百度文库·青海花儿歌词集锦》

展1：走。在方言中常用，如甘肃宕昌话："展哩么不展？（走哩么不走？）；吃饱了就展（吃饱了就走）；连赶展（赶快走）"等。

展2：表程度。也是方言常用词，如：

我们岷县受灾就叫洪水淌颤[展]了，我只说我们活人完蛋了。《岷州花儿选集》234

挖展1："挖""展"同义连用，构成了"跑"的意义。如：

谁喘跟上挖展呢。（《叠藏河》第16期8）

意思是谁应答我，我就跟上谁走呢。

挖展2：动补式。"挖"是"挠、抓"之义，"展"补充说明行为动词

---

① 曹强：《花儿语言民俗研究》，中国社会科学出版社2014年版，第186页。

的结果。挖展1和挖展2，词形相同，但在意义上毫无关联，是同音词。

"叫狗娃儿断上挖展了"意思是"被狗追上撕咬得很厉害"。句中"挖展"是挖展2，如果用挖展1，则跟前面的"断上"无法组合，"断上"即追上。方言中"断"为"追赶"之义，也写作"段""偆"。如：

我花走了宕昌了，由得我是段上了。《舟曲花儿》52丨曹操后头偆上了，霸陵桥上站下了。《临洮花儿》114丨丞锅锅儿里萝卜汤，听着你的脚步响，把碗放着锅盖上，出来把你就没断上。《岷州花儿选集》122

9. 不明方言音，引起注解错误
倒金铺：

我瞭时你人家富着呢，开下倒金铺着呢，还连白元铺下路着呢。《岷州花儿》14

《岷州花儿》中，把"倒金铺"注为贩卖金银的铺子，不妥。"倒"是"铸"的方言音，意义是"铸造"。"倒金铺"即铸造金银的工厂或铺子，引申为钱财极多。

也有"倒金库"一词，"倒金库"与"倒金铺"同义。如：

天火化了蒲州了，火烧了倒金库了。《湟中资料本》48

10. 武断方言区域

叉叉背篼里揽填炕，树叶哈高高的垡上；心儿里有了你嫑忙，慢慢个缠下的稳当。郭正清《河州花儿》25

编者注："嫑，读 bao，不要的合声字，意同不要，这个字仅在河州方言和河州花儿中出现。"并非如此，洮岷花儿同样用到"嫑"，音"抱"，为"不要"义。如洮岷花儿例：

耍缠外头婆娘了，外头婆娘不好缠。《岷州爱情花儿精选》119｜你耍着气耍计较，全是我的不是了。《莲花山花儿卷》125｜斧头要剁抬杠呢，把党的政策耍望呢。《洮州花儿散论》29｜红花碗里臊子面，姻缘不成耍下贱，就像烟雾慢慢散。《岷州花儿选集》31

花儿编选集做注时，常标注某词是"某地方言"。这样的注释方式是可行的，点明了此词的地域范围，但是不能武断地说"仅为某地方言"。

五 有助于古籍、方志等文献的整理

（一）可以校正某些方志文献中释义的错误

1. 吃晌午：吃中午饭

清代《甘肃新通志》："吃上午，上俗转商音，午俗转吾音，谓晚饭也。"①

吃罢晌午饮官马，回来了马桩上吊下；白布汗褟你脱下，奴给你洗下了浆下；吃罢黑饭你取来，奴你哈留下了站下。郭正清《河州花儿》31｜花檎脸蛋蛰一嘴，没吃个晌午着饱了。朱仲禄《爱情花儿》81

"晌午"与黑饭相对，黑饭在西北方言中指晚饭。吃晌午是"吃晌午饭"的缩略。《篇海》："晌，午也。"《蜀语》："日中食曰晌午。晌音赏。"②

2. 白雨：冰雹

清陆伟垣《华阴县志》记载焦茅孝《说梧》："关中谓雹曰白雨，妄谈也。雹俗云冷子，硬雨，曰冷雨。"③

---

① 莫超：《西北方言文献研究》，北京大学出版社2014年版，第110页。
② 黄仁寿：《蜀语校注》，巴蜀书社1990年版，第27页。
③ 莫超：《西北方言文献研究》，北京大学出版社2014年版，第106页。

说"雹"是白雨,是妄谈,这个说法不妥。西北方言中,常见指称"冰雹"的有两个词,"冷子"和"白雨"。花儿中,有时候,这两个词会并列出现。

> 房檐头上土响哩,我当了白雨冷子。《六盘山》62

"白雨"在西北某些地区指冰雹,某些地区指雷阵雨,如甘肃武都话:发白雨家,连赶把衣裳拾着进来。(要下雨了,快把衣服收了)这两个意义在花儿中都有记录。白雨指"冰雹"时,常和"蛋蛋儿"连在一起,组成"雨蛋蛋、白雨蛋蛋"等专指词语。"蛋蛋"指冰雹的形状。

> 青豆儿它被霜杀了,白豆儿雨蛋蛋打了,我的心成泪蜡了,你把个手腕耍了。《青海民间文学资料——传统花儿专集》77 | 红心柳的四张杈,灵佛爷你把善心发,莫叫白雨蛋蛋下,油蜡香火满庙插,金羊凤凰一齐拉。马列《岷州花儿》131

白雨可简称为"雨",常与"打"组合在一起,表示冰雹对植物的损坏。如:

> 大豆开花骑白马,四山的雷,兰州的花儿雨打。张亚雄《花儿集》166①

编者注:"遭旱灾曰晒了,遭雹灾曰雨打了。""冰雹"在西北称"白雨",早已有之,明·何孟春《余冬序录》卷二外篇记载:"春往使陕西,至洮、岷间,夜闻雨雹甚久。次早,以询馆人,云'昨夜下大白雨。'彼处雹曰'白雨'又曰'硬头雨',无言雹者。"

此外,冰雹还可称为"冰蛋":

> 南山里云彩起来了,冰蛋把庄稼打了。《积石山爱情花儿精选

---

① 张亚雄:《花儿集》,中国文联出版公司 1986 年版,第 183 页。

2000首》129

六 有助于花儿词典的编纂

词典编纂体现了汉语词汇研究的成果，在研究花儿的过程中先贤编了两部词典《花儿民俗语言词典》和《青海花儿词典》，这两部词典对解读花儿有筚路蓝缕之功。但是，其中有些问题需商榷。

1. 注释不妥

向｜相

《花儿民俗辞典》178页"向上"注为："西北方言，意见正好一致的意思。"《青海花儿词典》396页"相上"，注为："点子。"两个注释都不妥。

"向"是"希望"的合音字，意为"心中所想"。"向上"是两个词，在肯定句中，"向、上"经常同时出现，容易被理解为一个词。向上大致同于普通话"心上"一词的含义。如：

排子打者浪上来了，莫约下者闯上了，将到我的向上了。（张亚雄《花儿集》86）｜出来恰把你碰上了，碰到我的相上了。（《岷州花儿选集》124）

否定句中，"没"和"向"常共现，是西北方言中常用的语词，可释为"没希望"。如：

诸葛孔明能禳解，最后咱们没向了。《临洮花儿选》129｜这一个尕妹上我没相，心乏者骨头里渗上。《河州花儿卷》35｜等里等里是没相了，说下的话哈忘了。《河州花儿卷》54

2. 校正词典中同一词语因为词形不同而单独立项的问题

同一个词因字形不同而列为不同的词条，《花儿民俗辞典》中：顶钢（34）[①]—顶缸（34）；板长（7）—板掌（8）；零落—伶落（106）；林

[①] 括号中的数字为页码。

柏（106）—轮柏（108）；苦丝蔓（89）—苦紫蔓（90）；尕拉鸡（44）—呱啦鸡（53）；根沓（50）—根塔（50）等前词和后词为同一词语，被列为了不同的词条。

《青海花儿词典》中：原人儿（440）—缘人儿（441）。脑里—垴里（267）等列为了不同的词条。

3. 补充词目、例证及出处

《花儿民俗辞典》《青海花儿词典》有些词语没有收录，有些例证缺乏，有些缺乏出处，花儿词汇研究可以补充这些问题。

4. 词语切分问题

下害：

你没有头尾着胡下害，尕妹子悬心着哩。《青海花儿词典》253

下害注为"方言，加油，加劲"。这个注释不妥。"下、害"是两个词，"下"为衬词，无实际意义。方言读为"哈"，相当于普通话"啊"，常记做"吓、下、哈"等字形。"害"是动词，祸害。"胡下害"为胡啊害，即胡乱祸害。全句的意思是"对方做事没轻没重，令自己担心"。

没＊＊

《青海花儿词典》255页所列："没尔视、没干头、没来头、没来由、没脸脑、没眉眼、没皮脸、没情况、没日鬼、没天良、没头尾、没盱顾"等词条，"没"后所跟是完整词语。因此皆可取掉"没"列词条。如"尔视"，意义为理睬。方言常说："你给尔视来吗？"（你给理睬了没？）"没给尔视。"（没给理睬。）

第四节 研究对象及方法

一 研究对象及处理原则

方言词汇有狭义和广义之分，广义指方言区使用的所有词汇，狭义指方言中与普通话不同的词汇。我们以花儿中狭义的方言词汇作为研究对象，以突出花儿词汇的特征。包括：（1）普通话中已消失但保留在花儿中的古词语。(2)方言中的新创词语,如西北方言特有的"尕""想心"等词。(3)与共同语词形相同,但是语义和语法结构不同的词语,如"挑担",方言指"对姐妹们的丈夫的称呼,如他是我的挑担(他是我妻子的姐夫或者妹夫)或那是两挑担(两个男子分别娶了两姊妹)"。"思想",普通话为名词,花儿中转类为动词等。(4)特有的风物俗词语以及借词等。

在这个范围内,我们首先重点论及以往研究未曾提到的或者需补充完善的词语。

第二在花儿词汇研究中,我们采用从宽原则。"词汇研究中,在判别词与非词的时候,有从宽和从严两种尺度。考虑到词汇的典范性和共时性,一般采取偏严的尺度,有些词语的组合由于重现率低或组合不紧密而被排除。但是复合词的形成有一个过程,包括短语本身凝合成词的过程以及同类表达形式的语用选择过程,其中,一些短语可能凝合成词,一些原来用短语表达的概念被词取代。因此,在词汇的历时考察中,如果拘泥于严格的成词标准,我们可能忽略大量有历史价值的词汇材料,我们以为在词汇的历时考察中,适于偏宽。"[1] 俞理明教授是针对汉语词汇的历史演变而言,但从宽的标准也适用于花儿词汇的研究。因为花儿是民间歌谣,歌唱者和受众多数生活在农村,所用词语通俗易懂,词语的外延被不断拉长,词语的结构松散,口语特征突出。因此,本书选材的标准适于放宽,我们的选材范围是:(1)词。(2)"语"。在第2类"语"中主要包括:①形成语义专指义的词语,如:挎格子亲戚、双手圆碗、花瓢子等。②形成喻指义的词语,如:气死猫儿灯盏、鸡大腿裤、火箭头皮鞋、花檎脸蛋、烂布饭面片等。③形成借代义的词语,如:知道啥了、太阳儿冒花等。④是同语素词语族中的一员或者形成同义聚合关系的词语,如油花、砖包城油花、砖包城等同义词,"砖包城油花"是短语,也是我们研究的对象。"反映了同一语义场中不同成分发展的差

---

[1] 周作明、俞理明:《东晋南北朝道经名物词新质研究》,中国社会科学出版社2015年版,第43页。

异,对于词汇历史发展的研究也有意义。"① ⑤离合词。如,申公豹被离合为"申公的豹"。添加衬词是花儿语言的一大特征,词语在歌唱中,随时都会被衬词割裂。⑥具有民俗及地域特点的词语,如麻浮饺子、端午献柳、玉麦疙瘩等。

第三,方言以口头形式存在,记录方言常借助共同语的文字,由于普通话和方言语音体系的差异以及西北方言内部语音差异,导致大量记音字的产生,形成学界常说的"同词异写"和"异词同写"现象。同词异写需分析同一个词多个词形的现象,异词同写构成了同音同形异义词,要分析其不同的词义。花儿流布四省区30多个州县,"同词异形"和"异词同形"现象比较突出。同一个词多个字形的,当尽可能在同一个词目下全部列出,以名其变异规律。释义时,理想的状态是例子先按流派选取,洮岷花儿和河州花儿各出一个。再按每个省区选取一个例子,以彰显花儿的地域特征,再按词形选择,一个词形选一个例子。但是,限于篇幅,不考虑前者,只按后者来做。

第四,由于"儿、子"等缀在西北方言中频繁应用,有些花儿歌词保留了这些词缀,有些被删掉了,同一个词加缀与不加缀,词形有变化,意味着新词的产生,词汇系统的变化,因此,这些词我们在词目中也将列出。

第五,凡在引用歌词后出现的数字皆指页码,词语后出现的数字为多义词的义项数目。歌词中的错别字不做改动,只在字后用[ ]标注正确字形。

第六,引用花儿编选集,只列出书名与页码。名称相近的列出作者以示区别。书名较长的缩略,取前几个词。

第七,关于本书的词汇描写以及词义阐释,我们根据俞理明提出的词语描写原则来处理,"立足于概念的相关性,尝试以人为中心,通过人、人际关系、人体部位、与人相关的生物、器物,以及其他事物等,按序排列各种名物词,并按相应的顺序安排行为词和性状词。词义的确定主要依据词所蕴含的、反映概念基本类属的中心义素,以保证材料客

---

① 周作明、俞理明:《东晋南北朝道经名物词新质研究》,中国社会科学出版社2015年版,第43页。

观有序，避免随意性"①。

二 选材范围及依据版本

目前笔者所见花儿的编选集以及研究著作中引用的花儿歌词皆在选材范围内，无论类型、主题，无论传统花儿或新花儿，民间流传或后来文人创作。但是轻重度不同，其中以内部资料本、个人编辑并得到称誉的选本以及各地政府机构编选本为主，兼及其他材料。音像、网络作为传播花儿的一个平台，也作为歌词选取的对象，主要跟其他纸质选本做比较，为旁证材料。时政歌内容上有约束，但其歌词同样有语言价值，反映了时代面貌，记录了一些方俗土语，因此仍然作为我们选材的对象。花儿剧及花儿戏中的唱词，与花儿如出一辙，也可作为研究的旁证材料。

花儿文本有两种类型，一种是歌词集；另一种是歌曲集。歌词类的，我们沿用编者的记录。歌曲类的，因为带曲谱，带衬词，在录入时，按照九八式录入，即一三句为九个字，二四句为八个字，此种句式为花儿常见句式，能尽量保留句中衬虚词，又不嫌累赘，基本能还原花儿的原生态形式。

1. 本文用例依据的歌集

我们收集了70本花儿编选集，范围涵盖了花儿的各个流派、各个类型以及主要流布区域。② 计有《叠藏河》（第1期、第16期花儿专号）《西北花儿精选》《河湟花儿大全》（第一卷、第二卷）《舟曲花儿》《张家川回族自治县花儿全集》（简称《张家川》）《岷州花儿选集》《新编花儿擂台卷》《梨都花儿》《岷县民间歌谣》《春催花儿开》《临洮花儿》《松鸣岩花儿曲令》《八宝川花儿》《临洮花儿选》《岷州爱情花儿精选》《花儿集粹——河州花儿卷》（简称《河州花儿》卷）《花儿集粹——莲花山花儿卷》（简称《莲花山花儿》）《洮州花儿散论》《天祝花儿选》《花儿专辑——湟中资料本》《松鸣岩原生态花儿》（简称《原生态》）《莲花山花儿选》（甘肃省康乐县文化馆编印）《莲花山花儿选》（中共康

---

① 俞理明、顾满林：《东汉佛道文献词汇新质研究》，商务印书馆2013年版，第19页。
② 花儿的类型较多，按时代划分有传统花儿和新花儿；按形式分有谜语花儿、整花儿、本子花儿、散花儿；按主题分有爱情花儿、生活花儿、战争花儿、神花儿、搭喜花儿等。

乐县委宣传部编）《莲花山花儿选粹》《莲花山花儿》（甘南藏族自治州临潭县莲花诗社编）《青海民歌选》《花儿选集》《花儿选》《青海花儿选》《天山下的花儿》《临夏民歌集》《莲花山与莲花山花儿》《手搭凉篷望北京》《传统爱情花儿百首》《临夏花儿选》《西北民歌与花儿集》《传统花儿精选》《花儿集》（共出三版，1986年版，1940年版，1948年版）《宁夏花儿精粹》《六盘山花儿两千首》（简称《六盘山》）《青海民族民间文学资料——传统花儿专集》《新编大传花儿》《积石山爱情花儿精选2000首》（简称《积石山》）《花儿卷》《甘肃传统节日》《春风吹动花千树》《宁河花儿缀集》《宁河花儿缀集》第二集、《河州花儿》《青海花儿大典》《西北花儿》《爱情花儿》《中国民间歌谣集成——甘肃卷》（简称《甘肃卷》）、《中国民间歌曲集成——青海卷》（简称《青海卷》）、《河州花儿研究》《花儿大通》《海原民间花儿》《甘肃民歌选——花儿》《宁夏民间文学花儿专辑》等。

2. 释义依据的古代字书、韵书及近现代文献

在共时描写的基础上，利用花儿传播地区内的方言书籍，如民国时期所撰的两本较负盛名的《陇右方言发微》《陇右方言》和当代《关中方言古词论稿》《陇右方言词语疏证》及周边地区的方言书籍如黄仁寿《蜀语校注》等参考释义，并运用古、近代的字书、韵书如《说文》《尔雅》《广韵》《集韵》以及近代汉语中的一些戏曲、小说对一些词条做准确释义。

3. 电子检索

使用汉典及陕西师范大学发行的汉籍全文检索系统（第二版）。搜检出的条目会与原文核对。

三　研究方法

（一）共时和历时相结合的方法

语言学里共时和历时是无法截然分开的，我们主要从共时的层面对花儿词汇做静态的语义分类描写，寻找出花儿词汇的基本特点，并进一步分析阐释，揭示其性质与结构特征。同时，立足于汉语词汇发展史的平台，探讨百年以来花儿词汇的历时层次。

（二）描写与解释相结合的方法

"描写研究是解释研究的基础，解释的充分性依赖于对语言事实观察和描写的充分性，如果对语言事实缺乏广泛而深入的了解和描写，仅凭个别的语言事例以求得解释的充分性，这是不可能的。同时，描写往往以解释为先导，因为在开始描写时，对怎样描写语言现象要有一个理论设想。"① 我们先立足花儿词汇与普通话有差异这一概念的基础，尽可能多地搜集花儿，切分花儿中方言词语，按照语义分类描写花儿词汇，在全面、准确描写的基础上，力求分析解释花儿词汇的特点与形成规律。

（三）比较法

比较法是"认识、区别、确定事物的异同，发展演变的一种主要思维方法，是充分显示矛盾、凸显事物本质特征的有效途径"②，也是语言学研究常用的方法。吕叔湘在《中国文法要略·例言》说："要明白一种语言的文法，只有运用比较的方法。"本书运用以下比较法研究花儿词汇。

1. 采用互参比较法进行释义

花儿选集颇多，一首花儿辗转传抄，历经时间与空间，字词变动是常态。在释义的时候采用互参法，其义自现。互参法有同一文本互参，也有不同文本互参。如：

我见你满脸笑着呢，哈巴你心上到着呢。《洮州花儿散论》18

"哈巴"是个方言词，词义难解。但在本书中，可以参照变动字词的同一首花儿进行释义。如：

我见你满脸笑着呢，大概你心上到着呢。《洮州花儿散论》35

两相对比，词义立现，"哈巴"相当于共同语中的"大概、可能、或许"，表推测义。

---

① 周红：《汉语研究方法导引》，上海教育出版社2018年版，第40页。
② 杨运庚：《今文〈周书〉词汇研究》，科学出版社2011年版，第4页。

又如不同文本互参。

一挂1 | 一呱

裤子脱下鞋脱下,不顾羞丑追一挂。《西北歌谣学》231 | 擂台赛上唱一呱。《梨都花儿》25

一挂1:语义、用法与普通话"一下"相当。《中国歌谣集成·甘肃卷》140页有歌词可以参照:

裤子脱下鞋脱下,不顾羞丑追一下。

2. 排比归纳法

在花儿词汇研究中,排比归纳法指搜集列举同一个词语的不同词形,举出不同地域的例子,借助语境,比较归纳得出词义。新兴的研究方法很多,不管方法如何更迭,在训诂学、词汇学研究方面,归纳法都是重要的研究方法。碰到疑难词时"在无字典、辞书或古注可依据时,又该怎么办呢?这时,我们便必须通过搜集、归纳、排比语言材料的办法,以求得确解"。[①] 蒋绍愚在《唐诗语言研究》中说:"在唐诗的口语词汇中,还有许多是没有任何资料可以参看的,要了解这部分词语的意义,就只有搜集唐诗中包含这个词语的大量诗句,加以比较,从而归纳出这个词语的意义。"[②] 花儿中的有些词语,涉及方言区域的文化、民俗、宗教等,很难解释。通过排列大量句子、比较推勘,就可归纳出词义。不光是训诂疑难词语的研究,从整个汉语词汇史的研究来说,归纳法都是非常有效而且能"从许多语言事实中概括出一般原理"[③] 的方法。

本研究还涉及其他方法,如审辨字形法、类义聚合法等,不管是哪种方法,我们都力求在研究中,运用现代语言学理论,结合传统训诂学成果,使研究过程科学、系统,结论准确、严谨。

---

① 郭在贻:《训诂学》,中华书局2008年版,第54页。
② 蒋绍愚:《唐诗语言研究》,中州古籍出版社1990年版,第153页。
③ 向熹:《简明汉语史》(上),高等教育出版社1993年版,第5页。

第 二 章

名 物 篇

本章以人为中心，按照衣食住行的顺序来排列。主要描写解释有关人与事物名称的词语，包括表示称谓、躯体、饮食、服饰、日用器具、疾病医疗、建筑空间、植物、动物、自然现象、商业贸易、交通等词语的意义。

第一节 称谓

一 亲属称谓及其泛化称谓
（一）亲属称谓
干大：干爹。

赵飞闯进张义门，里勾外连王射香，他保干大杨四郎。《甘肃卷》220

娘们：母亲和子女。

人家娘们一垄火，当媳妇的才是我，人家娘们是娘们，媳妇再好是旁人。《舟曲花儿》133

毛娃｜毛娃儿：婴儿。《花儿民俗辞典》117页注："洮州方言。"现补充岷州方言用例。

大沟寨的五台岗，怀抱毛娃手拉羊。《叠藏河》第 16 期 9 | 就像毛娃儿想了娘。马列《岷州花儿》174

《关中方言古词论稿》记录为："暮娃"。《青海花儿词典》收录"毛娃娃"一词，指"蒲公英"。

奶肝 | 奶干儿 | 奶尕：家中排行最小的孩子。

台湾是祖国的尕奶肝，心牵你，娘老子把肝花牵烂。《湟中资料本》174 | 茅台酒来葡萄干，正等着奶干儿回还。滕晓天《花儿春秋》118 | 一肘子大的憨娃娃，唱的啥，你是谁家的奶尕。《春风吹动花千树》143

《花儿民俗词典》124 页录为"奶尕"。李富《春风吹动花千树》143 页："奶尕，吃奶的小娃娃。"释义不准确。

奶娃：婴儿。

要唱五九四十五，丢的难辛闪的苦，活像奶娃离了母。《甘肃卷》198

二妈：父亲的兄弟中，排行第二的兄弟被称为二爸，对其妻子称为二妈。以此类推，有三妈、三爸等称呼。对老大，不称"大爸"，称为"大伯"。老大之妻称为"大妈"。《青海花儿词典》第 97 页录同义词"二姆妈"。《花亭县志》："伯母称大妈，叔母称二妈。"

马五哥上房者站下了，隔壁子二妈看下了。雪犁《花儿选集》199 | 大妈要吃浆水哩，二妈要吃醋哩，一个锅里两样饭，难心者阿们做哩。纪叶《青海民歌选》159

二达：称呼父亲的兄弟中排行老二者。（对父亲二弟的称呼。）

你妈妈不问了蹇说个啥，但问时，就说我是娃娃的二达。《河州

花儿卷》140

女孩：女儿。

我的女孩长得端，屁股就像筛子旋。《莲花山与莲花山花儿》613

女子1：女儿。

娶了个媳妇怀早了，想要儿养了个女子。《六盘山》129 | 好女子霎吃个娘家的饭，好儿子霎热个剩饭。《张家川花儿》165

民国焦国理《重修镇原县志》卷之五："女子，谓闺女也。案女子所居曰闺。"

丫头：女儿。

把功夫花在丈母上，把她的丫头由着我拣哩。《新编花儿擂台卷》48

姑娘：女儿。

我是月娃外奶奶，专为亲家贺喜来，给姑娘长者精神来。《甘肃卷》153

尕娃1：小孩。

有吃有穿不发愁，大人尕娃都喜欢，心里乐安然。纪叶《青海民歌选》27

新姐：刚结婚的女子。

麦子颜色尕新姐，大门的台子上照着。朱仲禄《花儿选》102

新娘：继母。

我给你把四六的毛毡铺上呢，叫我们娃们要叫新娘呢。《岷州花儿选集》149

大人：父母。

只要你把我好下，大人意见我保下。《舟曲花儿》38

连手1：搭档、同伴。

我到莲花山上浪一转，把花儿连手见一面。《甘肃卷》166 | 我把呕新旧的冤家齐丢呢，我连你要当呕唱花儿的连手呢。《岷州花儿》43

对家1：搭档、同伴。这里指对歌之人。

丝线扎了线花了，有你处有对答了，唱花儿有了对家了。《莲花山与莲花山花儿》582

亲房：亲戚。

你的难肠我体谅，你把朋友当亲房。《莲花山花儿选粹》9 | 亲房邻居把我笑，千万再嫑叫人知道。《岷州爱情花儿精选》96

亲亲：亲戚。

三升青稞煮酒哩，亲亲朋友都有呢，羞着阿么张口呢。《岷县花儿》31

第二章 名物篇

外奶奶：外婆，姥姥。

我是娃的外奶奶。给娃送着满月来。《莲花山与莲花山花儿》616

招女婿：上门女婿。

输了我当招女婿，赢了我要来娶你。《爱情花儿》249

掌柜的｜掌柜子：一家之主。

糖茶泡在缸缸儿哩，害怕你受冤枉呢，掌柜的叫你当上哩。《叠藏河》第1期41｜把你的掌柜子实话我顶上，你先把离婚的条条儿写上。《新编花儿擂台卷》150

儿娃娃：儿子。

灵佛爷，给我世个儿娃娃，叫把亲房们的口子扎。马列《岷州花儿》132｜红心柳，一张杈，我三辈人没有儿娃娃。《临洮花儿选》61

婆婆娘：婆婆。

婆婆娘去把阎王见，媳妇子上了房了。《六盘山》197

老婆子1：老婆，妻子。

我俩事老婆子瞧见了，想躲者无法子躲了。《春风吹动花千树》113

媳妇子 1：儿媳妇。

婆婆娘去把阎王见，媳妇子上了房了。《六盘山》197

小姨妹：小姨子，对妻子妹妹的称谓。

一口白牙的小姨妹，说着说着想哩。《宁夏花儿精粹》204

私娃子：私生子。

私娃子抱上嫁人哩，有人要我瞎好是嫁哩。《积石山》158

娘娘 1：姑姑。第一字读阴平，第二字轻声。

有了人了娃娘娘，没有人了我们两个把花儿唱。《岷州花儿选集》72 | 斧头剁了红桦了，没有吃的瞎瞎了，娘娘就回婆家了。《莲花山与莲花山花儿》141

头世儿娃：长子。

苦根儿淹了绿咸菜，把你怀着我的胎里来，叫给我们头世儿娃当兄弟来。《岷州花儿选集》56

老时交：老朋友。

你是我的老时交。今个来的我知道，专专寻着你来了。《莲花山与莲花山花儿》579

娃娃交：从小就认识。

我连花儿是娃娃交，人不交了心交了，《六盘山》112

（二）泛化的亲属称谓

爸爸｜爸：西北方言中称呼非血缘关系且与父亲年龄相当或者稍小的人。

> 足古川的娃爸爸，你的热情我记下。《莲花山花儿选萃》9｜树上的红雀正对话，来了个隔壁的黄家爸。《爱情花儿》323

媳妇子 2：少妇。

> 姑娘媳妇子满山跑，跑不动的拉上走了。《宁夏花儿精粹》171

娃娃：小孩。

> 我想你的心没变，想来娃娃变老汉。《舟曲花儿》58｜妹把高山当河坝，妹把阿哥当娃娃。雪犁《花儿选集》136

儿娃｜儿娃子：男孩。

> 抓住绣球别丢手，儿娃跟的是绣球。《梨都花儿》88｜立逼的儿娃子喊黄天，啥时候见上个青天。《春风吹动花千树》10

女娃子：女孩。

> 世上的女娃子卖钱来。《六盘山》149

女儿：女孩。读儿化音。

> 少年跟下一大群儿，活像遇上了罗敷女儿。《莲花山花儿卷》193

尕娃 2：小孩。

唱曲的尕娃问一下，少年是谁留下的。朱仲禄《花儿选》59 | 老汉们听了是年轻哩，尕娃们听了是长哩。郭正清《河州花儿》103

娃们：孩子。可指单数，也可指复数，根据语境确定词义。

唱花儿不唱着你犁地，你是娃们着不担事。《岷州花儿》12 | 就像怀中抱娃们。《岷州爱情花儿精选》20

后人 2：后来之人。

圣人留下一亩田，不怕下雨不愁干，后人谁要能耕种，富贵荣华享不完。《临洮花儿》9

老婆子 2：年老妇女。

维朋友要维个老婆子。《六盘山》4 | 老婆子眼泪淌的不住线，这落怜日子再难上难。《岷州花儿选集》187

娘娘 2：对已婚妇女的称呼。

路上走的尕娘娘，我把你的娃抱上，抱上我俩对着唱。《西羌文化与洮岷花儿》205 | 锯子解了一页板，立夏过了想小满，娘娘拔草真干散。《甘肃卷》141

婆娘 2：已婚妇女。

园子角里开红花，我们都是婆娘娃娃家。《西羌文化与洮岷花儿》226 | 黄燕麦拉针子哩，丫头们好么婆娘们好。《湟中资料本》30

二　爱人称谓

本节中的爱人称谓，有婚姻和无婚姻的关系都包括在内。

蛋蛋｜旦旦：情人。

　　五荤的蛋蛋们没良心，宰人了不眨个眼睛。《新编花儿擂台卷》52｜尕妹只要你长得憨，我路头连你好一回旦旦。《河州花儿卷》142

肉儿：情人。

　　你给我驮月秋给两袋袋白豆儿，我把你不当个肉儿。《新编花儿擂台卷》17｜绵肉儿嘛就肉儿绵，憨肉儿，拔了个心肝的花了。郭正清《河州花儿》227

肉肉：情人。

　　这一个尕妹像一炷了香，只差了一对的翅膀。（阿哥的憨呀肉肉）只差了一对的翅膀。《甘肃卷》436

姊妹：情人。

　　阿哥阿妹者有心哩，拜一个生死的姊妹。《天祝花儿选》2｜拉扎节阿哥醉糊涂，把公公当成了姊妹。《临洮花儿》221

娣妹：即姊妹。

　　我给尕妹说个啥，商量着拜下个娣妹。《湟中资料本》25

冤家｜缘家：情人，恋人。

毛红鞋上绿曳巴，把怜儿拉成新冤家。《岷县花儿》25 | 把你好比是一朵牡丹花，秆秆儿柔着折不下，折下就是我的好冤家。《岷州花儿》21 | 我缘家少仇人多。《莲花山与莲花山花儿》134

梨儿 | 帘儿 | 怜儿 | 原儿：恋人。

小南门的城阁里，梨儿像一树苹果哩。《叠藏河》第 1 期 23 | 九州十三省走过了，再没有花帘儿亮的。《青海卷》86 | 骡子要走泾阳呢，我把尕怜儿牵到心上呢，千里路上咋忘呢。《甘肃卷》173 | 尕原儿！丢脱教把野汉嫁。1940 年版《花儿集》58

伙子：伙伴，这里指情人。

要好了好上一辈子，才算是真心的伙子。《西北花儿精选》83

连心肉：情人。

一买了鞭子二买了马，三买了梅花镫了；一想了老子二想了家，三想了连心肉了。雪犁《花儿选集》96

对头：情人，配偶。

好身子没遇到艰［尖］对头，坐下哭，跪下者把天哈怨了。《春风吹动花千树》127 | 家里的好吗外旁人好？好不过个家的对头。滕晓天《传统花儿精选》156 | 拉下荨麻对头弱，千思万想配不过。《岷州花儿选集》53

好心肠：对恋人的美称。

怀揣上果子袖筒上糖，看我的好心肠哩。《临夏花儿选集》第 1 集 86

尕3：情人。

连叫三声头没有抬，尕心里可有了病了。郗慧民《西北歌谣学》126 | 这两天花儿的心不展，尕心里有什么熬煎。郭正清《河州花儿》268

尕妹 | 尕妹妹：对心爱之人的称呼。尕，小。

听着二阿哥的声气了，尕妹妹的脚步乱了。《宁夏花儿精粹》190 | 远看南山蓝上蓝，手捧了清泉的水了，眼看尕妹到跟前，声气没吭者走了。《青海民歌选》116

碎妹 | 碎妹妹 | 碎妹子：对心爱之人的称呼。碎，小。

碎妹的跟里坐下了，缘分咋这么重了。《张家川》153 | 碎妹妹抿嘴着笑了，一心肠只爱了个你了。《张家川》153 | 哥哥活的人穷了，碎妹子拉不上话了。《张家川》41

心疼儿：心爱之人。

宽心哈离不了心疼儿。《花儿大通》115

命蛋蛋：心爱之人。

花儿是哥的命蛋蛋，一天不见是打转转。朱仲禄《爱情花儿》258

命疙瘩：爱称。心里最爱之人。

我是你的命疙瘩，我叫你天天陪上我着坐。《莲花山与莲花山花

儿选》317

伴脚手｜拌脚手：指关系亲密的像对方的脚和手一样。

驮子驮的大豌豆，哥是妹的伴脚手。雪犁《花儿选集》141｜驮子驮的大豌豆，哥是妹的拌脚手。《甘肃卷》183

乖蛋哥：美好的爱人。乖，指美好。

阿哥是我的乖蛋哥。《六盘山》189

尕憨憨：心爱的人。尕指小，憨有"傻"之义，都可用于爱称。

想起我的哈尕憨憨，心疼者吃给了半碗。《临洮花儿》167

命系子｜命系：喻指最疼爱最珍惜之人。

你是阿哥的命系子，心疼者我你哈咽上。郭正清《河州花儿》219｜尕妹是命系者咋丢哩，难心的阿哥者去哩。郭正清《河州花儿》237

连手2｜联手｜恋手：恋人。

要唱二九一十八，尕连手好比一朵花。朱仲禄《花儿选》65｜没当联手没兴头，我当个联手一搭走。《梨都花儿》58｜我俩个有缘了换记首，好好儿当一场恋手。《百度文库·青海花儿》

旧人：旧的恋人。

开了新路我把旧路也没堵，我给旧人没打退堂鼓。《岷州花儿》27｜缠上新人丢旧人，害的旧人心上疼。《舟曲花儿》78

外前人：家庭、亲戚以外的人。这里指情人。

青州域么扬州域，人家都想外前人，没合我想我的人。《岷州花儿》23

外前的：情人。

家里的痛，外前的情义儿重了。《新编大传花儿》130

原人：即缘人，有缘之人。《现代汉语词典》"原人"指猿人。

许多人说媒者我没答应，等我的原人者哩。《宁河花儿缀集》第二集78 | 我要我的原人哩。《湟中资料本》84 | 麦地里夋来豆地里来，手巾里包者些肉来，外旁人夋来原人哈来，受苦的尕妹哈看来。《河州花儿卷》135

荨麻 | 仙麻 | 苋麻：心上人。

师傅问你啥难肠，把荨麻丢在远路上。《岷州爱情花儿精选》38 | 给我只打回话呢，怕你有别的仙麻呢。《莲花山花儿选粹》48 | 我把苋麻只问三言两句话，问看你们一家大小好者啦。戚晓萍《阿欧怜儿的程式和主题》

连伴：恋人，爱人。

有福同享的祸同担，白头到老的连伴。郭正清《河州花儿》231 | 有你有了连伴了，再不说这长那短了。《六盘山》48 | 桃花儿开红三月天，春燕儿喝水在河边，你豁出命了我有胆，你疼吧我爱的连伴。鲁剑《西北民歌与花儿集》202

命哥：命中注定的人。

前门里送走张三哥，后门里放走了李哥，张李哥都是心上的哥，说不上哪一个是命哥。《六盘山》44

花儿｜花：恋人，不分性别。

一股青烟上天上，我和我花儿团圆了。《甘肃卷》189｜脾气又好人有乖，他是我花叫江海。《舟曲花儿》157

旧花儿：旧情人。

花儿换成新的了，丢尽了旧花儿的面子了。《六盘山》1

扯心2：思念之人。

大河沿上喊一声，尕妹哈是我的扯心。《青海卷》71｜铜钉钉了个火盆，专专儿尔下个扯心。《宁夏花儿精粹》177｜河州城有我的扯心呢，兰州城有我的啥呢？郭正清《河州花儿》159

本男子｜本男：丈夫。

青天云里火闪子，不怕云连雨点子，单怕你的本男子。《舟曲花儿》93｜本男只说杀下呢，阿娘阿里好话呢。《莲花山与莲花山花儿》96

屋里人：老婆。

屋里人问我就说，肚子又疼眼又摩。马列《岷州花儿》166

妇人：老婆、妻子。

鸡两窝，两窝鸡，你的妇人人麻利。《临洮花儿》11｜杨令公的妇人佘太君，手儿里拄着拐棍。《临洮花儿》232

家里的：老婆、妻子。

我俩的姊妹拜不成。家里的知道是打呢。《湟中资料本》25

老汉 2｜汉：丈夫。

旁人再好是枉然，顶不住自个的老汉。《宁夏花儿精粹》190｜我的娃娃平安老汉好。《莲花山花儿卷》81｜黑漆棍上钉响环，老汉在时我值钱，老汉一步升了天，这会儿瞎气着不完。《岷州花儿》130｜你没媳妇我没汉。《张家川花儿全集》145

男人：丈夫。

我的男人把我心疼哩，要你老阿爷者咋哩？《河州花儿卷》171｜斧头要剁红桦呢，提起婆家人怕呢，男人打哩娘骂呢，公公吼叫杀下呢。《甘肃卷》｜你的毛红不要了，我们男人知道了，把我半夜打着鸡叫了，一口一声不要了。《岷州花儿选集》185

婆娘 1：妻子。

月亮出来镰刀弯，我是没婆娘的光棍汉，你不照看着谁照看？《岷州花儿》8｜我俩的婚姻谁拆散，定要他婆娘来换。《湟中资料本》86

婆姨：妻子。

不爱婆姨你维人哩，维人者要维到老哩。《宁夏花儿精粹》269

对家2：情人、恋人。

  你不是尕妹的对家。《松鸣岩原生态花儿》39｜端上个饭碗想对家，手颤着抓不住筷子。《花儿春秋》69

狗儿：对心爱之人或者小孩的爱称。方言中常把小孩叫"狗儿""牛蛋""猪娃子"等。

  你把我叫一声心疼儿，我把你叫一声狗儿。《新编花儿擂台卷》137

绽口夫妻：结发夫妻。

  绽口夫妻刚双配，这会儿你把我丢下。《莲花山与莲花山花儿》546｜朝山你把我引上，给你绽口夫妻当顶缸，看你美当不美当。《莲花山与莲花山花儿》97

扎脚夫妻：结发夫妻。露水夫妻指情人。

  扎脚夫妻把人活，露水夫妻葛不着。《舟曲花儿》67

辫辫儿夫妻：结发夫妻。

  香不过麝香甜不过蜜，好不过辫辫儿夫妻。《天祝花儿选》48

此词当由婚俗而来，女孩子留长辫子，结婚时盘发，此后不再梳辫子，盘发为已婚妇女的标志。

三 人物、品类称谓

（一）反映不同年龄性别的称谓

月娃｜月娃娃｜月娃们：婴儿。

　　高山顶上飘雪花，笼笼提上看月娃。《舟曲花儿》99｜你男人他是个月娃娃，奶没咂罢，你当了十几年奶妈。《新编花儿擂台卷》128｜没知道尕妹妹到月间，只听见月娃们喊了。《河州花儿卷》12

憨头｜憨头儿：小孩。

　　阎王去了给小鬼说，把我憨头娘丢脱。《岷州爱情花儿精选》80｜憨头儿娃娃们闯祸哩，大人们教育的要哩。《新编花儿擂台卷》108

儿子娃：男孩。

　　血债哈装在心里头，儿子娃要报个冤仇。《春风吹动花千树》58

汉子家：男子汉。

　　阿哥是天生的汉子家，沙鱼皮镶刀鞘哩。张亚雄《花儿集》185｜谁是阿哥们汉子家，一步一个家唱来。《岷县花儿》19

老大汉：成年人。

　　扁豆子开花麦穗子黄，我娘把我嫁到远路上，人家女婿老大汉，我的女婿二尺半。《张家川花儿》159。

老汉2｜老汉家：老年人。

嗓子哈哭哑者眼哭烂，立逼的嫁给了老汉。郭正清《河州花儿》214 | 改革开放啦苦变甜，尕老汉变成个少年。包孝祖《岷县花儿》48 | 拿上了尕镜子往脸上看，老汉家变成了少年。王沛《河州花儿》70 | 顺心的政策是救命的药，开心窍，老汉家也变得年少。《甘肃卷》32

娃娃家：小孩。

你不嫌我年纪大，我不嫌你娃娃家。《舟曲花儿》15 | 夏思量阿哥是娃娃家，维人者练下的赞麻。罗耀南《花儿词话》75 | 实话说上好指望，娃娃家者没主张。张亚雄《花儿集》66

女孩家 | 女子家：姑娘，女孩。

你也是十七八的女孩家，女孩家像不像娃娃家。《莲花山与莲花山花儿》594 | 河里麻浮纽子大，连你迟达女子家，这会儿两个老茬茬。《岷州花儿》45

茬茬胡 | 茬茬胡儿：指代中年男子。

听说是你维了个茬茬胡，尕妹阿［啊］，我活忙者没恭个喜来。《河州花儿卷》31 | 你夏嫌我是尕老汉，茬茬胡儿手里有钱哩。《河州花儿卷》314

老半茬：中年人。

你恐怕把这些老半茬不要了，单要掉青年人了。《新编花儿擂台卷》173

女相：年轻女子。

前庄后村子里人人夸，都说是好一个女相。《春风吹动花千树》42 | 这一个尕妹好模样，那一个庄子的女相。郭正清《河州花儿》265 | 你问我尕妹的好模样，我就是后山的女相。郭正清《河州花儿》265

阿姑1：土族语，女孩。

你问我阿姑的好模样，我就是关朵的女相。《天祝花儿选》189

艳姑①：撒拉族语，指结了婚的年轻女子。未婚者称为"阿娜"。

达力加垭豁里过来了，撒拉的一个艳姑哈见了；撒拉的艳姑是好艳姑，脚大手大者坏了。《青海卷》779

小姑：丈夫的妹妹。方言中也叫"小姑子"。

尕小姑撕来老婆婆唾。《春风吹动花千树》139

（二）反映不同心理和行为特点的称谓

陡茬子：心狠手辣之人。

你们男人陡茬子，刀子搦下九把呢。《岷州花儿选集》146

半蔫汉 | 半年汉：指言行有点呆蠢之人。

娘老子寻下的半蔫汉，东游西逛胡一乱。《甘肃卷》205 | 娘老

---

① 艳姑有多种解释。《中国民间歌曲集成·青海卷》779 页解释为："撒拉族把年轻女人称为艳姑。"郭正清《河州花儿》59 页："艳姑：少妇。"《花儿民俗词典》183 页："撒拉语，姑娘。"《青海花儿词典》415 页："俗称，撒拉族对青年女性的称呼。"李富《春风吹动花千树》138 页"撒拉语，小姑娘。"根据我们对撒拉族同学的调查访问，应是："撒拉族语，指结了婚的年轻女子。"郭正清的解释准确。

子寻下的半年汉，过来过去叫不喘。《莲花山与莲花山花儿》551

《花儿民俗辞典》词形为"半年汉"。"释为半年闲，没用的东西，洮州方言。"此词并非洮州独有。《青海花儿词典》词形录为"半脸汉"。《兰州方言词典》220页词形"半碾汉"。释为"1 残废，2 头脑不清之人。"我们认为词形应为"半蔫汉"。蔫，《韵会》："物不鲜也。"甘肃方言有骂语"蔫怂""蔫不楚楚""蔫者（垂头丧气）"等。

干家：勤劳干活的人。

劳动生产要致富，农村有了干家了。《莲花山与莲花山花儿》553

行客：旅客，过客。

阿哥是行客这［者］就走哩，几时家回来者见哩。张亚雄《花儿集》199

病汉：病人，不分男女。

阿哥是灵宝如意丹，尕妹是吃药的病汉。张亚雄《花儿集》204丨妹妹是麝香鹿茸丸、哥哥是吃药的病汉。《湟中资料本》47

好人：身体健康的人。

黄莺飞了对山了，好人想成病汉了。《舟曲花儿》56丨稍息立正向后转，好人磨成了病汉。《甘肃卷》35

好汉：身体健康的人。

好汉想成病汉哩，死了才把路断哩。《叠藏河》第1期38

（三）反映不同才智品行的称谓

歹汉：坏蛋、坏人。

> 尕妹子维的是老实汉，不维那骗人的歹汉。《六盘山》3。

条梢子｜挑梢子：最优秀的人。梢子一般处于顶尖位置，因而引申为优秀的。

> 阿哥是人里的条梢子，好似像天上的鹞子。《中国花儿——大西北之魂》241｜褥子上骑的是挑梢子，梢子是选下的人尖子。《天祝花儿选》214

人梢子：人群中最优秀的人。

> 你是个天下的人梢子，相思病害不到你上。《六盘山》66｜你像金子真金子，是人里头的人梢子。《莲花山与莲花山花儿》583

梢子货：优秀的人。

> 吃粮的人是梢子货，你当是破铜么烂铁。张亚雄《花儿集》184

护山：保护人。

> 尕姑舅亲呀，解放军是幸福的护山。柯杨、雪犁《花儿选集》14

料片：爱炫耀、爱说谎之人。《花儿民俗词典》第107页记录为"裂撒。"

> 实际你是个大料片，天天你连慌啦抟。《莲花山花儿卷》2

啰唆人：纠缠不休之人。

想去去不成着呢，惹下啰嗦（唆）人着呢。《岷州爱情花儿精选》34

马六神：指泼辣大胆，不拘言行的女子，

阿达那开马六神，长得又大又白净。《舟曲花儿》6。

尕尕 1：对人的蔑称。

唱曲的尕尕话嫑大，你唱吧，尕阿姐自有个对答。《爱情花儿》88

花子 1：花心者。

维人维者花子上，三天者就见了两趟。张亚雄《花儿集》211

无义汉：无义之人。

交人了嫑交个无意（义）汉，无义汉心高者义短。《松鸣岩花儿曲令》54

谝匠：喜欢说大话的人。

大谝匠，越谝是越走样了。《爱情花儿》173

嘴子匠：说漂亮话不干实事的人。

前院里来哈的影子匠，后院里唱的是大戏，没有个实心的嘴子匠，五荤里耍的是把戏。悦兰《青海"花儿"中的文字游戏》

嚼匠①：说大话的人。

　　一千八百的挑者唱，我不信你这个嚼匠。《花儿词话》223

贼娃子：小偷。甘肃南部一带也叫"绺娃子"。

　　把殷勤一献就走了，变成贼娃子的帮手了。《莲花山与莲花山花儿》635｜为你个贼娃子挨打哩，良心上咋过得去呢。《六盘山》108｜眼看着贼娃子完蛋了，官军们无心肠战了。《春风吹动花千树》103

（四）有关人的生理特征的称谓
咬舌子：说话大舌头，吐字不清的人。

　　咬舌子说话说不清，麻雀儿念的是洋文。《六盘山》102

瓜娃子：傻子，附加有"疼爱"的意义。不带"疼爱"义的直斥为"瓜子"或者"瓜怂"。

　　上庄子要了个瓜娃子，下庄子要了个哑巴，我连瓜娃子说个话，你看哑巴子的吵法。张亚雄《花儿集》210

麻子2：代称脸上长麻子的人

　　你我哈不要者要麻子，我你的麻子上到哩。《河州花儿卷》67｜你嫑嫌阿哥是麻子哥，麻子哥维下的人多。《中国花儿新论》91

黄猴娃子：小孩。蔑视义。

---

① 《青海花儿词典》第447页记录词形"赞匠"。

马步芳的儿子马继援,黄猴娃子掌兵权。《青海民歌选》36

迷混子:傻子。

苦肉计尖子哄楞子,把曹操变成迷混子。《西羌文化与洮岷花儿》233

洋混子:遇事糊涂的人。

招下个女婿是洋混子,难守住一点底子。《六盘山》198

(五) 不同职业的人物称谓

阿姑2:尼姑。

叫月子里毛娃养娃娃,寺院里的阿姑养奶妈。《莲花山与莲花山花儿》168

邮差:邮递员。

半夜里铃响邮差来。《六盘山》41

中人:公证人。

黄锦缎当了白纸了,月亮哥当了中人了。我两人画了押了。《宁夏花儿精粹》250

保人:媒人。介绍婚姻叫"保媒"。

我俩中间里请下个保人。《新编大传花儿》81

花佬儿:养花的人。

花佬儿进了花园了，花园里落了泪了。《六盘山》118

中间人：牵线搭桥之人。方言中把媒人也叫中间人，或介绍人。

黑头发剪给了两股子，中间人就是你妹子。《爱情花儿》227

粮子：对当兵人的称呼。

嘉峪关口子是一道峡，关口上粮子们把下。郭正清《河州花儿》44

唱家：歌手。

这一位唱家我看得端。《爱情花儿》1｜唱家的瘾还没过下，明年六月六上再唱吧！《甘肃卷》197

粮面家：经营粮面买卖的人。

粮面家修下的磨房。《湟中资料本》100

猪屠家：杀猪为业的人。

一斤羊肉八百大，猪屠家，你不该把羊头挂下。《爱情花儿》171

屠家：屠夫，以屠宰为业的人家。这里引申为凶残之人。

心上的阿哥哈黑霜杀，配下的对头是屠家。郭正清《河州花儿》65

花匠｜花儿匠：唱花儿的高手。

两个花匠对着唱，唱不好了请原谅。《舟曲花儿》141｜千千万万花儿匠，放声唱，唱出国富民强。《梨都花儿》39

花行家｜花儿行家：唱花儿的高手。

花行家你听亮清，我们信心胜过天。《莲花山与莲花山花儿》268｜三升麦子煮酒哩，花儿行家们都有哩，我羞着阿么开口哩。《甘肃卷》143

花把式：即花行家。

花把式，原来了。《莲花山与莲花山花儿》268

枪手：猎人。

枪手要打麝香哩，我把你痛上哩爱上哩，做成荷包者带上哩。张亚雄《花儿集》158

拳雇手：会武之人。

听说你们男人是个拳雇手，把石头就拾下一背斗。马列《岷州花儿》11

师家：阴阳先生。西北民间对通晓鬼神的人的称谓。

一晚夕跳了八趟神，跳的师家脑瓜疼。《叠藏河》第 1 期 55

阴阳 1：指从事风水职业，能够通鬼神的人。也叫先生。

第二章 名物篇

阴阳连娘老子说着哩，说我连娘老子克着哩。《六盘山》111｜锣鼓家什丁丁响，隔河两岸请阴阳，阴阳他是好阴阳，把坟踏在高山上。《叠藏河》第1期56

庙官：看管庙的人员。

庙官爷伸手者摸观音，娘娘们吃了醋了。王沛《河州花儿研究》72

医人：医生。

心里的疙瘩拿你上起，万医人医，吃药这［者］不见效了。朱仲禄《花儿选》61

货郎：中华人民共和国成立前西北对走乡串村卖货的人的称呼。

大路上走来的银货郎，卖的是银簪吗钗头。《湟中资料本》28｜你是姑娘者大门上来，我装个货郎者看来。郭正清《河州花儿》221

财东：财主

田产叫财东家霸走了，煤炭山下了个巷了。《甘肃卷》106

碗匠｜碗儿匠：指修补碗盘等瓷器家具的人，有时也管钉秤。如今生活富裕，西北农村也难觅碗匠，碗匠已成为历史词语。

碗匠要做瓷碗呢，红牡丹有啥稀罕呢。《莲花山与莲花山花儿》587｜银匠打的个银针来，碗儿匠钉的个秤来。纪叶《青海民歌选》134

解匠：将原木锯成板材的手艺人。古为见纽字，今方言音与古一致，读"改"。

  两个解匠一连锯，木匠做下柜着呢。《岷州花儿选集》147

塑匠：雕塑工人。

  塑匠调了泥一堆，巧塑哥妹两身材。朱仲禄《爱情花儿》297

影子匠：表演皮影戏的手艺人。

  红铜勺里楂浆子，影子匠糊下的亮子。《湟中资料本》45

泥水匠：建筑工人。

  金龙盘到玉柱上，泥水匠，你把个琉璃瓦扣上。雪犁《花儿选集》83 | 如今和过去不一样，泥水匠派上用场。《宁河花儿缀集》21

丹青匠：画匠。

  樱桃好吃者树难栽，丹青匠画出个画来。张亚雄《花儿集》208

烧炭匠：取木头或者石头烧制成炭的工匠。

  莲花山上三道梁，你看我是没看场，枣沟林的烧炭匠。鲁剑《西北民歌与花儿集》226

皮匠：炮制动物皮以便于使用的工匠。

  皮匠染成的红牛皮，靴匠们锥靴子哩。朱仲禄《花儿选》117 | 铁匠们打者个刀子来，皮匠们揇者个鞘来。雪犁《花儿选集》121

筐篮匠｜背斗匠：编制筐子、篮子以及背斗的工匠。

筐篮匠，背斗匠，我俩花儿对着唱，我的嗓子涩（这）对不上，我的尕娘娘。朱仲禄《花儿选》69｜莲花山的背斗匠，杨家河里干一场。《莲花山与莲花山花儿》271

钉儿匠：做碗的工匠。

铁匠要打个银针哩，钉儿匠要钉个秤呢。《六盘山》141

麦客子：即麦客。收麦子时雇用的短期工。

阿哥是过路的麦客子，尕妹是本庄的女子。《宁夏花儿精粹》191

吃粮的人｜吃粮人｜吃粮的：士兵。

麻眼睛不是吃粮的人，硬抓着顶名字哩。《临夏花儿选》第1集61｜三尺毛蓝你不要，吃粮人挣多少呢？朱仲禄《花儿选》75｜小妹妹当成远路上的吃粮的。《松鸣岩原生态花儿》122

差伕：被官府派遣去做苦工的人。

阿哥们当差伕孽障大，尕妹子家里苦大。纪叶《青海民歌选》11

串班长｜串把式：指现场创作歌词并组织演唱的人。

前二年我是有下名的串班长，封山禁歌着再没唱。1979年甘肃省康乐县文化馆编印《莲花山花儿选》26｜下雨天串把式家儿里坐。陇崖《河州花儿卷》346

先生1：大夫

你身上得下的相思病，先生里再没有救神。《湟中资料本》136｜相思入了腔子了，先生开了方子了。朱仲禄《爱情花儿》270

先生2：从事风水职业的人。

假装成先生来算卦，到尕妹跟前来坐下。《八宝川花儿》273

揽牛娃：放牛娃。

金山银山八宝山，揽牛娃爱的是草山。《甘肃卷》22

围手：猎人。

天上的马燕儿双尾巴，叫一个围手打下。《宁夏花儿精粹》215｜围手们爱的是太子山，打了两只麂子嘛舒坦。王沛《中国花儿曲令》279

寻口的：讨饭的。也叫寻口子。

人人都说你有呢，你把旧粮存下八斗呢，这会装成寻口的。《莲花山与莲花山花儿》621

出门人：离开家乡去外地谋生之人。

孽障不过的出门人，尕妹妹你想上个好心。张亚雄《花儿集》158｜三两天没见是心憂变，出门人来的路远。《青海卷》765

农二哥：农民。民间称工人为老大哥，农民自然被叫作二哥。

为人处事靠得住，这就是农二哥的长处。《新编花儿擂台卷》57

保家长｜保甲长：保长和甲长的合称。保、甲是明、清、民国时期的农村户籍制度中的层级称谓。

坏人心的保甲长，把哥拉在前线上；河南远来宝鸡近，想起尕妹眼泪淌。雪犁《花儿选集》140｜昨日个保家长又来了，要小心他们的计了。《春风吹动花千树》107

甲长：居民管理者。保甲制度中，户、甲、保是由小到大的户籍三级单位，户长即甲长，十户为甲，设甲长，十甲为保，设保长。"明中后期，许多地方开始在里甲之外建立以维护治安为主要职能的保甲制度，清代，在明代实行的基础上，把保甲制度推广到全国……民国时期，重又在全国强制推行保甲制度。马步芳将保甲编组与壮丁训练紧密结合起来，在增加和控制兵源的同时，保证了赋税和劳役的征发……新中国成立后，保甲制度被废除。"[1]

甲长的命令下来了，催命鬼门上叫了。《青海卷》734

沙娃：青海称呼淘金者。

一晚夕劝你到天亮，你一心儿当沙娃哩。《花儿词话》14

（六）不同阶层地位的人物称谓

东家1：财主家。

东家的米粮堆成山，穷人们年年受熬煎。《甘肃卷》

上等人：有钱人。

---

[1] 张生寅：《中国土族》，宁夏人民出版社2012年版，第136页。

尕妹妹要的上等人，阿哥们怎爱上哩？张亚雄《花儿集》83

富汉：有钱人。

骑大马，背钢枪，富汉的门上催款项。张亚雄《花儿集》62丨受完了孽障受了苦，又受了富汉的气了。雪犁《花儿选集》59丨都说我是尕富汉。不由人者心上欢。《莲花山与莲花山花儿》621

娘娘3丨娘娘子：皇妃。

阿哥的身子比不上你，你是个娘娘么太太。朱仲禄《花儿选》44丨我是赵家娘娘子，十三省的人样子。《莲花山与莲花山花儿》586

大老爷：对官员的尊称。

大老爷骑的黄骠马，身穿了黄马褂了。朱仲禄《花儿选》100丨不成时大老爷堂上叫判来，我俩死了装上一副材。《甘肃卷》181

上户：有钱人。

布谷叫着立夏呢，红军捎书带话呢，叫把上户不怕呢，人民要坐天下呢。《叠藏河》第16期55丨你是上户有钱人，我是穷人短精神。《舟曲花儿》40

五荤人①丨**无红人**丨**五浑人**：追求男女情爱的人。

---

① 多家做注，各有不同。郭正清《河州花儿》第252页中注释："'五荤'或'五荤人'为追求世俗快乐的人。"《西北民歌花儿精选》柯杨注："花儿中主要指沉溺于男女情事之人。"《中国民间歌曲集成·青海卷》第64页注："民间曾把吃喝嫖赌唱少年的人，称五荤人。"李富《春风吹动花千树》第15页注："'五红'原指酒肉葱姜蒜，后指吃喝嫖赌玩'。"

东牙就好比是过客店，五荤人能活上几年。王沛《河州花儿研究》196 | 前三年阿哥是五荤人，这两年思想是睡梦。朱仲禄《花儿选》72 | 留哈个少年的孙悟空，无红人宽心者里。《百度文库·青海花儿100首》| 盘古王留下的五浑人。你把五荤人耍看成罪人。《新编大传花儿》3

小人：普通老百姓。

大人淘气为天下，小人淘气为荨麻。《岷州花儿选集》66

穷寒人：穷人。

到处的穷寒人都一般，心狠不过的富汉。朱仲禄《花儿选》124

穷汉：穷人。

穷汉们没吃又没衣，有钱的，花天酒地地闹哩。雪犁《花儿选集》

雇身汉：雇工。

谈五丑的雇身汉，身穿破烂旧布衫，肚子半饱洋芋蛋。景生魁《西羌文化与洮岷花儿》193

(七) 反映民族、地域等的人物称谓

汉儿：汉民。

国民军谣言着不上来，孽障死西宁的汉儿。贾文清《关于花儿三》| 要问杨家的正根子，它是番子么汉儿？杨家的根儿是真番子，随后者变成了汉儿。《湟中资料本》11

汉子 2：汉族。

你知道杨家的正根子,他是个番子吗汉子。《临洮花儿》231

西番：藏民。

三间房子没柱子,大梁哈空悬者哩,西番的丫头没裤子,花心哈晒干者哩。1940 年版《花儿集》165丨大门上拴下的西番狗,柏木啦檀下的。陇崖《河州花儿卷》36丨镰刀割了麻斑儿刺,拉你西番朝东寺,我哄你的人不是。《岷州花儿》7

家西番：生活习俗汉化了的藏民。"家"是藏语"汉民"的音译词。

招女婿遇了个家西番,辫子上没续个建线。《湟中资料本》40丨前山后山的家西番,辫子上没续个缣线。孔祥馥《试析河湟"花儿"语言中蕴涵的民俗文化现象》

黑西番：以肤色命名。藏族地区日照强烈,藏民肤色黝黑。

白石山背后的黑西番,顿顿哈吃的是炒面。陇崖《河州花儿卷》95

缠头回子：特指头上缠戴包头布的信仰伊斯兰教的教民,也叫"缠头回回、缠回"。歌词中加衬词"的个",写为"缠头的个回子"。

正月里到了是新年,缠头的个回子造了反,千里的路儿上传书文,各州府城儿里拔大兵。《青海卷》578

土民：东乡族老百姓。东乡族旧称东乡土人。

土民的歌声到处扬,幸福花儿呦,遍四方。《甘肃歌谣》62丨藏

民把拉伊天天练，土民们编好了少年。《天祝花儿选》199

底哈人：与自己居住的地方相比，在河流下游的居住者或者在依山势较低处居住者。也叫下面人。陇崖注："方言词指河南、四川等地的买卖人。"

底哈人把猴耍呢，阿哥的心是石打的，刀砍斧剁不咋的。耍猴的是底哈人，阿么好的都我不跟，五雷轰顶我还是你的人。陇崖《莲花山花儿卷》48

（八）其他
过门女：出嫁了的女子。

过门女怎能见外男。《六盘山》213

下家1：接收者。可以指人也可以指机构。此处指拿出真心实意接纳对方的人。①

说了个要话眼红下，你不是维人的下家。《宁夏花儿精粹》188｜没说话先把泪留下，不是个维人的下家。《六盘山》47

下家2：人物。

佛爷他是大下家，把我小人家家计较哪。周巍峙《莲花山花儿会》172｜我也是人前头抓人的下家。《新编花儿擂台卷》154

---

① 1940年版《花儿集》第144页注："下家是人之泛称。好下家即是好人。那个下家就是那个人。"《中国歌谣集成·甘肃卷》第48页："方言，说话的对象。"笔者家乡方言（甘肃武都），下家可指对应的人或机构。如：只要寻着下家，就连赶给打发了（只要找着婆家，就赶快给嫁出去）。（对大龄女儿的态度）｜你还没从那个单位出来？——唉，到现在没找着下家。

顶缸：代替者。

你现在去了我不挡，像像儿寻上个顶缸。《花儿春秋》78

四　诸神之称

这一节包括道教、佛教、民间传说中的鬼神等称谓。

观世人：观世音。

红铜火盆沿子深，怜儿是天上观世人，烧香点灯眼不睁，还等给我喘一声。《岷州花儿选集》102

娘娘4：对女神的尊称。

唉——娘娘庙里点纸哩！给人带话我死哩！张亚雄《花儿集》86 | 四月里到了四月八，娘娘的庙里把香插。《湟中资料本》3 | 十五的月亮不圆了，谁把月娘娘害了。《六盘山》74 | 腊月里到了一年满，灶家娘娘要上天。《花儿词话》158

花娘娘：即痘花娘娘，能保佑百姓不出天花，身体健康。

送子娘娘花娘娘，我给你把香烧下。《莲花山与莲花山花儿》563

送子太太：即送子娘娘。在民间，太太的辈分要大于娘娘，在洮岷区，娘娘一般指姑姑，太太则指高祖母。

送子太太花娘娘，你把我没儿女的惜孽障，给上一个胖儿郎，我给你献肥羊来点长香。柯杨、武文《洮岷花儿与西北民族民俗文化研究》67

家神：指家里供奉的用来保护家庭财产及保佑家业兴旺、家人诸事顺利的神，一般供奉的是自己家的祖先。

骡子要走宕昌呢，把你安着我们上房呢，画着家神案上呢。《岷州花儿选集 148》

小神：家里供奉的神，作用主要在守财，一旦财物到别家去，即便是赠送，倘若主人不愿意，小神也会跟上祸害。也叫跟女神，指女儿嫁到谁家，就会把小神带过去，而这家人就必须侍奉小神，否则会被祸害。

娃家爸爸你听着，叫我还给你们当小神，叫你使唤上尽害人。《岷州花儿选集》149

马王牛王：掌管马牛繁殖的神。

马王庙里不点灯，浪子昼夜不入门。朱仲禄《爱情花儿》332 | 钢二两，米心钢，我给牛王马王唱，牛成对对马成双。周巍峙《中国节日志 莲花山花儿会》141 页

马王爷：马王的尊称。马王爷，方言也引申为对凶狠暴躁之人的称呼。

马王爷爷你灵验，叫我把骡马养一圈，只要牛羊满了圈，我给你把好的献。柯杨、武文《洮岷花儿与西北民族民俗文化研究》67

蓬头王：莲花山上一位多年修行，后舍身成仙的王姓道人，长发蓬面，被尊称为"蓬头王或蓬头祖师"。[①]

玉皇大帝蓬头王，你把神力张一张，下一场透雨安四方。《莲花

[①] 详见汪鸿明《莲花山与莲花山花儿》，甘肃人民出版社 2002 年版，第 68—70 页。

山与莲花山花儿》319

掌世佛：如来佛。

鸡儿下了蛋去呢，掌世佛前十八罗汉坐者呢嘛站者呢？脸势朝啥看者呢？《甘肃卷》145

灶火爷：灶神。

变了个阿哥操了个心，灶火爷许下了愿心。《六盘山》45

祖师｜祖师爷：道教对神灵的称呼。

大殿是云彩罩严着修下的。兀是蓬头祖师留下的。《莲花山与莲花山花儿》564｜祖师爷在殿上站。身高二丈四尺半。《莲花山与莲花山花儿》563

《陇右方言》205页："今谓创始之祖曰祖师爷，祖师二字，出《汉书外戚传》云：'《易》祖师丁将军之玄孙。'"

地奶奶：土地神。

地奶奶铺给的金沙滩。朱仲禄《爱情花儿》39

魔鬼神：自己主动养的家神，保护人身及财产安全。也叫"毛鬼神"。

你不要我了魔鬼神害，你下辈子转瞎子哩。罗耀南《花儿词话》278

"毛鬼神是河湟地区汉族、藏族、蒙古族、土族等族群中曾经普遍信仰且让人胆战心惊的神灵。"① 洮岷地区也有毛鬼神的信仰风俗。《陇右方言》194 页："今谓鬼小善祟人者曰毛鬼神。小疾病曰猫着了，猫祟着了，祟读如骚，《庄子天道篇》：'其鬼不祟。'《释文》：'祟，虽遂反，李云，祸也'。""毛"有"小"之义。在洮岷地区，毛鬼神也叫小神，跟女神。

《青海花儿词典》第 254 页录为"猫鬼神"。

骚毛鬼：毛鬼神。

我俩的事情不成了，又出了骚毛鬼了。《百度文库·青海花儿歌词》

毛鬼："魔鬼"的记音词。

头魂不像人模样，二魂就把毛鬼像，三魂活像鬼一样，手抓牡丹哭一场。《甘肃卷》200 | 荞草烧了荞灰了，想你把脸想成毛鬼了，把骨头想成脑髓了。《莲花山花儿选粹》34

旱魔：主宰天旱的神。

杀退旱魔保青苗。《手搭凉棚望北京》117 | 红心柳，两张杈，旱魔怕的娘们家，裤子脱下鞋脱下，不顾羞丑追一下。《甘肃卷》140

白兰观音：观音。也称白莲观音。西北方言，莲、兰读音相同，如马莲、马兰为一物。

斧头剁了山白杨，你连白兰观音样，想吃一口吃不上。马列《岷州花儿》174

---

① 关丙胜：《民国时期的河湟地方社会》，知识产权出版社 2014 年版，第 70 页。

俄博｜鄂博：山神。

　　手拿扁柏祭俄博，俄博上蹲着个喜鹊。罗耀南《花儿词话》108｜红白经幡鄂博上插，手拉手佛跟前跪下；三世的夫妻把誓发，四世里还不能罢下。郭正清《河州花儿》232

"山神在不同的民族里有不同的叫法。汉族称为山神，蒙古族、土族与汉族杂居的地区称之为'硪博'，以藏族为主的杂居地区则称之为拉泽。"①

阎君｜阎军：阎王。

　　唐僧心上有气哩，只怪悟空不是哩，你是十恶不善哩，不像佛门弟子哩。把阴间阎君活像哩。柯杨《西北花儿精选》64｜韩起功抓兵在河州城，活像个吃人的阎军。《甘肃卷》35

霹雳大仙：民间认为的雷电之神。

　　刘彦昌的儿子来，霹雳大仙徒弟来。《岷州爱情花儿精选》150

大罗仙：道教有大罗天之称，修行能登上大罗天的神仙，被称为大罗仙。是神仙中的最高级别，神通广大。

　　一更里唱一个大罗仙，大罗仙逍遥在西天。《春风吹动花千树》49

救神：救命之人。

　　阿哥的病，除你者再没有救神。《新编大传花儿》207

---

① 关丙胜：《民国时期的河湟地方社会》，知识产权出版社2014年版，第47页。

第二节 躯体

包括人的身体各部位、痣瘤斑点、毛发等以及动物身体各部位名称，还有影子、灵魂等跟躯体相关的名称。①

一 身体部位

枯彩 | 窟腮 | 哭腮 | 枯腮：藏语，颧骨。

枯彩红得像林檎，外头没人我不信。《岷州花儿选集》165 | 你的白白脸红窟腮，人人见了把你爱。陇崖《莲花山花儿》27 | 柴一片，一片柴，白白脸势红哭腮，大河沿上洗韭菜，人人见了把你爱。《临洮花儿》38 | 想你枯腮蛋蛋疼，胭脂有呢淡不成。《叠藏河》第 1 期 57

毛眼睛：眼睛。

上河的鸭子下河的鹅，一对毛眼睛扰哥哥。《张家川》141

心系子 | 命系子：心血管。

你扯断阿哥的心系子。朱仲禄《爱情花儿》97 | 你是阿哥的命系子，心疼者我你哈咽上。郭正清《河州花儿》219

干头：光头。方言中一般用来指动物剥皮后的头。

卖国求荣的蒋干头，他就是百姓的对头。《甘肃歌谣》216

鬓肩 | 鬓间：鬓角。

---

① 有些躯体名称词是人和动物共用的，因此，本节不区分人和动物。

什样锦茶碗盘儿里端，鬓肩里插了个牡丹。《湟中资料本》129 | 山丹花开在石崖上，没长到跟前的路上，哥哥亲手折下来，妹妹的鬓间里戴上。达玉川《青海花儿选》30

多罗 | 多脑 | 朵罗 | 朵脑 | 髑髅 | 多恼：脑袋。

莲花山，头一抬，你把多罗抬一抬，我看你是谁一个？张亚雄《花儿集》86 | 我把想下你的不说了，我一多脑头发脱没了。《岷州爱情花儿精选》102 | 名字叫来嘛朵罗摇，小阿哥摇不者醒来。王沛《河州花儿》181 | 关公接战一回合，刀起孙秀朵脑落。《西北花儿精选》68 | 亲家给他把话答，这个事情匿不下，人家要你髑髅价。《西羌花儿与洮岷文化》215 | 若要我把心变下，叫五雷把我多恼炸。《莲花山花儿选粹》44

"多罗"的来源，各家所说皆不同。《说文》："髑髅，顶也。髑，徒姑切，音独。"莫超《西北方言文献研究》："凡音之近都卢者皆含圆转之义。头型圆故呼头为项颅。《说文·页部》：'项，颅头骨也。'会宁等县谓头为项颅，音如多楼，又转为髑髅。旋转不已为都卢卢转。都卢又转为多罗。"[1] 曹强《花儿民俗语言研究》："朵，脑连用，是用局部代替整体，表示头，脑袋。"[2] 景生魁《西羌文化与洮岷花儿》第215页解释为："是藏语音译"。《青海花儿词典》第91页"多洛"，是蒙古语借词。《花儿民俗词典》第38页"朵脑，洮州方言"。

绷楼：额头。方言也叫艾路。

你前绷楼活像土崖崖，丑八怪，瞅大哥把你哈干哩。《新编花儿擂台卷》129

---

[1] 莫超：《西北方言文献研究》，北京大学出版社2014年版，第126页。
[2] 曹强：《花儿民俗语言研究》，中国社会科学出版社2016年版，第115页。

额颅：额头。

不小心碰的我额颅痛，老贼婆还扇我耳根。《春风吹动花千树》49

重眼皮儿｜层眼皮：双眼皮。

重眼皮儿圆眼睛，给哥哥留下个扯心。《中国乡趣网》2016年11月9日｜层眼皮儿耀人哩。《花儿词话》80

面皮：脸皮。

尕阿哥世下的面皮软，你有心，我有个天大的胆子。《爱情花儿》107

西北方言中，"面皮"还指凉皮（类似凉面的小吃），也叫酿皮，嚷皮。

眼：脸。方言中眼、脸同音。

谁家姑娘真好看，叫人越看越眼馋，长的好看又端正，眼［脸］上又白又酸净。《舟曲花儿》18

脸洼：脸蛋。

泉水沿上的格桑花，骨朵大，羞答答，活像是尕妹的脸洼。西宁市文艺界联合会《花儿卷》126

嘴脸 1：脸。

身子在外心牵上你，不由得嘴脸怪了。张亚雄《花儿集》205

脸皮子：脸。

尕嘴里说话脸皮子笑，没知道心肠哈变的。《甘肃卷》91

模样丨模样子丨摸样儿丨模样儿：相貌。

我爱了尕妹的模样好，更爱了尕妹的心好。郭正清《河州花儿》270丨想起尕妹的模样子，眼泪儿唰拉拉地淌哇。雪犁《花儿选集》102丨世上的花儿多者哩，没有个开不败的；摸样儿赛你的多者哩，心肠儿比不过你的。雪犁《花儿选集》82丨娘老子你哈就咋生来，模样儿咋这么俊来。郭正清《河州花儿》54

五相：五官。

你五相不端的丑八怪。《新编花儿擂台卷》143

相1：长相，相貌。

两个花儿是一个相，一样的俊，哪一个心头上到哩。郭正清《河州花儿》203

耳瓜丨耳胍：耳朵。方言也叫耳挂子。

说的话哈没法听，还骂我是聋耳瓜。《莲花山花儿卷》49丨狗嘴虎牙猪耳胍。《新编花儿擂台卷》183

牙叉：颌骨，也叫牙叉骨。

镢头挖了荨麻根，想你牙叉下巴疼，茶饭有呢咽不成。《叠藏河》第一期57丨癞呱子脸势猪牙叉，你不是维人的下家。《河州花儿卷》29

牙子1：牙齿。

　　牙子哈疼开时喝酒哩，喝酒时疼痛们止哩。《河州花儿卷》71

牙豁：牙龈。方言也叫"牙花子"。

　　吃人的狼，牙豁里带血着哩。《手搭凉篷望北京》136

咽咽｜咽眼：嗓子眼。

　　镢头挖了蕨麻跟，想你喉咙咽咽疼，茶饭有呢咽不成。《叠藏河》第一期57｜去去去，你耍诨，耍看你的嘴上甜，嘴张开时咽眼见。《莲花山花儿卷》2｜想你我的咽眼疼，冰糖水水咽不成，心上急着乱咚咚。《莲花山与莲花山花儿》571

板颈｜班劲：脖子。《花儿民俗词典》7页注："板颈：洮州方言。"以下为河州花儿例。

　　羖鹿羔馋者跑了个凶，板颈里帮了个棒棒，我你哈没见者想下的凶，病症们不由者重了。《河州花儿卷》191｜男人的干瘾都有里，说了时你皮班劲将里。《百度文库·世上最全的青海花儿经典歌词》

脖项：脖子。

　　为你着许了羊愿了，我把白脖项的羊献了，我不落人的亏欠了。《莲花山与莲花山花儿》601

项圈1：动物的脖子。

　　白鹁鸽，黑项圈，黑了恋你一炕旋，亮了一起飞上天。《莲花山

与莲花山花儿》585

板骨：肩胛骨。

杆一根，四根杆，鼠没板骨不周全。《临洮花儿》88

胛骨：肩胛骨。

打红太阳的三伏天，胛骨上抬的是架杆。《临洮花儿》204｜胛骨头上担桶担，你把脸脑给我看。就合孔雀吸牡丹。张亚雄《花儿集》76

胛子｜夹子：肩膀。

打个转身了拌个里来 身靠住胛子了坐来。张亚雄《花儿集》158｜长枪扛上了夹子疼，短枪挂上了腰疼，刀惋我腔子都不疼，不见尕妹心系疼。《百度文库·青海花儿歌词大全》

背子1：脊背。

背子里背的是鏊花枪，要打个天上的凤凰。纪叶《青海民歌选》119｜把大人们忙成了家啦啦，娃娃们，背子上背的是娃娃。西宁市文艺界联合会《花儿卷》112｜土黄骡子四银蹄，背子上披的汗绨。《六盘山》38

搪子｜膛子：胸膛。

端起个饭碗搪子里疼，病害在尕妹的身上了。《春风吹动花千树·正歌》｜我连尕妹换膛子，好像打灯蛾的样子。朱仲禄《花儿选》74

軁子｜慷子：胸膛。

手搭軁子把心摸，把你好的有几个？《舟曲花儿》39｜慷子里花儿千万首，拴住个太阳不让走。《梨都花儿》23

腔子：胸膛。

带着尕妹走林子，高兴者顺手抹腔子。《宁河花儿缀集》26｜娘老子找给的害婆婆，眼泪把腔子哈漫了。《青海卷》31

肋子：肋骨。

耳朵垂垂没肉了，肋子也成棍了。《张家川花儿》148

肋巴：肋骨。也称肋巴子，肋巴骨。

狗娃儿抬的牛肋巴，卧下了就像个兔儿。张亚雄《花儿集》189｜抹布擦了油碗了，叫你把人想软了，圆的肋巴想扁了。《莲花山与莲花山花儿》574

心肠：心。

身子不大模样好，心肠儿再说啥哩。《湟中资料本》19｜没心肠吃饭有心肠浪，心牵到尕妹的身上。《青海民歌选》80

怀心：胸口。

坐到尕妹怀心哩，六月天日子还嫌短哩。1940年《花儿集》165

心坎｜心坎坎：心口。

睡着连你在一搭，其实没在你心坎。《舟曲花儿》73 | 一跳变成蚧蚤呢，在你浑身咬到呢，还在你心坎坎上睡觉呢。《西羌文化与洮岷花儿》169

肝花1：肝。方言为满足古语句式而选用与"肝"的形状相关之花字补入，而成此式。①

若问泪水有多深，泡了肝花淹了心。《六盘山》214 | 挖给你肝花是要心哩，要心是要阿哥的命哩。张亚雄《花儿集》168 | 牡丹给蜂摇个手，心肺肝花抖出口。《岷州爱情花儿精选》30 | 尕妹是肝花阿哥是心，心离了肝花是不活。朱仲禄《花儿选》3

肝花2：指代五脏。

拔掉肝花空腔子，空腔子咋回去哩？雪犁《花儿选集》89

肝花3：指代心。

扒出个肝花碟子里献，晾冷了看，阿哥的心实着哩。《青海卷》75 | 我的绯红花，你听啥，哥哥们走哩啥，我的肝花妹子坐哟，多早价是回来了看来。《青海卷》37

腮皮：脾脏。

狗没腮皮不周全，它见豹子遭一难。《甘肃传统节日》110

腰子：肾脏。

---

① 元鸿仁：《方言源考与训诂新探》，甘肃人民出版社1999年版，第51页。

拿的柏木片柏桨，十一相是狗的相，安者骆驼的腰子上。《甘肃传统节日》106

背叶儿：肾脏。

把心摆着当桌子，把背叶儿摆着四角子。《岷州爱情花儿精选》63

腰窝：肾脏。

想你我晕者心摆呢，两个腰窝另甩呢。《莲花山花儿选粹》34

肚浪｜肚郎：肚皮。也叫肚囊皮。

铁青的尕马白肚浪，加银的鞍子备上。《湟中资料本》84｜净肚郎雀娃咋飞了。《新编花儿擂台卷》151

肚娃：肚子。

喝坏了肚娃谁牵怜。《张家川》141

背花1：脊背。《陇右方言发微》164 页："陇右通谓羊、豕脊侧之肉曰背胈，胈读若花，唇音明母字读入牙音晓母。"

前二年维人者没挨过打，这二年揭我的背花。《河州花儿卷》67

窠儿：阴部。

棕色裤子麻布腰，窠儿夹的搯麻刀。麻布裤子两棵杈，窠儿夹的牡丹花。《舟曲花儿》89

巴掌：手掌。

挪到牡丹跟里站，叶子就像巴掌宽。《岷州爱情花儿精选》143

捶｜槌头｜捶头｜锤头子：拳头。

摸着炕棱砸两捶，半夜到底谁想谁，睡到半夜捶砸炕，将心比心都一样。《舟曲花儿》42｜槌头揉开两个眼。《西北花儿精选》138｜冰糖下者捶头大，把你甜者牙跌下。《临洮花儿》57｜人家的女婿娃十七八，我配的女婿娃是捶头大。《张家川花儿选》174｜锤头子大的尕媳妇，嫁汉者养不住了。《六盘山》122

屁脸：屁股。

一状告到新城里，屁脸打着生疼呢。一状告到旧城里，屁脸打着肉疼呢。《莲花山与莲花山花儿》142

坐臀：猪后臀。方言也叫猪后墩或后墩子。

肋巴好吗坐臀香，总要吃着你的胃口上。《莲花山与莲花山花儿》97｜肋巴坐臀都有呢，还有上二年的陈酒呢。《莲花山与莲花山花儿》97

勾子：屁股。

斧头剁下柳者呢，我还给你提下酒者呢，把你的勾子照样溜者呢，你还仇者抖者呢，见我牙子咬者呢。《莲花山花儿卷》17｜尕妹妹走者头里了，阿哥们赶勾子锻了。《河州花儿卷》188

尻子：即勾子。

精尻子冰上者站。《宁夏花儿精粹》187

尻蛋：屁股。

空名声背给着胛子疼，尻蛋上打给着五针。《新编花儿擂台卷》58

腿瓣：两腿之间。

两免一补真砝码，庄稼人，走路时腿瓣里风大。西宁市文艺界联合会《花儿卷》109 | 闻一下，腿瓣里好少的劲道。《青海花儿大典》235

老二：男性生殖器。

撕揪掉他的破裤裆，把尕老二满把俩攥上。《新编花儿擂台卷》142

把把：男性生殖器。

你的皮脸脑活像个麻癫呱，鼻疙瘩就像尕娃娃尿尿的把把。《新编花儿擂台卷》155

牛牛：男性生殖器。

灵佛爷，你把娃娃瞭者哩，娃娃给你笑者哩，裆里牛牛吊者哩。柯杨、武文《洮岷花儿与西北民族民俗文化研究》67

泡蛋：即脬蛋。男性生殖器。

尕妹俩睡着个泡蛋娃，睡着去，睡下者能做个啥哩。《天祝花儿

选》153 | 热头儿落了是落了，长虫把［吧］石崖上过了，这一声唱了在甭唱，在唱是割泡蛋里！《百度文库·世上最全的青海花儿经典歌词》

脬子：男性生殖器。

我钻到五莘里开心哩，要你着挖脬子哩。《新编花儿擂台卷》134

尿泡：膀胱。

阿么想办法对付了，就像馋猫啃尿泡。《临洮花儿选》126 | 漏气尿泡吹不胀，心虚翻墙没胆量。《舟曲花儿》111 | 包头市修哈子太大了，没厕所，憋坏了阿哥的尿泡。《百度文库·青海花儿歌词集锦》

柯膝盖子 | 髁膝盖子 | 髁膝盖儿 | 磕膝盖儿：膝盖。

想你柯膝盖子疼，套裤有呢套不成。《叠藏河》第1期58 | 想你髁膝盖子疼，套裤有呢套不成。《叠藏河》第16期16 | 手拄我的髁膝盖儿，给我按脚落鞋样儿。《岷县花儿》70 | 手拄我的磕膝盖儿，照住我脚落鞋样儿。《岷州爱情花儿精选》67

膝胳 | 壳膝：膝盖。

羊羔吃乳双膝胳跪，大羊的腰弯着哩。朱仲禄《花儿选》87 | 鹿羔咂奶双壳膝跪，大鹿腰躬者哩。陇崖《河州花儿卷》192

盖膝：膝盖。

羖鹿羔咂奶者双盖膝跪，大羖鹿腰躬着哩。《中国花儿曲

令》189

干腿：小腿。

干腿剁下当铣把，狗头当成皮球打。1979 年甘肃省康乐县文化馆编印《莲花山花儿选》24 | 砸折干腿筋挑断。《湟中资料本》67 | 打断了干腿拔断了筋，越打是我俩越亲。《甘肃卷》79

脚把骨 | 脚巴骨：踝骨。

个个不大怪心疼，脚把骨绑了个紧称。《六盘山》22 | 珍珠玛三魂缠住脚巴骨，往前走，不由得往后头看哩。郭正清《河州花儿》236。

青海花儿中亦有此称，《青海花儿词典》190 页："脚巴骨"。
净脚片 | 精脚片 | 净脚儿 | 精脚儿：光脚丫。

白杨树栽了一河滩，天晒着叶叶儿卷了，没有个鞋袜者净脚片，不由得精神儿短了。包孝祖《岷县花儿》19 | 腊月寒天净脚片出外，脚上冻着口子开。《莲花山与莲花山花儿》621 | 精脚片。《爱情花儿》350 | 净脚儿寒冰上站了。《花儿词话》24 | 精脚儿踏上个草坡。《花儿词话》270

尕脚儿：小脚，指妇女缠过脚，脚很小。

我维的花儿尕脚儿，心疼着打罗罗哩。《花儿词话》80

脚底板子：脚掌。

镢头挖了韭菜根，想你脚底板子疼，离开你了活不成。《八宝川花儿》168

筋甲｜疗痂：脚上磨出的茧。即胝甲。

剪子哈拿起者剪指甲，脚上的筋甲哈剪下，啥人笑话都我不怕，谁狠了把我哈管下。陇崖《河州花儿》211｜手上的疗痂脸上的汗，单怕个白雨的闪残。《花儿词话》154

《青海花儿词典》记为"丁甲"。

脚踪：脚印

雪地里找了个脚踪。朱仲禄《爱情花儿》82

骨髑｜骨都儿2：骨头。

这个贼骨髑，千刀万剐雷抓掉。《新编花儿擂台卷》106｜要嫌我老你要下，你浑身的骨都儿散下。《新编花儿擂台卷》129

戴肉｜脂肉｜紫肉｜纸肉：瘦肉。也叫"黑肉"。相对"肥肉"而言，肥肉被叫作"白肉"或"囊囊肉"。

一身的戴肉哈苦干了，腔子里挣下个病了。《新编花儿擂台卷》66｜一身的脂肉榨干了。《湟中资料本》197｜紫肉刮干了刮骨头，骨头上还要烤油。鲁剑《西北民歌与花儿集》248｜你把舌头吐着来，吐着我的口里来，我当一片纸肉来。《岷州爱情花儿精选》120

浑身｜浑身儿：全身。

四十把杆子四十把棍，浑身哈打出个病哩。《河州花儿卷》72｜实心实意的维你了，浑身儿眼泪啦拌了。张亚雄《花儿集》183

骨尸：骨架。

你们男人抖荏子，刀子搧下九把呢；我越思越想越害怕，害怕把骨尸抖下呢。《岷州花儿选集》146

尸身子｜死身子：尸体。

我丢下三魂陪你坐，尸身子回家去哩。达玉川《青海花儿选》61｜马五的死身子马身上颠，尕豆妹葬在者华林山。《青海民歌选》165

四骨：全身的骨头。"四"指"遍及"。

阿哥的花儿们当啷啷响，尕妹的四骨里渗上。王沛《河州花儿研究》112

四梢1｜四梢子：四肢。

尕妹的四梢没力气，五谷儿用了个引子。《天祝花儿选》178｜阿哥的三魂你勾者去，四梢里没有些力气。《松鸣岩原生态花儿》57｜跟前哈过了者没言喘，四梢子发困者心酸。《河州花儿卷》148

骨子：骨头。

好酒儿渗在骨子里，好曲儿醉不了妹子。《爱情花儿》123

黑肉：皮肤颜色黑。甘肃南部把瘦肉称为"黑肉"。

解开钮子脱衣裳，雪白的肉，阿哥的黑肉拉和上。郭正清《河州花儿》223

眼仁子：眼珠。

尕妹子的眼仁子像玛瑙，滚上着眉毛上上了。《新编花儿擂台卷》44

二　毛发、斑点等

鸭子毛｜牙子毛：刘海。

你的樱桃小嘴一点点，弯弯眉毛儿像杠沿，鸭子毛儿活闪闪。陇崖《莲花山花儿卷》25｜牙子毛儿飘闪闪，一对眼睛瘪攒攒。《临洮花儿选》87

角毛儿1｜各毛｜纥毛儿：辫子。"角"读"各"音。

夜召娃们胡做呢，各毛底下衬布呢。《莲花山与莲花山花儿》254｜纥毛儿跟里红头绳，十二唱花儿到如今。《叠藏河》第 16 期 25

角毛2：头发。

拿起个木梳者头梳下，长长的角毛儿哈辫下。陇崖《河州花儿卷》195

髦角｜毛角子：辫子。

你是谁家的小后生，髦角搭在脚后跟。你不要嫌我的髦角长，髦角搭不到你身上。《宁夏花儿精粹》383｜尕妹毛角子两盘龙，好看了一对儿眼睛。《六盘山》22

毛辫子：辫子。

盖头抹了民兵里站，毛辫子吊到后头。《百度文库·青海花儿歌

词大全》

风头｜风头儿｜分头：一种头型，头发三七分开。

老汉哈出来留不成头，年轻人留下的风头。《河州花儿卷》｜把我风头儿踏着脚底里，鞭杆可像轮雨呢。《岷州花儿选集》207｜杂毛头发尽脑油，穷讲究，梳成了三七的分头。《新编花儿擂台卷》27

麻子1：脸上的雀斑黑痣。

尕犍牛的萝卜角，连你做亲划不着，你丫头脸上麻子多。《莲花山与莲花山花儿》222

颗颗：身上脸上长的疮、痘。也叫"颗颗子"。

尕脸上出来的尕颗颗，尕心儿想你着印记。《传统花儿精选》203

皱皱｜皱皱们｜刍刍｜刍刍儿｜蹙蹙儿：皱纹。

爷的胡子唱短了，阿婆脸上皱皱唱展了。① 《叠藏河》第 16 期 12｜关老爷曹营里十八年，脸上的皱皱们没展。《临夏花儿选》第一集 80｜抹布擦了油碗了，花儿越唱越攒了，阿婆脸上刍刍唱展了。《叠藏河》第 1 期 34｜这会儿人老光阴推垮了，你瞭我脸上的刍刍儿成啥了。《岷州花儿选集》120｜人老先到额颅上老，有蹙蹙儿的多没蹙蹙儿的少，肉皮儿松的没眼儿了。《岷县民间歌谣》267

嘴皮子｜嘴皮：嘴唇。

---

① 《叠藏词》第 16 期第 12 页注：皱皱方言读 chu214。

108 / 西北民歌"花儿"词汇研究

  尕妹拿手挡着哩，嘴皮子上犟着哩，心底子里烫着哩。《爱情花儿》254 | 红嘴皮子的长辫子，有钱的阿哥哈骗哩。《河州花儿卷》284 | 我的娃娃说不成，见人嘴里只哼哼，只动嘴皮不问人。《莲花山与莲花山花儿》613 | 兔没嘴皮不周全，见了黄鹰遭一难。《临洮花儿》93

颔水 | 涎水 | 含水：涎水①。

  我想你着炼炼呢，颔水只打咽眼呢。《莲花山与莲花山花儿》225 | 涎水淹［咽］者咽眼肿。《莲花山与莲花山花儿》571 | 尕妹妹喝的是冰糖水，它不到阿哥的含水。《百度文库·世上最全的青海花儿经典歌词》

干蛏：嘴唇或者手指上起皮。蛏即肉刺。

  想你我把嘴疼烂，嘴皮上裂的火干蛏，顿顿吃饭碗难舔。《莲花山与莲花山花儿》571

印实 | 引实 | 印齿：牙印。

  尕牙齿咬了个印实。《临夏花儿选》第二集 51 | 尕树儿结了个尕果子，尕牙儿啃了个引实。杨生顺《试论青海花儿的歌词艺术美》尕树上长哈的尕果子，尕牙儿咬哈的印齿。《百度文库·青海花儿歌词集锦》

鬃刚 | 鬃岗：鬃毛。

  铁青马儿好鬃刚，骑上了浪一趟会场。《宁河花儿缀集》第二集 120 | 土黄骡子白鬃岗，尕妹骑上哥跟上。《青海卷》82

---

① 《青海花儿词典》第 395 页："涎水，涎音 han55。"《花儿民俗词典》第 59 页："颔水"。

第二章　名物篇　/　109

身端｜身段：身材。

　　我爱了尕妹的好身端，你爱着钱儿上了。《湟中资料本》54｜宽宽肩膀红红脸，心肠是好，我身段配不过你了。《甘肃卷》45

个子｜个个儿：身高。

　　人人嫌我身量尕，把你那个子大着做了个啥，麻雀儿尕着把蛋没下。《岷州花儿选集》168｜你嫑嫌阿哥的个个儿尕，你看你身上的垢痂。滕晓天《花儿春秋》51

身套：身材。

　　没爱你身套好模样，只盼你心好吗意长。《天祝花儿选》90｜你身套就是人不是。《青海花儿大典》160

卯窍｜铆窍：骨头接缝处。

　　打针吃药不认了，卯窍错前扒后了。《莲花山花儿卷》122｜剩一把骨头了，数肋巴时不够了，铆窍错前扒后了。《莲花山与莲花山花儿》144

铆节：关节。

　　下剩一把骨头了，数肋巴是不够了，铆节错前扒后了。《甘肃卷》

骨铆儿｜骨卯儿：关节。

　　想者一口牙跌下，浑身的骨铆儿刷啦啦。《莲花山花儿选粹》16

| 想你我的浑身骨卯儿吧喳喳。《莲花山花儿卷》45

汉子1：个头，身高。

中等汉子的尕妹妹，大路上两首甩开。《六盘山》22 | 黄瓜扯了蔓子了，且了你的汉子了，不且你的汉子高，且了你的心肠好。《舟曲花儿》37

热怀 | 热怀儿：温暖的怀抱。

尕妹的热怀里遇一遭。《新编大传花儿》28 | 相思病着了我跟前来，我的个热怀儿里睡来。《河州花儿卷》10

相2：照片，相片。

把相贴在梁衬上，我侧棱睡仰躺望，望里望里眼泪淌。《莲花山》16

第三节　饮食

包括生活用水、加工过的谷物、各种调料以及肉禽蛋奶、烟酒糖茶等副食品。

一　米面及制品

加工面：在饭馆中，在原有分量的基础上多加肉、菜、面，这类面食统称为加工面。

有钱了吃上个加工面，没钱了吃上个烩面。《河州花儿卷》129

油花：青稞面做，裹了香豆和清油的花卷。西北做花卷可用清油香豆做，也可用清油姜黄做，叫姜黄馍馍或者香豆馍馍。

前锅里蒸上的大油花，绽开花。《青海花儿大典》213

窝窝1：一般指玉米面馒头。

窝窝割破嘴边边，想吃白面难上难。《甘肃歌谣》209

馓子：油炸的细条状面食品，有两种外形，一种是把面缕拧在一起；一种是把面拉扯成长长的细条，来回弯曲，不扯断，形成多条面缕。

老回回开斋炸油香，糖泡的盖碗子品上。花花馓子枣带上。《张家川花儿》168

炕子：指烤的或者烙的干饼子。

豆面炕子入油呢，硬者阿么咬下呢。《莲花山花儿卷》24｜人油的炕子吃者个香，新洋芋蘸了个蒜了，我连你缠扎时真美当。《河州花儿卷》13

面子：面粉。

一把面子擦把手，马五阿哥你快快走。《青海民歌选》158

珍子｜针子｜疹子｜糁子：磨成碎粒的谷物。西北常用"苞谷针子"熬稀饭。读音"珍"。

大燕麦拉成珍子了，黄谷哈碾成个米了。《临夏花儿选》第一集127｜黄燕麦拉针子哩，丫头们好么婆娘们好。《湟中资料本》30｜清水打着磨轮儿转，磨口上拉疹子哩。《新编花儿擂台卷》182｜大燕麦拉成糁子了，小谷子碾成个米了。《宁夏花儿精粹》217

碗簸子馍馍：将发酵好的面放在碗里，以碗做模具，蒸出的扁圆形的馍馍。

碗簸子馍馍比肉香，凉水甜过了砂糖；大门上旋着见你哩，谁了解我的难怅。《张家川花儿》56 | 碗簸子馍馍比肉香，冷凉水甜过了砂糖。《六盘山》38

荞面巴子：荞面发酵后，蒸出的发面馍馍。

荞面巴子蘸蜂蜜。《张家川花儿》162

饱子：包子的记音词。

清油啦点一个灯盏哩，饱子啦打一个狗哩。《春风吹动花千树》88

素盘：面制品，似馒头，底圆，上层像莲花盛开，一般有四到五个花瓣，比普通馒头大很多。花瓣上抹上姜黄，呈明黄色，红白事时当做礼品送亲朋。

前庄的女儿后庄的汉，订婚者送的是素盘。《春风吹动花千树》41

麦蓁儿：把未成熟时青稞或者小麦煮熟后略微磨碎一下，再搓成长索状的面食。"必须当天吃完，否则会变馊。原为青黄不接时度荒所用，后形成风味小吃。"①《青海花儿词典》251 页记录为"麦索尔"。

青稞的麦蓁儿哈你拉上，大蒜油辣子哈拌上。《河州花儿卷》151

---

① 刘维新：《西北民族词典》，新疆人民出版社1998年版，第427页。

磨物：要磨的谷物。

把我冻的好比你们淘磨物的笸箩圆。《岷州爱情花儿精选》93 | 青石头尕磨空响哩，磨物哈搭不者斗里。郭正清《河州花儿》

盘川 | 盘缠：大饼。

哭下的眼泪调成面，给阿哥烙下的盘川。达玉川《青海花儿选》18 | 出门的盘缠哈烙上了，再没有说话的气了。《春风吹动花千树》109

冬面：因怕冬季水磨结冰，因此为过冬要磨大量的面，称作"冬面"。

卖了麦子还了账，青稞把冬面磨上。《青海卷》72 | 枭过麦子还账哩，黑青稞磨冬面哩。朱仲禄《爱情花儿》351

黑面：即现在的全麦面。农村磨面的时候，一百斤小麦磨六十斤，或者八十斤面，叫白面，剩下的麸皮再磨细，颜色不白，称为黑面。

城里开花者城外红，辕门上摆下的黑面默［点］心。张亚雄《花儿集》54 | 黑面哈当成宝了。《春风吹动花千树》103

芽面：出芽的麦子磨的面。口感不好，粘牙泛甜。

白麻纸糊下的窗亮子，穷汉子，黑芽面打下的浆子。朱仲禄《爱情花儿》6

大卤面：一种汤面。与其他汤面不同之处，在于汤汁的调配上。天水打卤面汤汁是：菜汤中放木耳、油炸好的豆腐块、胡萝卜等，最重要必须有一味野菜——乌龙头。最后勾芡出锅。吃法：下好长面后，捞到碗里浇上汤汁即可。此面流行于陇中地区。

  进去园门劈白菜，小叔想吃大卤面。马列《岷州花儿》129

  拌汤：一种面食，各地皆有不同。甘肃陇南有两种做法，将面和好，略擀一下，压实，剁成小小的面疙瘩下到锅里；或者，将面揉搓成絮状下到滚开的锅里。调入西红柿叫西红柿拌汤，调入酸菜（浆水）叫酸菜拌汤（浆水拌汤）。类似于有些地方的疙瘩汤。

  早夕呢拌汤没人拌，黑了的炕眼没人填，那你不照看着叫谁照看？《岷州花儿选集》132 | 有了稀的没稠子，拌汤啦养人着哩。达玉川《青海花儿选》20 | 娘娘庙里青铜锣，早晚烧香锣响哩，酸菜拌汤豆面馍。柯杨武文《洮岷花儿与西北民族民俗文化研究》23

  疙瘩1：面条。多种面混合擀制，叫杂面疙瘩。也可白面和其他任意一种杂粮面混合，按杂粮命名，比如苞谷面和白面混合就叫苞谷面疙瘩子，荞面和白面混合擀制叫荞面疙瘩子。面条长短粗细随意。

  我要做苞谷面的疙瘩呢，你吃下呢么吃不下。《莲花山与莲花山花儿》620 | 一年的四季里苦太大，吃的是杂面的疙瘩。《春风吹动花千树》37 | 青禾面疙瘩里拌上些油。《临夏花儿选》第二集83

  疙瘩2：小的块状物。

  我们家里妹当家，吃的糊糊搅疙瘩，从小吃苦妹不怕。雪犁《花儿选集》144

  疙瘩3：饺子。

  羊肉你嫌膻花呢，你要吃牛肉疙瘩呢，那你就要提前给我说下呢，不是我急忙阿么捏下呢。《岷州花儿选集》149

茶饭①：饭。

师父今日我遇上，笼里的茶饭你先尝，胜过佛前烧高香。《西北花儿精选》63 | 花儿的会场上唱了个好，茶饭哈不吃是饱了。《甘肃卷》14

饭页 | 饭叶：煮熟的面片。

我端起饭碗想起你，把吃上的饭页吐下了。《莲花山花儿选粹》54 | 端起了饭碗难心们大，嘴里的饭叶们吐下。《河州花儿卷》206

面叶：大小不等，形状不一的薄面片。

端起碗来想起你，面叶儿捞不到嘴里。《岷县花儿》25 | 三根面叶的一碗汤，筷子拉扳浆者哩。《河州花儿》104

瓜瓜 | 粑粑：锅巴。

天上的云彩哈黑下了，家里的尕娃哭下了，我布抽抽的瓜瓜没要下。《宁夏花儿精粹》397 | 散饭的锅底里粑粑多，浆水的坛坛里菜多。《爱情花儿》199

黑饭：晚饭。

两腿撒展，回家吃黑饭，黑饭吃了个尕面片。《梨都花儿》119 | 吃罢黑饭你取来，奴你哈留下了站下。郭正清《河州花儿》31

搅团：把荞面或者苞谷面等杂粮面散成稠面糊，凉了凝结成块再加

---

① 《青海花儿词典》41 页注："俗称，指妇女的烹饪手艺。"不妥。

调料食用。

　　白面肉菜的吃厌嫌，要吃个豆面的搅团。《临洮花儿》11｜双杆子风匣烧蓝炭，青稞面散下的搅团。要走了走上个四十年，三十年不够我搅然。《花儿春秋》50

起面：发酵的面，也叫发面，主要用来蒸馍馍。

　　想你不到跟前了，浑身肿成起面了。《岷州花儿》50｜五户公社的花行家，擀下的长饭像扯面，做下的死面像起面，我没问价钱往饱嗒。《莲花山与莲花山花儿》620

死面：不发酵的面。

　　做下的死面像起面，我没问价钱往饱嗒。《莲花山与莲花山花儿》620

散饭：锅里水开后，往锅里边散面粉，边搅拌，达到一定稠度煮熟后，就是散饭，也叫撒面饭。《花儿民俗词典》144页记为"糁饭"。

　　散饭的锅底里粑粑多。朱仲禄《爱情花儿》199｜新洋芋豆面的尕散饭，看者都叫人的眼馋。《河州花儿卷》220

　　西北饮食中糊糊、散饭、搅团、琼琼的区别：糊糊，锅里水开后，直接撒面粉，搅匀，比较清，能直接喝。散饭比较稠，糊糊和散饭里面都能添加洋芋。搅团是纯面粉做成，更稠一些。晾冷后，能用刀切，最常见是荞面搅团。甘肃陇南还有一种洋芋搅团，是把洋芋蒸熟后，晾至微冷，放在臼窝里砸，洋芋被砸成非常筋道的团状，调浆水或者醋，食用。琼琼是把面和上洋芋、或槐花、或榆钱等拌匀，上锅蒸熟，调上佐料食用。

　　七花｜旗花Ａ｜琪花：菱形小面片，小似雀舌。甘肃天水叫碎面。

案板上切下的尕七花，尕锅里炒的是菜瓜。《春风吹动花千树》38｜你有心给我擀上两碗旗花儿汤，酸菜夒炝醋调上，醋比酸菜味道香。《岷州爱情花儿精选》114｜琪花面片高窨呢，总要叫你吃饱呢。《莲花山与莲花山花儿》600｜苦荞面琪花哈我擀上，清水的锅里头下上。郭正清《河州花儿》255

汤：面条或者面片。

案板上擀下的杂和面汤，清水的锅儿里下上。《河州花儿卷》197｜白面汤，开水的锅儿里下上。朱仲禄《花儿选》84｜刀刀切了麻叶儿菜，擀杖擀下汤着呢。《叠藏河》第16期37

细面：比一般面要细、白。有时候是拿箩儿箩普通面得到细面，有时候把磨的头道面称为"细面"。甘肃方言中，还把细长条面称为"细面"。

粗箩儿隔来细箩儿掸，尕箩儿掸下的细面。达玉川《青海花儿选》12｜清水打的这磨轮转，磨口里淌的是细面。朱仲禄《花儿选》30

夜饭：晚饭。

我在屋里做夜饭，花儿门上等着呢。《洮州花儿散论》194｜黑了夜饭没吃急，馍馍就在手里提。《岷州花儿选集》74

杂面｜杂和面：由白面和其他各类杂粮面混合而成的面。

磨些杂面澄粉呢，人心还没志稳呢。《岷州花儿》49｜一天三顿吃杂面，还没有吃饱过一天。达玉川《青海花儿选》21｜早上擀下的杂和面汤，后晌的晌午里下上。《河州花儿卷》108｜杂合面干粮

的味长。《花儿词话》265

长饭：长面条。

长饭哈我再不吃了，喝给来两缸子凉水。《河州花儿卷》253｜掌柜的顿顿吃长饭，放羊娃喝的是面汤。雪犁《花儿选集》58

拉条子：手拉的长面，也叫扯面。

孕面片来拉条子，东关过了个瘾。刘凯《积淀于"花儿"中的青海饮食习俗》

芽麦子：发芽的麦子，磨的面粉粘牙泛甜，适合做炒面（面粉）。

芽麦子磨下的炒面。《河州花儿卷》319

锅块｜锅盔｜锅魁：烙的非常厚的大饼。甘肃西和出产的最为著名，外面金黄，里面酥软。

一个锅块吃三天，不知道肚子哈饿的。《宁河花儿缀集第二集》110｜褡裢里的锅盔轻哈了。《宁夏花儿精粹》164｜杂面的锅盔两片儿，卷卷儿擦油着哩。《湟中资料本》47｜一个锅魁吃四天。《张家川花儿》164

试刀面：新娘嫁到婆家后，做的第一顿饭。

杜家门里头一关，新娘要做试刀面。《莲花山花儿选粹》75

馍馍：馒头、饼的统称。

馍馍不吃饱着呢，吸下露水草着呢。《舟曲花儿》117｜半圆的锅儿里烙馍馍，蓝烟儿把庄子罩了纪叶。《青海民歌选》74丨锅里烙馍馍着呢，你着阿达坐着呢。不同意不过着呢。《莲花山与莲花山花儿》577

头苴面：谷物磨第一遍后得到的面，白、细，也叫头面，头箩儿面。取过头面后，再磨第二遍的面叫二面，磨三遍、四遍的叫黑面，剩下的叫麸子。

杏木儿推下的案板，头苴面做下的细长面，为你者跌绊了三天。《宁夏花儿精粹》207

菜碟儿：下酒或者下饭用的小菜。也叫菜碟子。

尕妹妹忙打四两酒，四个菜碟儿急忙端上来。纪叶《青海民歌选》21

发子：羊肉和羊内脏剁碎后灌肠蒸制的肉食，切片食用，或蒸、或煮、或煎。盛行于西北地区回族、撒拉族、东乡族、保安族等民族中。

三扇笼床的一口锅，笼床里蒸发子哩。郭正清《河州花儿》248

"东乡族食品。把羊内脏切成碎片盛于碗中，调进姜米，花椒，葱花，细盐后用笼蒸熟。进餐时，先端上发子，再捧上全羊。"[1] 另一种做法，"先把肥肠用清水（加碱醋）反复洗至无异味后翻置，再将羊的心肝肺肉剁碎，调入清油，葱、生姜粉、花椒粉、草果粉、精盐、味精等作料拌匀，然后将满肚油摊开，放入馅，卷成筒状，用线包扎，封口，蒸熟，因其状如扎羊皮筏子，故名。"[2]

---

[1] 马福元：《中国东乡族》，宁夏人民出版社2012年版，第55页。
[2] 马少青：《中国保安族》，宁夏人民出版社2012年版，第36页。

二　烟、酒、糖、茶及调味品

奶子：人及动物的奶水。

　　老鼠拉了个面叶子，猫娃儿舔了个奶子。《八宝川花儿》186

冻糖：冰糖。

　　冻糖都用把者抓，莲花雨水煮的茶。《莲花山花儿选粹》9

咸盐：盐。

　　土黄骡驹走泾阳，我把咸盐当冰糖。《岷州花儿精选》108

白面：鸦片烟，也叫大烟。

　　尕白面吃的者不像人，你各样的坏事哈干成。《宁河花儿缀集》第二集 128

烟：鸦片烟。

　　这两天没见小阿哥，烟吸着活像个鬼了。《花儿春秋》24

洋糖：水果糖。

　　这个洋糖确实甜，噙上花儿口不干。《莲花山花儿卷》125 ｜ 好花儿要吃个洋糖哩，尕妹妹有什么命哩？《河州花儿卷》44

黄烟：指旱烟叶子，成熟后颜色褐黄，可以揉碎用来卷纸烟，也可以装进烟锅里抽。也叫"土烟"。

青丝的黄烟我装上，双手儿给，我看你接哩么不接。达玉川《青海花儿选》46｜西宁的泼茶喝惯了，黄烟叶吸成瘾。朱仲禄《花儿选》86｜手儿里提的是竹蓝蓝，蓝蓝里放的是黄烟。《湟中资料本》20

泼茶：兰州、临夏等地的盖碗茶，泡茶的茶叶一般用大叶子茶，是春茶的一种。也有人说用的是云南传过来的窝窝茶。

冰糖圆圆的尕泼茶，慢慢地刮，不要把尕嘴儿烫下。《爱情花儿》49｜兰州的黄烟吸惯了，尕泼茶喝成瘾了。朱仲禄《花儿选》51｜兰州的黄烟哈吸惯了，尕泼茶喝成个瘾了。《河州花儿》225

酽茶：浓茶。

炭火架着茶腤上，倒盅酽茶你品尝。《舟曲花儿》111

蜡：指蜂蜜。

你蜜蜂采蜡走两趟，你嫑嫌我花园的牡丹弱。《莲花山花儿卷》92｜青白崖上牡丹开，你像蜜蜂采蜜来，不是蜡是你不来。[①]《中国回族文学通史·民间文学卷》540｜我像蜜蜂旋者落，想采蜡是寻不着。《临洮花儿选》88

酪馏：白酒。常用青稞制成，俗称青稞酒。

青稞的尕酪馏你煨上，我把这兔娃肉炒上。《河州花儿》292｜半碗清茶半碗血，血和了血，要喝个酪馏子酒哩。《天祝花儿选》42

[①] 杨继国：《中国回族文学通史·民间文学卷》，阳光出版社2014年版，第540页："蜡：花粉"。解释不妥。

"土族民间酿酒的历史已有四五百年之久，早在明代，土族人民利用当地的有利条件，将青稞煮熟做原料，用当地草药做成酒曲拌和，经过发酵后，烧出白酒，称之为酩馏酒。"其制作方法"把青稞煮熟晾温，撒上甜醅曲，两三天后盛入缸内，加酒曲和适量水，密封缸口，保持恒温约 15 天，然后将发酵好的青稞倒入锅内加水，加盖密封，留小孔，接通气管，与冷却器和烧酒缸相连，用慢火加温，锅内蒸汽通过冷却器时，形成蒸馏水流入烧酒缸，便是酩馏酒。"①

酩醴：白酒。常用青稞制成，俗称青稞酒。

荷包里包上些菾布香，五端阳，酩醴里淹上些雄黄。朱仲禄《花儿选》108

蜜糖：蜂蜜。

生活就像蜜糖呢，还要平安健康呢。《莲花山花儿卷》218｜社员的心，甜滋滋晒过了蜜糖。《手搭凉篷望北京》114

沙糖：白糖。

跟上哥哥活人走，天每日嘛吃沙糖哩。《花儿词话》13

扁粉｜片粉：宽粉条。

羊肉半斤葱半斤，扁粉和的了两斤。《临夏花儿选》97｜羊肉一斤葱一根，豆腐和了个片粉。《宁河花儿缀集》59

纸烟：指购买的香烟。自己用纸卷的叫卷烟。

我给你好酒香糖加纸烟，杭缎被子上绣牡丹。《莲花山与莲花

---

① 张生寅：《中国土族》，宁夏人民出版社 2012 年版，第 49—50 页。

山花儿》601｜纸烟瓜子香片茶，三炮台碗子里泡下。《六盘山》51

"鼻烟系用黄烟叶子与牛粪灰配合而成，并无其他作料。统名用口吸食之烟曰口烟。口烟之分两种，用杆吸者曰烟；用水烟袋吸者曰水烟。鸦片烟睡着吸，曰睡烟。余怪其名字之离奇，示以纸烟……对曰，纸烟。见其表面有纸，故名。"①

水烟：用水烟瓶吸的烟。甘肃南部叫水烟锅子，底下装水，抽起烟来有咕噜咕噜的水响声。俗语有"长脖细项，水烟锅子的形象"。

水烟把人哈呛惯了，纸烟不过个瘾了，我连你一达浪惯了，没你时浪不美了。《河州花儿卷》252

卤：碱面。

听见嘛花儿把卤喝上，白马了一骑抓冰糖。《宁夏花儿精粹》163

旱烟：农村自产的烟叶，揉碎后，可装烟锅抽或者用纸卷起来抽，这种烟称为旱烟。

清水的河里流沙子干，连吃了三口的旱烟。《河州花儿卷》209｜拿着旱烟不敢装，等你的实心话哩。《湟中资料本》22｜青铜的烟瓶乌木的杆，锅里头装的是旱烟。《西北花儿精选》121

干粉：一般把没用水浸泡的粉条或者粉丝称为干粉。

半斤羊肉半斤粉，羊肉里炒干粉哩。达玉川《青海花儿选》39

---

① 杨希尧：《青海风土记》，载娄子匡编《民俗丛书》，东方出版社1973年版，第43册第79页。

吃食：吃的东西。

> 给花熟面一口袋，路上吃食再不买。《舟曲花儿》28

三　水、油类

清油：菜籽油。相对猪油而言，猪油呈凝固状。猪油也叫大油。

> 锅里倒了个清油了，案板上攞了个面了。《河州花儿卷》216｜清油添在灯盏里，没有捻子咋点哩？雪犁《花儿选集》138

碗子2：用有托底、茶碗、茶盖的一套茶具泡茶，里面加茶叶及其他配料。也叫三泡台。

> 朋友来了火架大，泡个三泡台的碗子刮。《临洮花儿选》64｜三泡台碗子里喝毛尖。《甘肃卷》32｜尕碗子倒上着凉下，还说是妹妹的羞大。朱仲禄《爱情花儿》44

又称盖碗茶。"盖碗茶主要有两种，第一种清茶，一般用花茶，不加其他辅料。第二种香茶，即茶叶配以桂圆、大枣、冰糖等各种辅料，又因配料不同，有三香茶、五香茶、八宝茶之分。"①

盖碗子：碗子。

> 老回回开斋炸油香，糖泡的盖碗子品上。《张家川花儿》168

滚水：煮沸的水。开水。

---

① 铁木尔·达瓦买提：《中国少数民族文化大辞典·西北地区卷》，民族出版社1999年版，第105页。

滚水里下肉着哩。《湟中资料本》81｜茶叶树上鹰飞了，再没你的滚水了。《舟曲花儿》84｜把你好比细叶茶，下着滚水罐子里。《莲花山与莲花山花儿》139

滚油：沸腾的油。

你看那火枪火炮似滚油，火龙喷烟烟雾稠。《西羌文化与洮岷花儿》235｜撇不下，心尖上滚油俩浇了。《新编大传花儿》22

冰水：凉水。也叫生水。

清茶蓦喝了奶茶喝，渴死了冰水蓦喝。贾文清《关于花儿一》

滚锅：锅里水煮开。

泉里担水酒缸里倒，滚锅里下两颗米哩。朱仲禄《花儿选》75

窖水：窖藏之水。干旱地区储存的雨水。

吃水要吃个窖水哩，窖水么水清者味甜。《六盘山》6

第四节　服饰

本节包括服装、饰品、布料以及相关的工艺、材质等。

一　服装类

单哈衫：单衫。不加棉的衣服。

冬天里穿一件棉衣哩，夏天里穿单哈衫哩。《春风吹动花千树》89

衫子：单上衣。

毛兰的衫子扫脚面。《湟中资料本》139｜大红的衫子绿绸带，青丝的头发白飘带；你把我疼来我把你爱，｜我俩人活活儿难离开。雪犁《花儿选集》94｜八仙的桌子上裁衫子。《松鸣岩原生态花儿》66

合衫：褐衫。也叫褐子。

牛毛合衫的银钮子，蓝绸子装下的里子。《宁夏花儿精粹》191

领豁｜领豁儿：领口。

把你好比纽襻系，缝在我花的领豁里。《莲花山花儿选粹》15｜二郎山上栽梨儿呢，把你系成纽门儿呢，缝到我的领豁儿呢，早晚常到一搭儿呢。《叠藏河》第1期37

溜跟：袜子做好后，为了结实耐穿，再在袜子上做一层后跟。就是袜溜跟。

四川的丝线山西的针，绣一副鸳鸯的溜跟。《春风吹动花千树》36

缠子：裹脚布。

裹脚的缠子带给些来。《松鸣岩原生态》141｜缠不紧的毛缠子，撕不离的然然子。《莲花山花儿卷》108

媒鞋：给媒婆赠送鞋以示感谢。

他穿我媒鞋害脚疮，喝我媒茶害嗓黄。《张家川》160

对襟子：正面中间开衩的衣服样式。与大襟相对而言，大襟衣服是侧面开衩。

白布汗褡儿对襟子，手拿个扣线儿引呢。《岷县花儿》25

袜垫：鞋垫。

千针哈万线的绣袜垫，心好者阿哥们爱哩。《河州花儿卷》150

衬垫儿：鞋垫。

花袜底儿么花衬垫儿，你给我扯些白布布儿，我给你二十大营上交衬垫儿。《岷州花儿选集》144

一口钟：指斗篷式样的衣服。

毛蓝袜子一口钟，我俩的恩情么海深。《宁夏花儿精粹》216

棋眼儿鞋｜砌眼儿鞋｜齐眼鞋｜气眼鞋：用圆形的金属环气眼镶嵌在鞋的扣眼上，防扣眼损坏，也美观。

三民主义的棋眼儿鞋，散踏裤腿儿甩开。《湟中资料本》｜三民主义的砌眼儿鞋，散踏裤腿儿甩开。罗耀南《花儿词话》130｜柴一根，四根柴，做下一双齐眼鞋，不敢给你送者来，拿到担水路上来。《临洮花儿》38｜三民主义的气眼鞋，穿上了大街上浪来。《临洮花儿》155

八眼鞋：鞋面上有八个眼，用于系鞋带。类似现在球鞋系鞋带的模样。布纳的鞋底，手工制作。也叫八眼洋鞋。

兰州出下的八眼鞋，燕麦草编下的草鞋。《甘肃卷》59

八眼洋鞋：八眼鞋。

想你我的脚面疼，八眼洋鞋穿不成，挖把指头光后跟。《甘肃卷》167

绑腿：缠腿的布，扎住裤腿，便于行走。

青丝线麻鞋白绑腿，头帮里领头者哩。《松鸣岩原生态花儿》84

大茶｜搭衩｜衩：衣服腰线左右两边的开口。

牛毛的褐褂蓝大茶，二郎担扇的钮子。1940 年版《花儿集》171｜牛毛的褐褂蓝搭衩，二郎担山的钮子。《花儿集》1986 年版 161｜毛兰的衫子九道衩，衩口哩没缀上扣子。《湟中资料本》50

兜兜 1：肚兜。《陇右方言发微》126 页："陇右人或以布帛制成甲胄形之袷幅，御于胸前腰际，名曰兜兜。"

你没有兜兜儿者净腔子，你没有疼心的嫂子。陇崖《河州花儿卷》42｜绿兜兜么红带子，都是江南穿戴的。《莲花山与莲花山花儿》586｜镢头挖了红花根，想你想的肚子疼，兜兜有呢穿不成。《叠藏河》第 1 期 58｜尕妹缝的个花兜兜，阿哥的肚子上带上。朱仲禄《花儿选》96

兜兜儿｜兜兜 2：衣服口袋。

衣服上缝给的兜兜儿，兜兜儿装给的枣儿。我问你谁家的憨头儿？再问你谁家的宝儿。滕晓天《花儿春秋》92｜农闲镇上去交流，票子装了两兜兜。《临洮花儿选》63｜阿哥的兜兜秕下了，大眼睛不

看个我了。鲁剑《西北民歌与花儿集》353 | 毛红兜兜儿月蓝里，你爱兜兜儿我爱你，你爱兜兜儿装钱儿呢，我爱你花儿当怜儿呢。《岷州花儿选集》119

兜兜 3：布做的小口袋。

手里拿着兜兜儿，兜兜里装了个枣儿。《宁夏花儿精粹》419

包头：头巾。

有钱了买上个㲢箱箱儿，没钱了买上个吧嘟儿，㲢妹妹苦的是黑包头儿，阿哥们戴的是号帽儿。《河州花儿卷》128

兜巾：头巾。

进去个磨房者没笤帚，手拿兜巾啦揽了。王沛《中国花儿曲令》51

裹肚：肚兜。

我给你留下个花裹肚，你给我留下个汗衫。《河州花儿》29 | 天上云彩起朵朵，花儿穿上花裹肚，天上云彩往西走，曹两个多时成两口？《宁夏花儿精粹》385

裹肚有两意，甘肃南部指肚兜，贴身穿，护肚子不使受凉，叫裹肚子。与古意吻合。另有一意是棉衣。据元鸿仁《方言源考与训诂新探》53 页："意为棉上衣，含旧日之大襟及中式棉褂子，不同于今之制服。"
围肚儿 | 围肚子：裹肚。

毛蓝的围肚儿九条龙，二十两银子的扣线，围肚儿烂了甭心疼。《湟中资料本》70 | 扎花的围肚子满腰转，绣下了带叶的牡丹。《宁

夏花儿精粹》130 | 天上飞的咕噜雁，满腰转谁给你扎哩。《六盘山》51

卧龙袋 | 卧龙带 | 活龙带：有袖子的马褂。民国夏仁虎《旧京琐记》卷一《俗尚》："马褂长袖者，曰卧龙袋。"

大红氆氇卧龙袋，二龙戏珠的扯缰。张亚雄《花儿集》180 | 羊肉没吃手染了，血染了卧龙带了。达玉川《青海花儿选》59 | 羊肉的包子哈没吃哩，血染了活龙的带了。《河州花儿卷》121

花鞋：绣花鞋。

穿上花鞋搭[打]上伞，娃们引上门覅管。《叠藏河》第1期33 | 圆头子的花鞋大门上站，肩膀上搭的是扣线。纪叶《青海民歌选》95

麻鞋：苎麻的皮捻成线做的鞋。

脚穿麻鞋者图轻巧，头戴上一顶草帽。张亚雄《花儿集》16 | 妹家门前路不光，麻鞋跑烂四十双；再烂四十娶不上，还得请个麻鞋匠。雪犁《花儿选集》165

毛鞋：棉鞋。

没有穿来没有戴，六月天还穿的毛鞋。朱仲禄《花儿选》123

襻绳儿 | 板带 | 袢 | 泮：系纽扣的带子。

脚户阿哥的驴乏了，烂麻鞋的襻绳儿断了。《六盘山》139 | 大红衣裳绿板带，赛过当年祝英台。季绪才《岷州爱情花儿精选》34 | 尕妹来到百花园，就像纽扣连着袢。《临洮花儿选》104 | 大红泮

缎绣花鞋，二龙戏珠的转带，我你稀罕你我爱。《甘肃卷》72

系腰：腰带。《青海花儿词典》39 页有记录。以下补充甘肃花儿用例。

绿系腰，红穗穗。《莲花山与莲花山花儿》592｜细羊毛的一根线，你的系腰我俩换，我的系腰你系去。《岷州爱情花儿精选》102｜泾阳的草帽十八转，大红的系腰是两转。郭正清《河州花儿》265｜心上就将篦子刮，手把系腰穗穗儿抓。《岷县花儿》57

绣鞋：绣花鞋。

花檎的脸蛋大眼睛，锦缎俩扎下的绣鞋。《湟中资料本》24｜脚上绣鞋水湿来，身上泥巴桶挨来。《西北花儿精选》33

沿条｜沿条子：给衣服做的绲边。

黑布褂褂蓝衬肩，沿条沿下领着呢。《莲花山与莲花山花儿》550｜四边沿的沿条子，凤仙花在中间呢。《莲花山与莲花山花儿》586

"沿"即"缘"。段注《说文·系部》："缘者，沿其边而饰之也。"

曳巴｜曳靶｜叶把：鞋子后沿向上突出的一部分，功用类似现在的鞋拔子，不过曳巴跟鞋是一体的。

大红鞋的绿曳巴《叠藏河》第 1 期 31｜大红鞋儿绿曳靶，曳靶上扎给的燕儿，阿哥走了魂丢下，给尕妹做两天伴儿。罗耀南《花儿词话》237｜大红鞋鞋绿叶把，叶把上扎给的燕儿。《新编花儿擂台卷》163

《陇右方言》221 页："今女履之有尾可荐者曰屟把。音叶。"

盖头：信仰伊斯兰教的妇女遮盖肩部以上部位的头巾。"分绿黑白三色，女青年戴绿色、中年妇女黑色，老年妇女戴白色。青年和中年妇女的盖头较短，只披到肩部；老年妇女的盖头较长，披到背心处。"①

黑纱的盖头往前戴，尕妹是才开的牡丹。《湟中资料本》14｜绿盖头新姐的模样好。《爱情花儿》193｜我没钱给你买衣裳，给你个盖头者带上。《松鸣岩原生态花儿》21

档头：在被头上缝制一块长方形的布，保护被头干净。

三尺的毛蓝装枕头，绯红段做下的档头。《花儿大通》124

主袄｜主腰｜主衣儿：棉袄，不分厚薄。

大红的主袄挽领哩，手拿上扣针儿引哩。《湟中资料本》19｜大红主腰剪领哩，手拿个扣线儿引哩。张亚雄《花儿集》162｜蔓菁地里起苔儿呢，春天谁穿主衣儿呢，打上菜子卖钱儿呢，谁还把你当怜儿呢。《岷州花儿选集》81

二 布料

纱绸：一种纱制布料，轻、薄、透，类似现在的欧根纱，但柔软。

三张麻纸糊窗子，纱绸糊下的亮子。雪犁《花儿选集》118

二蓝布：介于浅蓝深蓝中间。

大红缎褂面的银扣子，二蓝布褂的个里子。《河州花儿》195

布索：布。甘肃南部方言称为"布索索"，意指小块的布。

---

① 铁木尔·达瓦买提：《中国少数民族文化大辞典》，民族出版社1999年版，第63页。

鞋面布索带些来。《松鸣岩原生态花儿》141｜一没布索二没钱，光棍打了三十年。《甘肃卷》201

《陇右方言发微》182页："今陇右通称布帛曰布缲，缲读作梭。一声之转。"

青洋索：青色的洋布。编者注"青洋索，注为黑色的线"，此注不妥。"洋索"即"洋布索"的简称。

扎花的兜兜儿虎张口，青洋索沿下的裆头，我一心儿走外头浪走。王沛《中国花儿曲令》102

月兰索｜月蓝索：浅蓝色的布。

二妈二妈你夔说，我给你许下个月兰索。雪犁《花儿选集》199｜二妈二妈你夔说，我给你许下个月蓝索。《青海民歌选》159

毛蓝索：蓝色的布。

我给你许下一个毛蓝索，把你的毛蓝见下的多，可惜了人家的憨哥哥。《临洮花儿》242

粗大布：粗布。指手工织的棉布。

粗大布凉圈往前戴，花手巾我跟前取来。《湟中资料本》41｜粗布的袜子粗布的鞋，做好了你自家取来。《爱情花儿》133

白大布：白色粗布。白细布叫白丝布。

白大布手巾里包青稞，青稞里有麦芒哩。鲁剑《西北民歌与花儿集》202

大白布：白大布。

　　大白布凉圈蓝云子，手拿了拔草的铲子。《天祝花儿选》67

府绸：棉绸。

　　八月毛褐褂儿铜纽子，白府绸挂给的里子。《河湟花儿大全》第一卷 190

麻布：用苎麻的纤维纺织出来的布。

　　麻布裤子两棵杈，窊儿夹的牡丹花。《舟曲花儿》89

绫子：绸子。

　　花儿好比白绫子，白者就合棉花呢。《莲花山与莲花山花儿》67｜红绫子，扎绣球，尕妹戴的绿盖头。《莲花山花儿卷》5

条绒：灯芯绒。乡间常用条绒和平绒布做鞋做裤子。

　　尕妹家门前路不光，条绒鞋跑烂了十双。《天祝花儿选》5

平绒：金丝绒。

　　穿起你油黑平绒靴，你参加建社大会来。《甘肃歌谣》97

三　饰品类及相关的辅助工具

金丝连：金项链。

　　尕妹是脖项的金丝连，没银钱，买不到阿哥的手里。《春风吹动

花千树》141

绊子：镯子。

尕妹穿的蓝衫子，尕手上戴的绊子。《临夏花儿选》第一集 66

镏子｜溜儿：戒指。

尕银匠打下的银簪子，金匠们打下的镏子。《青海卷》41｜金子里好不过金溜儿，布伙里好不过卷儿。《八宝川花儿》187

戒箍子：戒指。

这一对戒箍子你放下，再一回买一对手帕。《六盘山》36

盖针儿：戒指。

黄金的盖针儿哈戴三个，蓝宝石的耳坠们两双。《河州花儿卷》205

手钏：手镯。

红铜手钏儿合龙口，当成了宝贝者放下。张亚雄《花儿集》215

钏，《说文》："臂环也。从金川声。尺绢切。"《正字通》："古男女同用，今惟女饰有之。"

对儿：耳环。

换给簪子要首帕，耳朵上没有对儿。《天祝花儿选》6

耳坠｜耳坠子｜耳坠儿｜耳环：耳环。

圆盘脸脑粉红嘴，柳叶眉毛金耳坠。《舟曲花儿》7 | 雪打灯的耳坠子，可怜我的姊妹子。《舟曲花儿》26 | 三两三钱的耳坠儿，坠坠儿打肩膀哩。达玉川《青海花儿选》28 | 三钱银子的尕耳坠，四钱银子的穗穗。郭正清《河州花儿》23 | 热头戴了个耳环了，天气们就要变了。《河州花儿卷》186

银圈子：手镯。

尕妹好比个银圈子，带不到哥哥的手上。张亚雄《花儿集》155

面油：擦脸油。

穿的皮鞋踏街道，高级面油脸上闹。《莲花山花儿卷》8

雪花膏：擦脸油。

雪花膏，檀香皂，头上顶着一撮毛。《宁夏花儿精粹》161

系手 | 记手 | 记首：戒指。

我看一回朋友没拿头，抹一个三环的系手。《六盘山》36 | 睡者半夜里想起了你，记手拉宽心者哩。张亚雄《花儿集》199 | 你我哈要哥的心有哩，实话哈说，记首哈拿什么换哩？《甘肃卷》71 | 你有真心维人意，给阿哥换下个记首。纪叶《青海民歌选》90

"记手"的解释在花儿中比较多。《六盘山》36 页"系手"注为"手镯子"。张亚雄《花儿集》199 页注为"表记"。郭正清《河州花儿》24 页注为"丈夫赠的婚戒或者情人留下的纪念品"。曹强《花儿民俗语言研究》101 页："记手应该是手镯"。我们认为"记手"指"戒指，指环"。《通俗编》353 页记载："《诗》笺：'古后妃群妾以礼进御，女史书其日月，受之一环，以进退之，生子月辰，以金环退之。当御者，以银环进之，著与左手，既御者，著于右手。谓之手记。亦曰指环。'《晋书西戎传》：'大宛取妇，先以同心指环为聘。'""手记"和"记手"是同素异序词。

换手：男女双方交换的定情物。

  铁青的马儿银笼头，花线线做下的换手。《张家川》136

三环子｜三环：饰品，外形打制成三圈。戒指、耳环、手镯皆有这样的形状，只能根据语境确定含义。①

  尕妹妹若有维我的意，三环子给上个记首。《甘肃卷》44｜维下的尕妹没给头，三环哈换下的记首。《湟中资料本》50

扎花针：绣花针。

  月亮里扎花针折了，扣线哈风刮走了。达玉川《青海花儿选》27

顶针：戴在手指上，做针线时可用来辅助针扎透厚一些的布料。《青海花儿词典》82页记为"顶针儿"。下例为洮岷花儿用例。

  今早喜鹊报喜呢，谁想这会儿见你呢，身上没带啥好的，把顶针给你送礼呢。《洮州花儿散论》36。

头绳：扎头发的线绳。类似现在的发箍，橡皮筋。

---

① 张亚雄《花儿集》177页注："系一种小戒指，盛行于清末民初、为乡间妇女所用，多属银制点翠，三圈合成，故名三环子。今则多不见矣。——润甫校补。"《临夏民歌集》66页、《甘肃卷》44页都注为"手镯"。《青海民间文学资料传统花儿专集》44页注为"耳坠"。

姑娘扎的红头绳，你是我的心上人。《舟曲花儿》9 | 你红头绳买上个两丈来，你就担水的大路上等来。《宁夏花儿精粹》131

凉圈 | 凉圈儿：凉帽，顶部空。

白布的凉圈往前戴，恐怕是南山的雨来。《湟中资料本》25 | 哥哥没有个凉圈儿，草帽儿遮凉着哩。《湟中资料本》47

凉篷：凉帽。

越看尕妹越远了，白凉篷越显亮了。朱仲禄《花儿选》73

建线 | 缣线 | 鬏线：藏族头饰，接续辫子而用。

招女婿遇了个家西番，辫子上没续个建线。《湟中资料本》40 | 前山后山的家西番，辫子上没续个缣线。孔祥馥《试析河湟"花儿"语言中蕴涵的民俗文化现象》 | 前山后山的家西番，辫子上没续个鬏线。《花儿词话》254

《花儿民俗辞典》82页、《青海花儿词典》188页都记为"见线"。

第五节　器具及财物

包括生活用具、家具以及农具、交通工具、财物等。

一　生活用具

驮桶：驮水的桶。缺水的地方，离水源远，用骡马驮水。

哭下的眼泪擦不干，大驮桶驮了两担。《六盘山》170

瓦斯针：瑞士产手表。

板颈里框的是望远镜，胳膊上戴的是瓦斯针。《河州花儿卷》282

碗子 1：指茶杯，由三部分组成：托底、茶碗、茶盖。

西宁的碗子擦啦啦响，汉口的茶叶儿下上。《天祝花儿选》3｜三泡台碗子尕手抓，端给者桌子上献下。《松鸣岩曲令集》65｜尕妹是沙泥的粗碗子，尕妹是阿哥的敲心锤。《爱情花儿》142

泪蜡：燃烧的蜡烛。

尕脸脑想成个黄钱马，尕身子想成个泪蜡。《河州花儿》220

吧嘟儿：拨浪鼓。

有钱了买上个尕箱箱儿，没钱了买上个吧嘟儿。《河州花儿》128

针扎｜针插：插针的小布袋。过去劳动妇女一般别在胸前，可随时用。

毛蓝衫子顶钢钗，衩口里露出个花针扎，针扎打开针没有，你要我的心没有。罗耀南《花儿词话》95｜针插沿儿上五根针，人活一世草一春，牡丹能开几日红。《岷州花儿选集》54

针叶子：针插。

针叶子上三根针。《岷州花儿》166

拐耙棍：拐棍。

门里门外走不成，出门拄的拐耙棍。《莲花山花儿卷》252

片子1：一种水壶，上细下粗，铁皮制成，用来烧水。西北农村以前用火盆取暖，片子一直煨在火盆上，水一直是热的，随时可用。

心想给你倒茶哩，手儿里没拿个片子。贾文清《关于花儿二》

贾文清注：就是很早以前用铁皮打制的上粗下细、没有嘴的圆形水壶。此注不妥。应是"上细下粗"。

胰子：肥皂。

我给你补一双花袜子，你给我买上个胰子。《六盘山》36

元鸿仁《方言源考与训诂新探》55页："旧时妇女冬日取猪胰子浸于酒，以涂面及手，可免皴裂，因相承称肥皂亦曰胰子。"

香胰子：胰子。

羊肚子手巾儿水上漂，香胰子洗了多少。《宁夏花儿精粹》106

擦子：厨房用具。把萝卜洋芋等擦成丝的小工具。

银红洋梗擦子擦，娃家阿婆听下啦？《岷州花儿选集》134 ｜ 两只手苦成擦子了，还挨了东家的骂了。《临洮花儿》179

片子2：薄片。也叫片片子。

我把你当成真金子，原来是高丽铜片子。杨生顺《试论青海花儿的歌词艺术美》

火柱：用来挟火的工具，用两根等长的粗铁丝组成，像筷子，柱头用铁链连在一起。

迟一步用火柱扎手心,你说是痛里么不痛。《春风吹动花千树》49

门担｜门担子：门闩。

拿的斧头剁门担,我是毛铁你是炭。《岷州花儿选集》71｜城墙到了城根在,城门吓门担啦顶着。达玉川《青海花儿选》55｜大门上顶的是门担子,二门上用锁子锁上。《春风吹动花千树》34

井箅：现在蒸菜蒸馍馍时用的箅子。原先用竹子制成,现在的材质多为不锈钢。用字形"井"表示箅子的形状。黄仁寿《蜀语校注》67页:"箅,《说文》,蔽也,所以蔽甑底。从竹,畀声。"

清水锅里搭馍馍,井箅底下搭卷呢。《莲花山与莲花山花儿》545

毛掸：鸡毛掸子。

八仙桌子上落灰尘,手拿上毛掸者掸了。《青海花儿大典》192

飞刃：刀快。

镰刀磨成飞刃儿,多早把田割到哩。《八宝川花儿》188

口歌子：口吹乐器,较小,有两寸长,放在嘴里吹,并用手弹。甘肃宕昌的羌族人也叫口弦。甘肃武都南边山里人也有这样的乐器。"也叫口弦儿,口口儿或口弦琴,用竹片做成,长约五寸,宽一指……现在这一器物已在张家川消失,但是临近的固原县还很流行,且有制作销售的小作坊。"①

妹妹弹的是口歌子，我当是扯心的号子。《张家川花儿》61

口琴子：口歌子。"撒拉族民间乐器之一……是撒拉族艳姑最喜爱的一种乐器，也是世界上最小的乐器……吹奏时，把口弦噙在嘴里，一边吹气收敛嘴唇来调节音量，一边靠舌尖拨动或用手指弹拨发音。"②

尕妹弹的是口琴子，我当是叫人的号子。郭正清《河州花儿》204

码簧：也叫蚂蟥钉子。铁条，有指头宽厚，长度随意，两边弯曲，头成尖形，类同钉子，钉在物体上起固定作用。

碌碡烂了麻绳绑，鸡蛋破了钉马簧。《莲花山与莲花山花儿》169

碗盏：吃饭的小碗。也叫"碗盏子"。

端上碗盏者记起你，手抖者拿不住筷子。张亚雄《花儿集》208

箩 | 罗：圆形的竹编用具，中间用线交叉编织形成网眼，网眼有大有小。大的叫作粗箩儿，小的叫作细箩儿。主要用来滤面粉或者调料，去粗取细。

甘肃嘛凉州的好白的面，细罗拉掸的了两遍。郭正清《河州花儿》239 | 粗箩儿隔来细箩儿掸，尕箩儿掸下的细面。达玉川《青海花儿选》12

---

① 马春晖：《张家川回族自治县花儿全集》，甘肃文化出版社2013年版，第41页。
② 马明良：《中国撒拉族》，宁夏人民出版社2012年版，第134页。

线香：细香。

　　木供桌上插线香，没在银粮钱担上，结婚手续就办上。《叠藏河》第 1 期 37

杀刀丨铩刀：农家用砍柴刀。

　　手拿杀刀砍柴呢。《莲花山花儿卷》10丨铩刀剁了香亮柴，成不成的商量来。《舟曲花儿》5

烟包丨烟包儿：装烟叶的小布袋。

　　八卦的烟包儿八卦绣。《湟中资料本》50丨你给我缝给个烟包儿，我给你买给个首［手］帕。《天祝花儿选》7

烟荷包：装烟叶的小布袋。

　　不是吃锅烟时好，没有带下烟荷包。《舟曲花儿》127

烟锅：改革开放前西北农村人们抽烟用的工具。现在西北农村基本已消失了。

　　烟锅吃烟烟呛哩，搂着怀里还想哩。《舟曲花儿》56丨白铜烟锅乌木杆，一打一闪的火镰。《宁夏花儿精粹》213

碓窝丨对窝：臼。把木头、石头中间掏空，用来砸调料等。也叫砸窝子。现在有陶瓷制的、铁制的。

　　石碓窝里踏姜黄，庄稼就是头一行。《叠藏河》第 16 期 28丨桦木的对窝里踏蒜呀哩，什样锦端馍馍哩。王沛《河州花儿研究》54

姜窝｜臼窝：碓窝。

莲花山的铁丝扣，姜窝儿倒水湿不透。《岷州爱情花儿精选》134｜白窝倒水水不渗，今儿个把你这么问，你把阿个牵的重？《岷州花儿》36

茶窝儿：姜窝。甘肃陇南叫砸窝子。

生铁俩倒哈的茶窝儿，花椒我蹋哈了两斤。百度文库

笼床｜笼窗：蒸笼。有两层、三层、四层之分，可叠加。一般家用三层。

三扇哈笼床的搭馍馍，肉包子搭者个后头。《河州花儿卷》15｜三扇笼窗的一口锅，案板上绾莲花哩。《临夏花儿选》第二集 67

漏勺：做漏鱼儿的工具，也叫漏马勺。面鱼儿可用豌豆淀粉做，也可用苞谷面做。夏天食用，清凉可口。甘肃天水把面鱼儿叫锅踋。甘肃宕昌一带称为粉鱼儿。

你拿漏勺耍舀水，我把功夫不枉费。《爱情花儿》280

炭：取暖用的材料，木头烧制。也叫木炭。

土黄骡子驮的炭，不情愿了耍下贱。《迭藏河》第 1 期 37｜上去个高山水贵了，黑刺墩烧成个炭了。纪叶《青海民歌选》120

调羹：勺子。

瓶瓶里泡的是冰糖水，手拿了调羹儿者舀来。《河州花儿

卷》193

托笼｜坨笼：蒸笼，笼屉，一般竹子制成，家用有两层的、有三层的。

三扇托笼蒸馍馍，案板上绾莲花哩《甘肃卷》73｜案板上调面盆儿里放，坨笼里蒸，还要个水烧滚哩。《湟中资料本》139

生活｜生豪｜松活｜生货｜松豪：笔。莫超《西北方言文献研究》104页引袁文（清代）《同官县志十卷》："笔曰生活"。

哥哥的眉毛生活儿画，眼睛儿像灯盏哩。《天祝花儿选》9｜提起生活做文章，清眼泪流到纸上。张亚雄《花儿集》204｜生活吧砚台齐放下，对天着把密约写下。《西北花儿精选》83｜大石头磨成大砚台，大生活画一个马来。雪犁《花儿选集》80｜提起生毫写书信，手拿了千张的纸了。百度文库｜尕妹的模样世全了，眉毛哈松活俩画了。《湟中资料本》54｜青石头磨成的尕砚台，大生货画着个马来。达玉川《青海花儿选》46｜尕妹的模样儿松豪画。《花儿词话》296

瓦盆：泥烧制的盆。

尕瓦盆里刮剩汤，梧桐树上落凤凰，凤凰展翅三千里，身子做活心牵你。《岷州爱情花儿精选》59｜红瓦盆，黄缸缸。《莲花山与莲花山花儿》207

瓦罐：泥烧制的罐子。

瓦罐儿打水井口上破，光丢下罐儿系了。《宁夏花儿精粹》200

瓦锅：泥烧制的锅。

尕瓦锅儿煎剩汤，听着你的脚步响，紧断慢断没断上，出去就把人碰上，把脚就踏着牛粪上。《岷州花儿选集》168

瓦刀：砌墙用的工具，现常见铁制，形状类似切菜刀，比切菜刀厚，刀柄长。

唱的瓦刀翻银浪，唱的高楼一座又一座。《甘肃歌谣》54

鄂博2：应是"轭脖"，套在牲口的脖子上，驾驭牲口用，木制。

柏木要片鄂博呢，我把你比成苹果呢。《莲花山与莲花山花儿》167

图辘｜辁辘1｜辁辘儿。把木头截成一节节的圆形的木墩。侧立起来能滚动。

把你截成图辘改成方。钉者我什仰尘上。《莲花山花儿卷》130｜红桦辁辘儿砸杠呢，要唱七十二想呢，阿一想上开讲呢？《岷州爱情花儿精选》155｜截成辁辘片成铣，常在我的手里转，叫我使唤也喜欢。《洮州花儿散论》197

扯绳：晾晒衣服的绳子。有用细麻绳的、有用铁丝的。

郭莽寺仔溜宝瓶。铁丝儿拉下子扯绳。张亚雄《花儿集》75

抽匣：抽屉。也叫"抽先"。

身上装了两肋巴，屋里还有两抽匣。《舟曲花儿》151｜花儿两箱三抽匣。朱仲禄《爱情花儿》88

尕把桶：小桶。

　　井儿里打水绳断了，尕把桶落了底了。朱仲禄《花儿选》37

海灯：佛殿里的长明灯。

　　娘娘庙里铜海灯，十分的精神短九分，丢下一分缠你身。《岷州花儿》25

虎台：砚台。

　　大石头磨成个大虎台，大生活画者个马来。纪叶《青海民歌选》99

火棍：有三个意义：①竹制，中空，吹火用，相当于风匣。②夹火或者透火的细长棍子，一般铁制，也叫火柱。③木棍，搅火用，使火中空，燃烧旺。

　　你们婆婆人也凶，出来把狗两火棍，指猪骂狗着嚼我们。《岷州花儿选集》168 | 你我哈砍给个火棍。《湟中资料本》79

火绳：点火用的草绳。

　　青丝的黄烟我装上，胡麻草火绳点上。朱仲禄《花儿选》80

火塘：以前农户家里用泥土修建的方形炉子。可取暖可做饭。

　　晚霞满天羊进圈，火塘边学起了毛选。《手搭凉棚望北京》28

鸡罩：竹制，圆形，镂空，罩鸡用。

竹竹编了鸡罩了，我个个山头找到了。《莲花山与莲花山花儿》582

架1：给藤蔓植物或者果实繁多的果树用木板木条搭起来的承重的支架。

剁下架杆绑架呢，你上呢，我下呢，把心扯到两下里。《莲花山与莲花山花儿》597｜樱桃树儿上结梨子，果熟时搭上架哩。《花儿选》23｜新开的花儿好搭架，石榴花开的个掉下。纪叶《青海民歌选》57

娄子匡《民俗丛书》第94册《花儿集》朱介凡序言21页："架，甘省种果木的，每当树开花，先去骈枝繁花，然后搭架拉索，悬其细枝，等到果实累累，就不易压折损坏了。"

架2：鸡窝。即古代的"莳"。

鸡娃抓在鸡架上，尕母鸡抱窝着哩。朱仲禄《花儿选》37｜枣骝的公鸡上不去架，叫一声，转槽的根儿里卧下。《湟中资料本》27

马勺：大勺。不是吃饭、盛饭用的勺子。在西北，用来舀水的大勺被称为马勺。

马勺跌到水泉里，我不情愿硬缠哩。《舟曲花儿》85｜清油舀了一马勺，你到屋里做啥活，我的心像捶打罗。《岷州花儿》29｜哭下的眼泪马勺啦舀，疼下的到心上哩。《河州花儿卷》6｜马勺里搭茶心嫑酸，出门人就这么可怜。《张家川》154

瓢：舀水勺，农家常用木头陶空而成或者把葫芦一剖为二用来舀水。

把你好比舀水瓢，早晚私下在一搭儿。《岷州花儿》80

腔花：胸花。

　　大马哈骑上者枪背上，碗大的腔花哈戴上。《河州花儿卷》243

慷花：胸花。

　　尕马骑上枪背上，碗大的慷花连上。《梨都花儿》143

圈2：圆形、筒形器物的框架，读送气音。

　　我俩好像黄桶散了圈，今日黄桶遇圈可团圆。雪犁《花儿选集》141丨合下的花儿不见了，我像桶把圈散了。《莲花山与莲花山花儿》582

认头：穿针的线，一头要捋得细细的以便穿过针孔。这一部分捋细的线叫认头。

　　就像认头认上了。《莲花山花儿卷》55

烧柴：柴火。

　　上去高山打烧柴。《湟中资料本》44

筲：木制，比桶要大。可存水，类似水缸。农家杀猪时也用来烫猪退毛。《现代汉语词典》筲指水桶，方言中并非指水桶。

　　擀杖插到水筲里，把花遇到几遭呢？《舟曲花儿》91丨洮河沿上水白杨，我想你者眼泪淌，眼泪淌了两筲缸。《甘肃卷》169

窗格：窗框。

花绿的窗格儿油漆，引逗的哥哥们爱了。《湟中资料本》42

石炭：无烟，耐烧，烧完后是石头渣子。煤烧完是灰，且大多有烟。西北农村以前常用，现在大多用煤。

石炭搭上风匣扇，白豆面馇下的搅团。《宁夏花儿精粹》198

鞍装｜鞍张｜鞍章：马鞍。

红珊瑚镶下的银鞍装。朱仲禄《爱情花儿》54｜马没有鞍装四条腿，马瘦这脊梁骨显了。达玉川《青海花儿选》32｜白马上鞴的好鞍张。《花儿词话》140｜马没有鞍章是骑不成，两手啦扶鞍哈者哩。《春风吹动花千树·正歌》

匙儿：小勺子。

那你就带铲锅锅儿给我给一匙儿。《岷州花儿》27

家什：家具。

三间上房的家什么，大房的门关着哩。达玉川《青海花儿选》43｜我有金刚钻是钉缸里，破家什不揽着咋哩？朱仲禄《花儿选》59

清翟灏《通俗编》："索隐曰：什，数也，盖人家常用之器非一，故以什为数，犹今云什物也。"

净板炕：光床板。

一晚夕睡下的净板炕，泪多者泡塌了炕了。《河州花儿卷》108

碗架：放碗的橱柜。

碗架上面装玻璃，你的娃娃没说的，一定是个人梢子。《莲花山与莲花山花儿》612｜死了变个巴勾虫儿，飞着你们碗架头儿。《岷州花儿》27

炕柜：炕边上放的小柜子，专门用来放衣服。柜上面还可以放被子等物。

核桃木修下的炕柜子，三寸的钉子俩钉上。《湟中资料本》24

窝铺：简易的房子。

草垛里做下的丞窝铺，添炕哈堆者个底里。《河州花儿卷》286

《中国地方志民俗资料汇编·西北卷》第 193 页："河西赴新疆，逆旅无房屋，均搭草篷做旅店，名之曰窝铺。内地穷民亦以为家居。"

窗亮子｜亮子：窗户。《花儿民俗辞典》21 页释："窗亮子，河湟方言。"以下洮岷例。

黄杨木的窗亮子，十三省的人样子，糊上不用抹糨子。李璘《乡音》41

门扣儿｜门扣｜门扣子：锁门用，铁制。

大门上没有门扣儿。《湟中资料本》48｜门扣它乱套着呢，锁子忘下套着呢。《莲花山与莲花山花儿》609｜你家是门扣子嘛老哇嘴。《莲花山花儿卷》124

门扇：门。扇，表示"门"的量词。门扇的构词方式类似船只、马匹、房间等。

门扇背后挂串珠,光棍本事没看出。《舟曲花儿》125 | 半夜里起来月满天,绣房的门扇儿半掩。《河州花儿》416

立柜:立式柜子。以前人们常称呼为大衣柜。

请个画匠油立柜,立柜上的铜锁子。《莲花山与莲花山花儿》554 | 柏木做了立柜了,缘法心病投对了,榔头打者不退了。雪犁《花儿选集》14

二 农具

鼻尖儿 | 鼻桊 | 鼻圈儿:指牛鼻子上穿的圆环。

黄河沿上牛吃水,鼻尖儿拉不者水里。雪犁《花儿选集》104 | 黄河沿上牛吃水,鼻桊哈欹不者水里。《河州花儿》37 | 大河沿上牛吃水,鼻圈儿丢掉水里了。达玉川《青海花儿选》50

《陇右方言发微》122页引《说文·木部》:"牛鼻中环也。从木类声。渭水流域至今称牛鼻中环曰桊。"

铧:犁头。

毛铁倒了一页铧,想你我的心里乏。《叠藏河》第1期40

莫超《西北方言文献研究》109页引清代《甘肃新通志》:"俗谓犁铁曰铧。音华。"

格子 | 革子 | 隔子:犁地时搭在牛脖子上的木头架子,用来拉犁头。

格子架上牛赶上,高山上种胡麻哩。《湟中资料本》22 | 牛拉革子杠拉铧,把怜儿如比嫩叶茶。《岷州爱情花儿精选》63 | 莲花山下冶木河,隔子头上四只角。《甘肃传统节日》114

《陇右方言发微》187—188页记作"樇":"以人力耕者,则曰桕樇。

槅音革。"《释名》："槅，扼也。所以扼牛颈也。"

　　杠子：牛脖子上套的木架子，与后面的犁头相连，牵引犁头翻地。

　　背的是杠子吆的牛，趁早者耕一架地走。《河州花儿卷》182

　　元鸿仁《方言源考与训诂新探》56 页："耩子，注音读为 ka，方言承古读舌根音，耩为耕的意思。《正韵》：古项切，音講。耕也。"莫超《西北方言文献研究》引清代《甘肃新通志》："耩，俗读刚，上声，谓耒耜也。"

　　臭棍：即纣棍，纣棍在马尾处，语义联想记为臭棍。

　　包银的鞍子假银镫，枣木啦旋下的臭棍。朱仲禄《花儿选》112 | 青铜鞍子扎银镫，黄铜包了臭棍了。《莲花山与莲花山花儿》548

　　铡子：铡刀。

　　我连洋怜儿是实案，铡子倒［到］头我喜欢。《岷州花儿选集》84

　　滚子 | 碌子 2：碌碡。

　　八棱儿滚子满场转，麦秆儿碾成个纸绵。《青海民歌选》76 | 八棱的碌子满场转，白马哈拉出个汗来。《河州花儿》257

三　交通工具

　　野船：无主之船。

　　隔河两岸也不难，砍到白杨造野船。《叠藏河》第 16 期 3

　　排子 | 筏子：渡河工具。有木制的，有牛羊皮制的。《唐韵》："桴：筏也。"

排子打者浪上来了，莫约下者闯上了，将到我的向上了。张亚雄《花儿集》86 | 筏子打者浪上了，没约下者撞上了，刚到我的向上了。雪犁《花儿选集》132

小车：轿车。

雅马哈的尕摩托，比坐它小车的还阔。《河州花儿卷》301

尕卧车：吉普车，也叫小卧车。

尕卧车不断来回转，西宁逯大通哈两连。《新编花儿擂台卷》86

亮子3：皮筏子。

灯笼儿肚内有眼睛，亮子皮袋内里空。《岷州花儿选集》241

拉拉车：牛车。

兰州的铁桥铁包了，拉拉车连桥上过了。《临洮花儿》174

架子车：人拉的两轮木板车，也叫人力车。

爷儿们家拉的是架子车，尕犍牛儿打捎者哩。《河州花儿卷》131

公共车：公交车。

公共车开上了农村里转，农民们进城嗬方便。《花儿大通》184

磙子 | 滚子1：轮子、轮胎。

第二章 名物篇 / 155

卡车的磙子是双磙子，车开时它个家转哩。《河州花儿卷》254 | 五征的三轮儿双滚子，三吨的东西哈拉哩。《河州花儿卷》317

轱轳 | 轱辘 2 | 毂轳：车轮胎。

汽车轱轳嘟噜噜转，出门者要注意安全。《临洮花儿》43 | 车轱辘碾坏了牡丹。《宁夏花儿精粹》284 | 月亮上来车轱辘大，日头出来是碗大。《八宝川花儿》253

四　财物

陪房：陪嫁的物品。

陪房哈买成个偏宜的，家里哈买成个好的。《河州花儿卷》297

背子 2：背的东西。

大背子揹的着脊背痛，荒草滩走的着腿痛。朱仲禄《花儿选》121

行程：行李。

行程装到个箱箱里，几时念成个先生哩。《宁夏花儿精粹》314

驮子：牲畜驮的东西。黄仁寿《蜀语校注》53页："凡驴骡所负物曰他子，他音惰。"

驮子卸在一字店，吃肉么喝酒是有哩。《花儿集》181

礼行 | 礼信：礼物。

白马驮的黄齐胸，黑马驮的是礼信。《六盘山》67 | 哥哥有心者把你疼，钱缺者拿不动礼行。《花儿词话》13

光阴3：钱。

挣些光阴了回家走，家里的尕妹哈看走。《宁河花儿缀集》56 | 哥哥不是爱出门，光阴紧得弄不成。《张家川》168

红版：百元人民币，呈红色，故名。

打工大哥回家了，大把的红版哈争了。《花儿大通》173

白洋：白元。

白洋金子喂上了，大老爷一见心软了。《青海民歌选》162

戈尔毛：钱，藏语音译。

我要的"少年"你不送，还要我戈尔毛买来。刘凯《西部花儿中的藏族文化基因》

锅姆：藏语银元。

拉子大山拉雾了，你把庄稼不做了，天天挣开锅姆了。《西羌文化与洮岷花儿》185

金圆券 | 金元券：国民党统治时期发行的一种纸币。

手里拿的金圆券，买东西不值一钱。刘凯《西方"套语"理论与西部"花儿"的口头创作方式》| 墙上贴的金元券，皮袋里装的炒面。《青海花儿大典》188

五　其他器具

羊心卦：算卦的板一分为二，有阴阳两个板之分，合起来像整个羊心。

　　羊皮子打鼓算羊心卦，神灵哈要许个愿哩。《春风吹动花千树》26

抽抽：布制小口袋，口沿上有两根带子，可抽缩。也叫绌口子。

　　挤下的酥油拉拉里打，曲拉哈抽抽里挂下。《中国保安族》116

第六节　疾病医疗及废弃物

一　疾病

百病｜百病儿：各种病。

　　妹妹是麝香鹿茸丸，吃不上，吃上是百病散哩。朱仲禄《花儿选》60｜尕妹好比是灵宝丹，哥哥的百病儿散了。《湟中资料本》16

热病｜热病儿｜热病们：发高烧，喻指相思病。

　　阿哥是甘露者下来了，尕妹的热病儿好了。张亚雄《花儿集》155｜阿哥是甘露下来了，尕妹的热病儿散了。朱仲禄《花儿选》20｜阿哥是甘露者下来了，尕妹是热病们好了。《河州花儿》103

寒病：伤寒。

　　人说哈得的是寒病。《湟中资料本》115

汤药：中药汤剂。

想你心肺肝花疼，汤药有呢喝不成。《叠藏河》第 1 期 58 | 要两张灯红的纸哩，哭下的眼泪熬汤药。《湟中资料本》144

瘿膵胎：大脖子病，缺碘造成。方言也叫瘾瓜瓜。

鼻子嘴皮上横搭下，汆脖子上长的是瘿膵胎。《松鸣岩原生态花儿》139

相思症：相思病。

为想你得下的相思症，把人疼的太凶了。《甘肃卷》166

心思病：心情郁闷。

周瑜得了心思病，诸葛亮祭起了东风。朱仲禄《花儿选》61

心口病：心脏病。

你男人得下的心口病，难动身。《新编花儿擂台卷》145

内里病：心病。

想下你的内里病，是啥不疼心摆哩，就像漂洋过海哩。《叠藏河》第 1 期 54

不好：不舒服。方言中"不好"也指病重到不可救治了。

场里大麻东倒西，我把你等了一早夕，等的心上不好的。《岷州花儿》16

耳背：耳聋。

眼麻耳背身子弱，人老日子不好过。《舟曲花儿》128｜腰弓头勾蜷下了，眼麻耳背就没人答话了。《岷州花儿选集》126

二　废弃物

土味：唾沫。

维人的诚意哈瞧见儿，唾一团土味者走了。《春风吹动花千树·正歌》

鼻｜鼻子：鼻涕

靸跋拉鞋，两窟窿鼻拉着下了。《新编花儿擂台卷》144｜鼻子嘴皮上横搭下，氶脖子上长的是瘿螣胎。《松鸣岩原生态花儿》139

锅煤：锅底的黑灰。

我的身子哈锅煤拉抹，洮河水洗，黄河水摆不净了。《河州花儿》41

锯沫：锯木头时散落下来的木头屑子。

麻木解板锯沫多，天日我们遇不着，遇着人多话难说。《岷州花儿》26

第七节　方位建筑

包括房屋田舍、道路设施、方位以及相关的设计、材料等。

一　各种建筑

孤堆儿：坟墓。

　　孤堆儿埋着掩过山。《六盘山》178

转阁楼 | 转角楼：圆形楼房。

　　地寺平的老唱家，紫霄峙过去转阁楼。周巍峙《中国节日志·莲花山花儿会》62 | 拉个花儿泥水匠，先把转角楼盖上，转角楼上转角炕。《岷州爱情花儿精选》131

八扎角：屋顶上八个上翘的檐角。

　　大殿在崖尖尖安，八扎角它在空中悬。《莲花山花儿选粹》13

楼子：楼房。

　　楼子沿上簸青稞，丞妹好比小鹦哥。《花儿论集》157 | 楼子檐上挂红灯，把你好比自鸣钟。《岷州花儿选集》94

泥壁：把黄泥用版筑打实砌成的墙壁。

　　高高山上的白塔儿，雨下的泥壁儿落了。达玉川《青海花儿选》48

打泥炕：土炕。

　　跳蹦蹦，踏通了打泥炕了。《新编大传花儿》244

炕棱 | 炕塄：土炕边沿。精致一些的会用厚木板镶嵌炕边。

两晚夕打到炕棱跟，把住炕棱问一声《叠藏河》第 1 期 54 | 想了我把炕塄啃，炕塄啃成木渣了，把我的门牙掰下了。《岷州花儿选集》142

炕：床。

少年唱到庄子上，声音落到你炕上。《甘肃卷》39

西北以前用土炕，现在床、炕通用，两词可换用。
灶火 1：灶房，厨房。

婆娘在灶火里烙干粮，娘老子哭死在炕上。《春风吹动花千树》65

灶火 2：灶。

红胶泥锅台新风匣、拉一把，灶火里可有了火了。《张家川花儿》172 | 灶火不利是烟筒的过。《宁夏花儿精粹》210 | 麦秆烧火搅棍搅，茶罐子离不了灶火。朱仲禄《花儿选》102

锅巷：锅台。

八月十五熬菜瓜，碗舀着锅巷里炖下。《新编花儿擂台卷》177

厅房 | 庭房：客厅。

你厅房里甭来厨房里来，尕妹的土炕上坐来。《临洮花儿》155 | 庭房上面摆瓦呢，看女孩着做啥呢。《莲花山与莲花山花儿》612 | 清油的灯盏哈孬灭给，三间的庭房哈亮给。《河州花儿卷》209

吊庄：偏僻的村庄。吊即"弯"，偏远。

维花儿要维在吊庄里，吊庄么人少着路宽。《六盘山》6

卧房：卧室。

妹妹的模样白纸上画，阿哥的卧房里挂下。纪叶《青海民歌选》103

《陇右方言》70页："兽伏曰卧，人曰睡，然睡处犹呼卧房。"

睡房：卧室。

人在千里路上呢，花在你的睡房呢。《舟曲花儿》22｜阿哥的模样哈白纸上画，尕妹的睡房里挂下。《河州花儿卷》208

场院：院子。

官修了衙门者客修店，庄稼人修下的场院。《河州花儿》257

上房：正对大门的房屋。一般长辈居住，兼做客厅。

锅里有饭有肉了，上房修成个金殿了。《宁河花儿缀集》1｜虎斑猫儿上房里卧，黑老鼠在房梁上过了。《六盘山》61｜插到上房檐柱上，一股青烟朝上罡。《岷州花儿选集》60｜三间上房的家什么，大房的门关着哩。达玉川《青海花儿选》43

耳房：上房侧面的小房子。

上房的当地上铺哩，耳房里铺席哈片哩。《春风吹动花千树》95

大房：上房。

大房的炕上做针线，缝下的荷包儿好看。《湟中资料本》8

井合院：四合院。

双扇大门井合院，狗歪者进不去。张亚雄《花儿集》60丨松柏木修下的井合院，香龙木装下的地板。《临洮花儿》43

门首：大门上面。即门楣。

五月端阳献酒呢，把柳插在门首呢。《洮州花儿散论》125

门坎：门槛。

月亮出来镰刀弯，我来到大门门坎前。《岷州爱情花儿精选》112丨一晚上想你睡不着，门坎上坐，天上的星星数过。《青海民歌选》104

拉檐：进房间的门前平台。也叫廊檐。

青石头青来篮石头篮，青石板镶下的拉檐。《河州花儿卷》151

拉檐台：拉檐。

栽到拉檐台底下，出来进去常看她。《临洮花儿》35

撩檐：房檐。

房上没有撩檐边，院里没有水槽眼。《舟曲花儿》118

《陇右方言发微》116页："至今陇南一带谓房屋之椽曰'橑'。如称

'檩檐'是也。"

粪坑：厕所旁边，积粪的土坑。

粪坑边里去睡觉，眼看着离屎（死）不远了。《西羌文化与洮岷花儿》236

舍：指家里。这里指院子。

房前屋后的自留树，舍里栽的是果树。《甘肃卷》31

烙炕：热炕。

今个一唱不唱了，天天缠开烙炕了。《甘肃卷》123 | 叫我阿么舍的呢，就合烙炕撒席呢。《岷州花儿选集》119

冰炕：冷炕。没有煨火的炕。

童养媳爬的是冰炕。《春风吹动花千树》48

三间 | 山间：山墙尖就是山间。过去的房子是两檐水的房子，左右两边的墙叫山墙。

羊毛垒在三间里，哪一天念［捻］成个线哩？《甘肃卷》63 | 羊毛哈垒在山间里，何一日调成线哩？张亚雄《花儿集》279

连间：梁间，也叫山间。

羊毛挂到连间里，几时捻成个线哩。《宁夏花儿精粹》203

堂门：客厅的门。

把枋背到大集上，毛红棉布扯一丈，送到怜儿家堂门上。《叠藏河》第 1 期 53

堂屋：客厅。也指上房，可会客，客厅两边并排的屋子是卧室。

双把手关了个堂屋门，背把手关了个大门。《河州花儿》43

仰窗：天窗。用于采光、排烟，下雨时盖住，天晴揭开。

四马悬蹄的高楼房，绿红纸糊下的仰窗。《六盘山》56

仰尘：天花板。方言也叫顶棚。主要的功能是作装饰用，把椽等屋顶包起来，看上去美观。

麻纸打了仰尘了，三天来了两回了。《舟曲花儿》106 | 浑身只冒汗者呢，就像仰尘上站者呢。所有骨卯散者呢。《莲花山花儿卷》212 | 你合千层纸一样，糊在我的仰尘上，我侧楞睡，仰头望。《莲花山与莲花山花儿》588

黄仁寿《蜀语校注》92 页，注一引《俗书刊误俗用杂字》："以竹、苇隔屋尘曰簟，音唐，古称称塘，俗呼仰尘。"注二指出语源："俗呼仰尘者，乃仰而承尘之谓也。"

窑：居民依山挖出的洞穴。可供住家或者烧制砖瓦。

寒窑庙里歇缓去。《莲花山花儿卷》249 | 窑哩烧下瓦着呢，我的女孩傻着呢。手拿棍棍耍着呢。《莲花山与莲花山花儿》613 | 瓦窑里面烧瓦哩。《花儿选》68

《中国地方志民俗资料汇编·西北卷》192 页："平、庆、泾、固人民以木料维艰傍山凿穴居之名曰窑。冬温夏凉登高望之如蜂房。窑之制，自周先王始，历数千年，未之或改。"

窑洞：居民依山挖出的洞穴，装修后成为能居住的房屋。

红嘴鸦儿白鹁鸽，飞到崖上窑洞里。《莲花山与莲花山花儿》551丨婆家住的大瓦房，姑舅家窑洞比他强。《六盘山》211

窑房：窑洞。

把尕妹丢在破窑房。《花儿词话》13

窜堂墓：墓与墓被打通相连。意谓"死要同穴"之义。西北民俗中回民的墓叫"窜堂"。

活着我俩不须顾，死了打成窜堂墓。《岷州花儿选集》62

庙台：庙。

高高山上的尕庙台，半山上搭下的戏台。《甘肃卷》55

庙堂：庙。

我拿上黄香你拿上表，进庙堂，要吃个不罢的咒哩。朱仲禄《花儿选》16丨临潼山救驾的秦琼将，唐李渊修下的庙堂。《花儿春秋》60

庙宇：庙。

莲花山庙宇几座啥，你给我一座一座表一挂。《莲花山与莲花山花儿》562

两檐水：屋顶呈"人"字形结构的房子，前后都有屋檐。

磨房亭盖下的两檐水，房子又稳来水又平。《河州花儿卷》317

仓房：堆放杂物的简易房间。

快快修几间大仓房。《手搭凉篷望北京》115

炕眼：指留出来的用来填燃料如柴火麦草等的炕的开口处。面向室外。也叫炕洞门。

进门打着钻炕眼，出门连人一样欢，说着呢，笑着呢，心上烟雾罩着呢。《莲花山与莲花山花儿》133

闪人坑：陷阱。

旁人婆娘甭看真，迟早是个闪人坑。《舟曲花儿》67 | 闪马窖吗闪人坑，缠花路上没实心，闪人坑吗闪马窖，缠花难心谁知道。《舟曲花儿》110

闪马坑 | 陷马坑 | 散马坑 | 掺马坑：陷阱。

长坂坡挖下的闪马坑，临阵上离不了子龙。张亚雄《花儿集》194 | 长坂坡挖下的陷马坑，武将里勇不过子龙。达玉川《青海花儿选》61 | 代战女她把令下过，挖了个散马坑。《莲花山花儿卷》252 | 曹操挖下的掺马坑。《花儿词话》15

二 道路设施及状况

油路：沥青铺的路。

如今农村里把油路通，拖拉机再不弹了。西宁市文艺界联合会《花儿卷》92

平处：路平整的地方。

上山嘛爬洼的我拉上，平处了你个家走上。《河州花儿卷》10

平坦里：平地。

高高山上虎打盹，毛驴儿，平坦里打了个滚儿。达玉川《青海花儿选》43

平坦地：平地。

铁匠炉里打铲呢，祖师殿修在平坦地。《莲花山与莲花山花儿》559

拐格｜拐格子：转弯的地方，即普通话"拐角"。

莲花山的拐格大，我就是变成七十岁的老汉家。莲花山的拐格子，就是我变成八十岁的老婆子。《莲花山花儿卷》44

巷道：胡同。与街道有区别，街道宽，巷道窄。

尕妹的巷道里浪三趟，睡不者尕妹的炕上。《花儿集》158｜半晚上急者满巷道跑，人问是抓贼者哩。《河州花儿》26

巷堂：巷道，胡同。

我到你家也不来，巷堂又深狗又歪。《舟曲花儿》42

捷路：近路。有的方言区读切路，送气音。

水淌者大路断下了，捷路走者弯下了，尕妹把我闪下了。《爱情

花儿》315

捷山的道：捷径。

三站的路程你两站到，你走了捷山的道了。《六盘山》103

车路：马路，公路。

车轮滚碎冰车路，山歌声中太阳升。《甘肃歌谣》156

闪断桥：走起来晃晃悠悠的桥，喻指不牢靠，不稳定。

烂木头搭下的闪断桥，你过是牢，我过是牢哩吗不牢？达玉川《青海花儿选》68丨烂木头搭下的闪断桥，我当成常走的路了。《河州花儿》213

《青海花儿词典》329页记为"闪担桥"。
闪闪桥：闪断桥。

烂木头搭下的闪闪桥，你过是牢，我过是牢哩嘛不牢。《河州花儿》41

路径：路程、路途。

把你吸者眼里了，不说路径远的了。《临洮花儿》44丨拉怜儿不嫌路径远，你像月亮把光闪，我像黑云退的远。《岷州花儿》9丨吓得我花有病呢，路径远着咋问呢？《莲花山与莲花山花儿》619

门套丨门道1：西北地广，房屋离大门有一段距离，进大门往院子里走的路。叫门道。

门套里拴的是西番狗,人去时它窝里进了。《河州花儿卷》52 | 门道里栽了个跟头。朱仲禄《爱情花儿》223

列石:依次放在河中直到对岸,作为落脚点渡河的石头,也叫列石桥。

只要你把我耍哄,我是河里列石堰得稳。《岷州花儿选集》90 | 送哥哥送到河沿上,过河的列石摆成行。《张家川花儿》141 | 老天爷下着不晴了,列石桥叫水冲了。《六盘山》57

三 农田及相关建筑

场1:平整而广阔的空地,用于打碾谷物。一般一个村子有一个大场。

九月到了九重阳,捆子拉倒了场上,忙罢了收割忙打场,鸡叫着把夜灯点上。《青海卷》72 | 一身的肉儿苦干了,庄稼上了场了。达玉川《青海花儿选》21 | 扎花手巾儿怀里揣,我把大门就到场里开,你愿意阿么来了阿么来。《岷州花儿选集》15

溜溜地 | 绺绺儿地:狭长的田地。《说文·系部》:"纬十缕为一绺。读若柳。"

大门边前的溜溜地,连种了三年的菜子。《岷县花儿》44 | 大门边前的绺绺儿地,连种了三年的菜子。张亚雄《花儿集》166

茬地:收割过庄稼的土地。

连枷打来簸箕扬,先翻茬地后碾场。《莲花山与莲花山花儿》607

敞地:宽阔的空地。

青岗要做杆子哩，我唱是唱者敞地里，没唱者你的嗓子里。周巍峙《中国节日志·莲花山花儿会》168

吊地：狭长的田地。

大燕麦出穗嗦啰啰吊，吊地里种红麻哩。《宁河花儿缀集》32

粪场：堆积牲畜粪以及人粪，沤一段时间后可以用来做肥料，这样的场所叫粪场。

老母猪拱了粪场了，我今年时运顺当了。《岷州花儿选集》124

界子：农田之间的界线。

高山烟雾顺界子，咱把手巾换带子。《舟曲花儿》117

大田：指面积大的庄稼地。现在也指农作物随季节自然成熟的田地，与大棚、温室相对。

七月到了丹桂香，大田里排子嘛立上。《青海卷》72 | 大田里锄草一整天，红灯下打一场夜战。《手搭凉篷望北京》49

愣坎 | 塄坎 | 埁坎 | 塄干 | 楞坎：田埂。

黄花开了一愣坎，从前缠你两情愿。《叠藏河》第16期3 | 上去个塄坎摘兰花，见了个尕妹者坐下。《湟中资料本》20 | 拔草的尕妹一棱坎，好像是一串子牡丹。《青海民歌选》41 | 太阳上来照西山，手扒了娘娘的轿杆，不走庄子走塄干，专听个花儿的少年。《甘肃卷》12 | 尖石山是个青石山，一道一道的楞坎。《张家川花儿》153

药地：种植药材的田地。

药地里长的糖根塔，叶叶儿们长者嫩下。《河州花儿卷》164 | 一对花牛犁药地，把你势着我跟里，叫你收心活人呢。《岷州花儿》6

转转槽：转槽。修建在院子里的圆形马槽。

转转槽里马栓上，雕花的鞍子们备上。雪犁《花儿选集》80

圆槽：转转槽。

狗娃抬了个牛肋巴，圆槽的根儿里卧下。《天祝花儿选》89

四　各种建筑材料

基子｜墼子｜脊子：胡基。盖房用的土坯。

拿上斧头剁白杨，原打基子原盘炕，我和从前一个样。《洮州花儿散论》224 | 一块墼子三铣土，碗架头儿上花洋盘。《岷州花儿选集》157 | 墙里的脊子墙外的砖，白石灰扣莲花哩。《天祝花儿选》83

"基"即"墼"，《说文·土部》："墼，未烧也。"《广韵·锡韵》："墼，土墼。"

胡基｜胡地｜胡圾：建房子的土坯。洮岷一带，"地"读作"基"，"胡地"即"胡基"。

一摞摞胡基一摞摞砖，当中里开下的牡丹。《河州花儿卷》1 | 麻雀犁地猴抓杠，阿么鹞子打胡地着呢。《莲花山与莲花山花儿》546 | 高墙上撂进个胡圾来。《新编大传花儿》247

油单纸｜油粘纸：油毡纸，也叫油毛毡、牛毛毡。水湿不透，一般用来铺盖屋顶。

你心连油单纸糊住。《莲花山花儿选粹》92丨心叫油粘纸糊住,一个想着做啥呢。《莲花山与莲花山花儿》554

五　方位

各到处：到处。

身骑上白马各到处浪，心痛的尕妹哈捎上。《春风吹动花千树·正歌》3

脑子：中心。

西宁的脑子是燕麦滩，红旗儿飘给着海南。《新编花儿擂台卷》150

后梢：后面。

悄悄贴在房后梢，你摇门扣我知道。《张家川花儿》162

上：傍边。

在你上设［没］说伤心的话，我问你着气者为啥。《六盘山》73

前里：前面。

覅翻脸，人前里面面哈苦者。《新编大传花儿》25

前头：跟前，面前。

仇人的前头心覅恢［灰］。《新编大传花儿》32

根儿里 | 跟儿里：旁边。

园子根儿里红叶蒜。《岷州花儿精选》111 | 我到大峡跟儿里没心去。《莲花山花儿卷》34

根里1 | 跟里：旁边。

南山根里的白犏牛，长下的乌黑的眼睛。雪犁《花儿选集》113 | 城头擂鼓的张翼德，城跟里斩蔡阳哩。《花儿集》175 | 佛爷跟里打个卦，上的上么下的下。《岷州花儿选集》172

根里2：接近某个时间点。

谁知道年根里抓兵来。《春风吹动花千树》68

跟呢：根里，旁边。"呢""里"方音会混读。一般洮岷花儿多用"呢"，河州花儿多用"哩"。

过来坐在我跟呢，给你按脚做鞋呢。《岷州爱情花儿精选》84

跟前：旁边。

哎哟，跟前的兄弟你就往跟前来，往跟前来呀，宽心的花儿哈漫来。刘秋芝《西北回族口头文学研究》130

跟下：根里。

合该连你有缘法，有缘才到你跟下，没缘连你走不扎。《莲花山花儿卷》115

跟：傍边。

把清泉引到麦地跟。《爱情花儿》14｜约花约到泉水跟，说是担水实相亲。《舟曲花儿》35

眼跟前：眼前。

妹妹站到个眼跟前，耀坏了过路的少年。刘凯《试论花儿的几种表现手法》。

傍隔｜半个｜拌个｜畔个｜傍格｜旁格｜旁个｜帮个儿①**：**旁边。

想给花儿擦把汗，就怕傍隔人看见。《舟曲花儿》86｜尕妹的半个里有人哩，没人是我陪着坐哩。郭正清《河州花儿》23｜打个转身了拌个里来，身靠住胭子了坐来。《花儿集》158｜妹妹是月亮畔个的星星。《张家川花儿》135｜开口唱花儿者两三声，尕妹就傍格里坐了。《甘肃卷》12｜开口唱花儿者两三声，尕妹就旁格里坐了。雷汉卿《西北民歌花儿语言刍议》｜尕妹的旁个里有人哩，没人时陪你着坐哩。《岷县花儿》34｜你寰干把你们男人劝，你阿么瓜腾腾儿地站着帮个儿就把热闹看。《岷州花儿选集》169

头儿｜头：边沿处。

案板的头儿上切牛肉，手打了绿苍蝇了。苦干了骨头累干了肉，只为了穷光阴了。《青海卷》27｜军民们地头啦批林贼，满腔的恨。《手搭凉篷望北京》140

门：在……边。

---

① 曹强：《花儿语言民俗研究》第165页记录了"傍个，傍格、膀格"三个词形。

狼打者垭壑里喊三声，枪打者耳门上过了。郭正清《河州花儿》242丨一抬手，枪子儿打脑门上过了。《手搭凉篷望北京》135

四外：到处，四处。

婆娘的娃娃哈咋办哩，要不是四外哈浪里。《春风吹动花千树》96

后里：里面。

针插后里一根针，人留子孙葱留根，佛留经卷度凡人。《岷州花儿》3

心：中间，中心位置。

炕桌拉着炕心里。《岷州花儿选集》123丨红石头碌碡场心里转，碾破了麦秆的草了。《甘肃卷》81丨川心的大地里打庄窠，山地里种庄稼哩。《河州花儿卷》247丨兰州城不大者四四方，城心里修下的美当。《河州花儿卷》88

外前：外面。

穷命给你舍着呢，害怕你心到外前扯着呢。《岷州花儿选集》85丨兰州城里的紫葡萄，根扎在城外前了。《甘肃卷》56

方言中，"外前""外面"是同义词，常混用。如：一把扇子硬铮铮，花在外前冻的很，我在屋里睡热炕，花在外面看月亮。《舟曲花儿》103

外先：外面。

花在屋里静静坐，叫我外先受难过。《舟曲花儿》127

卡卡：角落。

沟沟卡卡灯亮了，十二五，有了希望了。《岷州花儿选集》234

当：在……里面、在……中间等。

我不是金子有假的话，大堂哈当炉子者炼下。《甘肃传统节日》16｜石板上谁人在站呢，什么它在当院呢。《临洮花儿》14｜露水当河浮着呢。《岷州花儿选集》106｜黄河的当桥里你甭站，花开了能活者几年？《河州花儿卷》211｜上房的当地上铺哩，耳房里铺席哈片哩。李富《春风吹动花千树》95

河南：河的南面。西北常见地名。

把花葛着河南呢，看上就要常缠呢。《舟曲花儿》156

山西：山的西面。

上去个东山瞭山西，山西的田黄着哩。《青海卷》54

后窍：后面。

尕画匠材头上画龙哩，后窍里凤凰哈画哩。《春风吹动花千树》95

阴子里：背后，暗中。

马五阿哥抓给者城里了，大老爷阴子里说通了。《花儿选集》202

背心地里：背后暗中。

有话赶紧当面说，背心地里甭骂我。《莲花山花儿选粹》39

暗子里：暗中，私下。

你暗子里又把人要上，我看你后来的下场。《新编大传花儿》53

阳山：山南，向阳的一面。

火着阳山石家坡，你把你的实话说。《岷州爱情花儿精选》78

当心：中间。**当地**：地里。

开着我们地里来，开着地的当心来，我到你的当地站，害怕别人打照山。《岷州爱情花儿精选》123

当中眼｜当住眼：中间。

学生娃们没处钻，钻着废墟当中眼。《岷州花儿选集》232｜当中眼扎上我的人。《岷州爱情花儿精选》82｜当住眼扎上我的怜儿，我怜儿还是双眼皮儿。《叠藏河》第16期32

当中间：中间，在中间。

把花夹着当中间，怪了你的没心眼。《舟曲花儿》105｜我俩的婚事者无缘了，媒人他当中间搅了。《春风吹动花千树》101

当中里：正中间。

我俩的婚缘整三年，当中里隔给了五年。《天祝花儿选》73｜维下个花儿刚维成，当中里有一个坏人。《六盘山》48｜蚂蚂蛐蛐两头

大，当中里细成线者呢。《莲花山花儿选粹》48

一转儿：一圈儿。也叫"一转伙儿"。

　　白布凉圈圆上圆，一转儿扎下的牡丹。《青海花儿大典》183

伙里 1｜夥里 1｜伙儿里：人群里或动物群里。

　　多人的伙里我孽障，还要你把我疼肠。达玉川《青海花儿选》31｜多人的夥里认下了，缘法儿咋这么重了。《花儿选集》76｜多人的伙儿里看下了，我俩的缘法儿重了。《湟中资料本》5

伙里 2：指成堆的无生之物。

　　铜伙里好不过高丽铜。《花儿春秋》47｜菊花儿伙里的串籽莲，万花儿伙里的牡丹。《河州花儿卷》211｜天河口里的紫微星，星星伙里的亮心。《湟中资料本》24｜新华联广场之首府，房地产伙里的明珠。《新编花儿擂台卷》98

伙儿里 3：指抽象事物。

　　红舌头无刃能杀人，是非的伙儿里要小心。《新编花儿擂台卷》110

伙伙里：伙里。

　　烟吃三瓶再商量，姊妹的伙伙里拣上。朱仲禄《花儿选》80

伙子里：人群里，即伙里。

　　不说人才说缘法，多人的伙子里认下。朱仲禄《花儿选》16

两下哩｜两下里｜两下呢｜两下｜两头哩：指两边或两个地方。

我花要上我下哩，把心分到两下哩。《舟曲花儿》83｜尕妹上呢我下呢，叫我把心扯到两下里。《洮州花儿散论》204｜走到山下想哭呢，把心扯在两下呢。《甘肃卷》｜维人嫑维了两下的人，恐害怕两头哩闪下。《松鸣岩原生态花儿》57

瓤物：内瓤。

叫把肚子里瓤物消成油。《岷州花儿》40

黄仁寿《蜀语校注》73 页："瓜中犀曰瓤，馒头中肉菜亦曰瓤。"与西北方言的意义一致。

内里：里面。

铁打茶壶内里空。《叠藏河》第 1 期 34｜难心装的这膛子哩，相思病害给这内里。朱仲禄《花儿选》19

高头：上头，上面。

白杨树高来哈遮不住风，树高头蹲黄莺哩。《花儿集》168｜山高头有一座尕庙哩，庙里头有和哈尚哩。《春风吹动花千树》97

垴里｜垴呢｜脑里｜脑呢：顶部；最里面、最深处。

一对鸽子盘蓝天，盘不到石山的垴里。《花儿集》57｜青麻雀儿飞到沟垴里，手拿个镰刀者绕哩。《宁夏花儿精粹》209｜政策回到山垴呢，社员起黑贪早呢。《甘肃卷》129｜帐房下给者山根里，牛羊们山脑里赶了。王沛《河州花儿研究》49｜石头洼洼黄石头坡，沟脑里面盘着个长虫。《张家川花儿精选》147｜莲花山的山脑呢，

你说比我好的是少的。《岷州爱情花儿精选》77

《花儿民俗辞典》125 页："脑，河湟方言"，地域范围不全。《青海花儿词典》267 页："脑里，指院落最里面。"不妥，释义范围狭窄。

第八节　植物

包括花草树木、蔬菜及各类果实、农作物等。

一　花草树木

骨都1：蓓蕾，花苞。

杏花骨都的大姐姐，嫩闪闪的姊妹。《花儿词话》38

条：小树枝。《说文·木部》："条，小枝也。从木攸声。"

尕妹是山上的胡儿条，阿哥是山里的皂角。赵元奎《青海花儿的取事与喻理》

结子｜芥子：芥菜的籽。

高高嘛山上种地呀，连种了三年的结子儿。《宁夏花儿精粹》85｜哎哟，我的芥子们开花者一地黄，哎哟，一地黄，风刮者河池上过了。《西北回族口头文学研究》132

苦地蔓｜苦子菀｜箍枝蔓｜股枝蔓｜苦苴蔓｜苦子蔓：也叫打碗花。藤蔓植物，开花像牵牛花，花型小，颜色粉红。

高高山上的苦地蔓，长下的悬，根扎在青石头崖呀上。《青海卷》83｜麦子地里的毛冉冉，苦子菀，缠了个豆秆。刘凯《西方"套语"理论与西部"花儿"的口头创作方式》｜背后院里独独蒜，

把你好比篏枝蔓。《岷州爱情花儿精选》46 | 股枝蔓开花一串铃。《岷县民间歌谣》279 | 苦苣蔓缠的黄要子，缠的稀不牢靠的。《莲花山花儿选粹》64 | 麦子地里的苦子蔓。《六盘山》154

辣辣盖：葶苈，也叫独行菜。叶片长而锯齿，味道扑鼻、辛辣，可做浆水。籽是中药葶苈子。

棱坎上长的辣辣盖，地边里长着个豆儿。《花儿春秋》85

藏红花：一种药材。

前院里种下的藏红花，后院里栽龙柏哩。《六盘山》72

"《本草纲目》记载，藏红花即番红花，译名咱夫兰，或撒法郎，产于天方国。咱夫兰即阿拉伯语、波斯语 Za'faran；天方国即指波斯等国家。因为这个东西是经印度传入西藏，由西藏再传入我国内地的，所以，人们把由西藏运往内地的番红花，误认为西藏所产，称作藏红花。"[1]

栽 | 栽子：准备栽种的小树苗，光杆，没枝丫。[2]

尕尕个的柳树栽，阿会长成大树呢。《莲花山与莲花山花儿》555 | 尕栽子栽的水河湾，胭脂马出的这四川。朱仲禄《花儿选》37 | 白杨的栽子一根材，浇水者培植成树哩。《甘肃卷》19

节子 | 疖子 | 结子：树上的疤痕。

榆树皮箍下的扁巴拉桶，节子棒片下的扁担。雷汉卿《西北花

---

[1] 杨占武：《回族语言文化》，宁夏人民出版社 2010 年版，第 156 页。
[2] 《中国民间歌曲集成·青海卷》780 页注："栽子：为培育杨树幼苗从杨树上砍下的枝干，因是栽树所用，故称。"义域稍窄。

儿语言问题刍议》｜榆木的疙瘩疖子的心，扯坏了两连的锯了。郭正清《河州花儿》211｜核桃木长下的结子。《花儿词话》

指甲花：凤仙花，也叫海纳。甘肃武都叫指甲俏儿。指甲花捣碎加明矾用葡萄叶包裹在指甲上，一夜后可染红指甲，是指甲油出来之前的美甲方法。

指甲花开指甲大，水莲花开是碗大。《六盘山》122

果木1：果树。

桃枣果木园子家，白萝卜又下窖了。《花儿集》161

果木2：果子。

阴山里的果木香。《莲花山花儿选粹》86

打泡儿｜打炮儿：鸦片，即罂粟。抽大烟的人被叫作"泡儿客"。

进去园门望里望，打泡儿开下的米黄。《八宝川花儿》192｜进去个大门仔细望，打炮儿开下的米黄。《湟中资料本》32

白面：鸦片。

尕白面吃的者不像人，你各样的坏事哈干成。《宁河花儿缀集》第2集128

苤苤树：树梢全被砍掉后，剩下一树的树苤，这样的树叫苤苤树。

苤苤树，树苤苤，十元票子数沓沓，十元票子我不要，我的人，你就买上飞机火车票，我们旮里旮旯都浪到。《叠藏河》第16期43

站林丨占林：山林，因旧时为私人所有，故称占林。

花檎红了者红花檎，大门前里的站林。《天祝花儿选》119丨花檎红来红花檎，大门价前里的占林。《青海卷》725

香龙木：桃木。

松柏木修下的井合院，香龙木装下的地板。《临洮花儿》43

林禾丨林棵丨林阔丨林窠：树林。"棵"，或为"窠"。草丛称草窠，树丛因称树窠。

一对黑牛钻林禾，人少了时寻不着，酸刺把脚戳脓和，有冤枉着给谁说。《岷州花儿选集》128丨白马哈骑上枪背上，照林棵打了两枪。张亚雄《花儿集》157丨四家嘴长下的林棵们旺，修下的水磨是一双。《宁夏花儿精粹》279丨尕马儿骑上这枪背上，朝林阔里放了两枪。《百度文库·青海花儿歌词集锦》丨尕马儿骑上枪背上，朝林窠打给了两枪。《新编花儿擂台卷》142

刺棵丨刺孔：刺窠，荆棘丛。

上去个高山水贵了，黑刺棵烧成炭了。雪犁《花儿选集》119丨阴山林里野鸡叫，野鸡飞到刺棵里。《洮州花儿散论》212丨南山的刺孔里狼出来，羊羊居羊吕满山洼跑来。《春风吹动花千树》67

墩墩草丨墩墩儿草：密集、低矮齐整厚重的草。

石崖头上的墩墩草，风吹的摆天下哩。达玉川《青海花儿选》43丨石崖头上的墩墩儿草，骨朵儿像胡麻哩。《湟中资料本》19

打破碗｜大碗花：苦枝蔓开的花。花形似牵牛花而小，粉色居多，藤蔓型，可伏地而生或者攀援其他植物。也叫打碗花或打碗碗花。

打破碗开花乱眼眼，百合开花尽点点。《莲花山与莲花山花儿》610｜大碗花开乱眼眼，百合花开尽点点。《西北花儿精选》8

馒头花｜蔓豆花：蜀葵。花形簇集在一起，像馒头而得名。

大豆花开是虎张口，馒头花活象个绣球。雪犁《花儿选集》20｜蔓豆花开一条根，马羊花儿是乱跟。《青海民歌选》117

藻儿｜缥儿｜瓢｜瓢儿｜飘儿｜：野草莓。又叫"地瓢儿"。比今市面上常见的草莓小很多，有白、红两种。

波勺儿山上拾藻儿呢。《洮州花儿散论》147｜镢头挖了缥儿的根，想你我肚脐眼儿都疼。《岷州爱情花儿精选》157｜阳山林里桦儿子，阴山林里摘瓢呢。《莲花山与莲花山花儿》22｜紫瓢儿，它长在石头缝里了。《湟中资料本》81｜镢头挖了瓢儿跟，想你肚脐眼子疼，肠子扯着活不成。《西北花儿精选》34｜花椒开花不见花，飘儿的花像贼娃娃。《叠藏河》第 16 期 23

《青海花儿词典》285 页词形"荸儿"。《花儿民俗辞典》131 页词形"蕀"。

地漂儿｜地瓢儿：野草莓。

大山根里的地漂儿，我当成川口的枣儿。《天祝花儿选》121｜阳山里结下的地瓢儿，阴山里长下的杏儿。《八宝川花儿》187

蔗子：藻儿。

剁根杨树搭桥子，我花上山折蔗子。绵绵手儿白啦啦，你折蔗

子谁吃恰?《舟曲花儿》123

猛子｜檬子：莓类果实，橘黄色，可食用。字形应该是莓子。

镢头挖了猛子根，想你柯膝盖子疼，套裤有呢套不成。《叠藏河》第1期58｜镢头挖了檬子根，想你髁膝盖子疼，套裤有呢套不成。《叠藏河》第16期16

马莲｜马兰：西北地边山间常见的一种植物，低矮，叶细长似兰，开紫色花，叶子柔韧，常用来捆扎他物。

低下头来摘牡丹，心昏者拔了个马莲。《河州花儿》9｜天没有云彩雨没有下，马莲上哪来的露水？雪犁《花儿选集》108｜正是杏花二月天，马兰花开满了河滩。雪犁《花儿选集》175｜尕妹是一朵马兰花，阳洼里开，阿哥在阴洼里看下。《甘肃卷》57

马莲、马兰为同一物。段玉裁注《说文·水部》："澜或从连，古兰连同音，故澜涟同字。后人乃别为异字、异义、异音。"西北方言兰、连同音。

草蛋｜草旦旦：纠缠成一团的草。

庄稼长成草蛋了，学生交开白卷了。《叠藏河》第1期43｜二亩地是草旦旦，房子挂满烟串串。王小敏《略论"河州花儿"的方言词语及修辞特征》

盖杈｜克杈｜柯杈｜格杈｜各叉｜棵杈：树枝分歧的地方叫柯杈，引申凡分杈处都可叫柯杈。

黑猫掣的牛肋巴，柳树的盖杈里架下。王沛《中国花儿曲令》168｜门前白杨三克杈，路过你把门认下。《舟曲花儿》123｜牡丹长得红艳艳，长成七八柯杈了。《洮州花儿散论》126｜刮过紫肉的羊

肋巴，榆树的格权里架下。郭正清《河州花儿》254 | 细毛羊的各叉是弯各叉，黑山羊下了白脸。《中国花儿曲令》308 | 麻布裤子两棵权，窠晃夹的牡丹花。《舟曲花儿》89

谎花：不结果实的花。民间常说"谎的"，就是"空的"的意思。

大豆地里的洋芋花，连开了三年的谎花。罗耀南《花儿词话》131 | 庄前庄后的李子树，连开了三年的谎花。《六盘山》46

朵子：花朵，也叫朵朵子。

白菊花开下的朵子大，朵子里夹葱者哩。罗耀南《花儿词话》105

梢子1：树尖或者灌木。

打一把加钢的五尺镰，太子山割梢子哩。《甘肃卷》83 | 新打的镰刀要磨快，树林里割梢子来。达玉川《青海花儿选》32

股子1：树枝。

莲花山的山有头，妹是松树股子稠。《临洮花儿》50

菜水：蔬菜。

先买了菜水后称了盐，该用的东西哈办全。《河州花儿卷》112

菜子：油菜。

菜子花花开者黄灿灿，菜子花么献宝瓶不成。《西北民歌与花儿集》303 | 大门边前的绺绺儿地，连种了三年的菜子。《花儿集》166

菜籽花：油菜花。种子叫菜籽，可压榨成油，即素常所说清油，菜籽油。

菜子花花开者黄灿灿，菜子花么献宝瓶不成。《西北民歌与花儿集》303

发菜：野菜，产于宁夏，黑色，貌如头发。

半年辛苦踏青山，百斤发菜汗水换。《宁夏花儿精粹》404

"发菜，被誉为荒漠之珍。是生长在贫瘠荒漠陆地上的一种野生藻类植物，因其形态和颜色像头发而得名。"[①]

番瓜：西葫芦。西北也叫菜瓜。

黑霜杀了番瓜蔓，好花不见我的面。《舟曲花儿》77

苦根儿：一种野菜，叶形椭圆，长在高寒地带，味苦。居住在高山上的民众常用来腌制咸菜或者醅酸菜。

苦根儿咸菜绿辣椒，年轻轻儿的失家了。《岷州花儿精选》109

苦苦菜：苦蘵。野菜，可食用，味苦，西北地区老百姓夏季时常用苦蘵做浆水，可清热解暑。

三根面叶一碗汤，苦苦菜耍拳者哩。《爱情花儿》352｜你合园里苦苦菜，缠三务四走不开。《莲花山与莲花山花儿》222｜尕怜儿就像苦苦菜，寒冬腊月土里埋。《叠藏河》第16期3｜歌手好像苦苦菜，车也碾，马也踩。《西北民歌与花儿集》217

---

① 钟进文：《中国裕固族》，宁夏人民出版社2012年版，第101页。

二　果实及其壳、核

落花生：花生。

> 霸地草［人的绰号］要吃落花生。《六盘山》215

麻子｜麻籽：苴麻籽，扁圆形，可榨油。也是西北常见的零食，吃法跟葵花籽一样。苴麻方言也叫大麻。

> 麻子碗碗舀水哩，得多少时间者等哩？《六盘山》48｜抓把麻籽撒上天，麻籽落在个天边。《梨都花儿》102｜一把麻籽撒上天，肚里花儿千千万。《舟曲花儿》147

宋沈括《梦溪笔谈·药议》："大麻，一名火麻。雄者为枲，又曰牡麻；雌者为苴麻。"

接杏：一种杏子。由桃杏树嫁接而成。

> 尕兄弟摘下的大接杏，大姐姐送的是手巾。《西北花儿精选》132｜贵德接杏享堂的瓜，杏瓜好，好不过西宁手抓。《梨都花儿》114

"东乡族人还培育出了个大味美、皮薄肉厚、色泽鲜亮的果中珍品大接杏……大接杏似杏非杏、似桃非桃……平均单果重 90 克左右，最大可达 150 克。"[①]

桃杏：桃树和杏树嫁接长出的果子，大似桃子，味道似杏子，水分大，酸甜可口。

> 牛心山下的唐汪川，大桃杏比它的蜜甜。和政县文化局主编《松鸣岩原生态》59｜尕妹好比是大桃杏，摘不上，它长者树尖上

[①] 马福元：《中国东乡族》，宁夏人民出版社 2012 年版，第 134 页。

了。郭正清《河州花儿》26

毛杏儿：青杏。

毛杏儿好像是李子。《花儿词话》311

毛桃：野生桃子，或者是桃子还未成熟果实很小。

有颜有色是樱桃，无颜无色是毛桃。《莲花山与莲花山花儿》611｜樱桃好吃树难栽，毛桃儿还绿着哩。罗耀南《花儿词话》221

干长把｜长把梨｜长把：梨的一种，把长，味略酸。各地的长把梨不同。莲花山的长把梨需要焐住放置一段时间吃。汪鸿明《莲花山与莲花山花儿》208页："莲花山山区周围长的一种果树，上结把把比较长，水分比较少的一种梨，秋天窝熟以后香甜鲜脆，很好吃。"

我是南马山的干长巴，掰开合头干巴巴。想砸水水没有啥。《莲花山与莲花山花儿》167｜贵德出产的长把梨。《青海花儿大典》53｜口干吃个贵德的长把。《梨都花儿》27

红麻：胡麻。一种农作物，可榨油，称为胡麻油。

大燕麦出穗嗦啰啰吊，吊地里种红麻哩。《宁河花儿缀集》32

根塔｜红根糖｜红根塔｜红根沓｜糖根塔：根茎类植物。也叫甜菜，糖萝卜，甜根儿，做红糖用。最大至五、六斤。

前院子里种根塔，后院子里种萝卜。《莲花山与莲花山花儿》548｜园子里的红根糖，叶叶括了根留下。周巍峙《中国节日志莲花山花儿会》179｜园子里的红根塔，去时你把魂留下，我把魂压在席底下。《洮州花儿散论》206丨洋芋哈地里的红根塔，根根们长者个大下。《河州花儿卷》166丨园子里的红根杏，叶叶割掉根丢下。朱仲禄《爱情花儿》264丨药地里长的糖根塔，叶叶儿们长者嫩下。《河州花儿卷》164

大燕麦：野草，结籽，籽黑色，外形细长。是喂牲口的草料。

筛子筛来簸箕簸，红青稞，大燕麦拣不净了。达玉川《青海花儿选》66丨大燕麦绿的水钻了，胡麻的骨朵们烂了。《甘肃卷》93

独独蒜丨秃秃蒜：平常的蒜围着蒜柱要长七八个蒜瓣，独独蒜是圆形，不分瓣。

背后院里独独蒜，把你好比箍枝蔓，就叫扯长覅扯断，扯断婚姻不好看。《岷州爱情花儿精选》46丨吃了一颗秃秃蒜，心上想见又怕见。《舟曲花儿》5

茄莲丨切莲丨芪连：一种根茎类的蔬菜。西北过去一般用来腌咸菜，泡泡菜。现在常用来炒肉。

人成园里茄莲了，到一搭儿了不觑顾，离开想着支不住。《岷州爱情花儿精选》30丨珍珠旗来凤凰伞，伞把儿好像个切莲。纪叶《青海民歌选》68丨绿绿白菜炒三碗，清油倒上炒芪连。《梨都花儿》67

冬果：梨。

放牛的哥儿你不要吆喝，我给你买一个大冬果。《花儿集》59丨杆杆要打冬果呢，是人里头的人梢子。《莲花山与莲花山花儿》614

圆圆：桂圆。

冰糖碗子泡圆圆，圆圆比它的蜜甜。《梨都花儿》51

麻圆圆：桂圆。因外壳呈褐色得名。

红马驮的麻圆圆，尕骡子驮红枣儿呢。《梨都花儿》70

当归虎头：药材当归的根。跟大，当地人称为虎头。

当归虎头一斤半，经济效益翻一番。《莲花山花儿卷》98

洋梗丨洋根丨圆梗：根茎类蔬菜，成熟后根为圆形。甘肃陇南（非藏区）一带也叫芫埂，圆梗。主要用来榨浆水。①

沙石河滩种洋梗，洋梗又叫水漫了。《叠藏河》第16期9丨洮州洋梗岷州种，兰州总督谁挂印，洮州协台嘛河州镇？马列《岷州花儿》155丨你打阿打儿来了来，你打后门园里来，霎踏我们洋梗菜。《岷州爱情花儿精选》69丨提起锨头挖洋根，为你得的相思病。《舟曲花儿》29丨青稞麦子不在了，圆埂晒成酸菜了。《莲花山与莲花山花儿》149

黄萝卜：胡萝卜。西北方言里也叫红萝卜。胡萝卜有黄、红两种颜色，因颜色的不同得名。

来了娘家的大嫂子，黄萝卜包下的饺子。《爱情花儿》96

红萝卜：胡萝卜。

---

① 汪鸿明：《莲花山与莲花山花儿》544页注："圆埂：也写作芫根，是一种产于藏区的蔬菜。地域范围稍窄，非藏区也有。"

红萝卜叶叶像龙爪，树儿上看，花椒籽好像是果子。《湟中资料本》129

脆瓜：西北产的小瓜，苹果般大小，甜而脆，香气浓郁。

枣木的案板切黄瓜，心里想吃个脆瓜。董克义《积石山》61

刀豆：四季豆。

刀刀儿切了刀豆了，连你瓣的深厚了，瓣成指甲连肉了。《岷州花儿选集》44 | 园里种了刀豆了，叫你想干想瘦了。《甘肃卷》169

冰豆：扁豆。比较面，人喜食，但产量低，少有人去种。兰州有著名的扁豆面。扁豆粉可做凉粉，筋道且透明。

黑盖锅里煮冰豆，锅上锅盖盖着呢。《莲花山与莲花山花儿》545

苦豆：香料，也叫香豆。一般用来做馍馍，呈绿色。

天河口里种苦豆，月宫里种甜菜哩。《爱情花儿》115

大豆 | 大豌豆：蚕豆。方言也叫豌豆。

大豆开花骑白马，四山的雷，兰州的花儿雨大。《花儿集》166 | 驮子驮的大豌豆，哥是妹的伴脚手。雪犁《花儿选集》141

青禾：青稞的方言记音词。

青禾的烧酒草喂的羊。《莲花山花儿选粹》74 | 青禾开花麻沙沙，葡萄结籽一串拉。《叠藏河》第 16 期 23

花檎 1｜花青：果实比苹果小，入口涩，脆。成熟后果实通红。甘肃宕昌叫林檎。西北各地皆产。

八月里到了玩月哩，佛岸上献花檎哩。朱仲禄《花儿选》133｜八月十五要玩西瓜，再摆上花青嘛果子。滕晓天《传统花儿精选》148

林檎：花檎。

下罢了过雨天放晴，打下了一篮子林檎。《临夏花儿选》122

楸子：一种果实，成熟时呈深红。入口绵软。比苹果小，类似林檎。

乌墨染下的黑箱子，要装个红楸子哩。《爱情花儿》120

红檎：林檎、花檎。

八月十五玩月瓜，单差的红檎果子。《花儿选集》178

然然子：灌木形植物的果实，黏在衣服上撕不下来。也叫毛冉冉。

缠不紧的毛缠子撕不离的然然子。《莲花山花儿卷》108｜浑身哈骨朵的然然子，籽憨时卖的个钱儿多。《河州花儿卷》320

刘凯解释："一种野草，上多倒勾毛刺，容易粘在衣服上，故又名'黏娃娃'。其杆即中药中的'牛芬'。又名'苦蒂莞'、'苦紫乏'，多年茨生草本，形似'牵牛'，实属豆科的'山黛豆'也叫'山野豌豆'"。[①]

[①] 刘凯：《西方"套语"理论与西部"花儿"的口头创作方式》，《民族文学研究》1998年第2期。

杏胡：杏核。

　　黑乌乌眼睛杏胡儿大，邀一位画匠了画下。《青海花儿大典》186

颗子｜颗颗1：颗粒。

　　共产党的政策好，麦颗子赛鸡蛋哩。《甘肃卷》27｜好年成得下的尕白豆，颗颗儿好比绣球。《甘肃卷》114

竹棍：竹枝。

　　镰刀割了竹棍了，过了难心日子了。《舟曲花儿》120。

麦衣：麦粒的外壳。

　　架上麦衣烙馍馍，一股青烟儿冒了。《宁夏花儿精粹》199

衣子：麦粒的外壳。

　　大麦的衣子们添炕哩，草哈喂了个马了。《河州花儿卷》33

荞皮：荞麦壳。

　　扎花枕头荞皮装，丈夫劝我再嫑唱。《叠藏河》第 16 期 25

添炕｜填坑：名词，烧炕的干草、谷物的茎干、壳皮等用料的泛称①。

　　三升的背斗里捞添炕，灶厨的尕炕哈添上。《河州花儿卷》18｜

---

① 郭正清：《河州花儿》25 页注："河州方言。"指称地域范围窄。

添炕窊哩还有添炕呢。《莲花山花儿卷》47丨填炕一垛柴一垛，到你门上早早晚晚过。《岷州花儿选集》135丨叉叉背筼里揽填炕，树叶哈高高的垒上。《河州花儿》25

透水：给植物浇水浇得多，浇透根部。

墙头上种瓜者瓜没有活，没浇个透水者没活。《天祝花儿选》163

家粪：农家肥。从厕所以及牲畜圈里刨出来的粪便，经过沤制发酵后形成。

家粪儿上来地了。《青海花儿大典》44

第九节　动物

线鸡丨旋鸡：阉割过的鸡。

下院里跑的是绕三吧绕来的线鸡。《宁夏花儿精粹》184丨架上叫鸣的红公鸡，我当是吃肉的旋鸡。《河州花儿研究》174

西番狗：藏獒。

虎斑的猫娃抓老鼠，西番狗看门者哩。《河州花儿卷》284

鱼鳅：泥鳅。方言也叫鳅鱼。

指头壮的尕鱼鳅，掀不起翻江的大浪。《六盘山》197

蜜虫丨米虫丨迷虫：蚜虫。方言也叫旱虫。

青菜地里蜜虫多，不软不硬的难割。《甘肃传统节日》8丨穷人心里苦水多，青菜地里米虫多。《甘肃歌谣》198丨青菜地里迷虫多，不软不硬的难割。《青海花儿大典》193

头鸡丨头鸡儿：公鸡在半夜第一次叫鸣。

黑了想到头鸡叫，心合铃铛乱摇呢。《莲花山与莲花山花儿》552丨大车儿吆到个大山岾，头鸡儿叫了者卸下。《天祝花儿选》93

野牲：野生动物。

虎狼豹皮的猞猁狲，梅花枪打下的野牲。《河州花儿》94

鹿哥儿：鹿。

上山的鹿哥儿下山来，下山着吃一趟水来。《青海花儿大典》28

骚狐子：黄鼠狼。

西山里骚狐子下山了，要小心架上的鸡了。《春风吹动花千树》108

强马：犟马的记音词。方言也叫强强马。

拉倒一人两家好，强马不吃回头草。刘明《中国花儿教程》122

香子丨麝子：香獐、麝。

穿上皮袄背上枪，上山着打香子哩。《湟中资料本》25丨脊背里背的是梅花枪，靠崖者打香子哩。《岷县花儿》19丨枪手要打麝子哩，我把你疼着心上哩。朱仲禄《花儿选》70

仓老鼠：老鼠。

仓老鼠家里头翻天了，尕猫娃不抓者咋了。《春风吹动花千树》117

金鸡｜锦鸡1：公鸡

金鸡娃它把鸣叫呢，叫台湾同胞知道呢。《莲花山花儿选》44｜金鸡叫明天亮了，红旗插到庄上了《甘肃卷》7｜四更里月牙偏西了，架上的锦鸡叫了。《青海卷》83

锦鸡2：野鸡。

雪山里头雪鸡娃叫，锦鸡娃高飞者过了。雪犁《花儿选集》112

末子：蚊子。

末子咬了不去摸，虼蚤咬了不去捉。《舟曲花儿》38

瞎老鼠：田鼠。

种籽哈下的者地里了，瞎老鼠从地下吃了。《春风吹动花千树》108

细狗：土狗，体型小、敏捷、凶猛。护家狩猎都可。

白细狗追不上了。《宁夏花儿精粹》213｜一对的白兔上山了，尕细狗撵不上站了。《河州花儿》234。

麻子蜂：马蜂。体型较一般蜂大。马指大。

你合麻子蜂儿一样，飞来落着花儿身上。《莲花山与莲花山花儿》219 | 白鹁鸽落到房檐上，麻子蜂落到碗上。《临洮花儿》187

马蜜蜂：麻子蜂。

阳山阴山的草绿了，马蜜蜂，探花的时节儿到了。《新编花儿擂台卷》122

呱啦鸡：鹧鸪。也叫石鸡。

大山根里的呱啦鸡，西南方盘窝着呢。郭正清《河州花儿》214

《青海花儿词典》114 页记作"嘎啦鸡"。《花儿民俗词典》44 页记作"尕拉鸡"。

儿马：公马。

阿哥是两岁的尕儿马。尕妹是三岁的骒马。朱仲禄《爱情花儿》228 | 若要我把你丢下，儿马它把马驹下。《甘肃传统节日》91

骒骒：母骡。

白骒骒拉的是轿车子，车户哥，黄河哈阿么者过哩。《临夏花儿选》第一集 105

皂丨皂儿：黑色鸽子。《释名》："皂，早也。日未出时，早起视物皆黑，此色如之也。"

我死了变成给皂里［哩］，我你了脸旦上咬里［哩］。《百度文库·青海花儿歌词集锦》| 房檐上蹲的是白鸽儿，鸽洞里卧的是皂

儿。贾文清《关于花儿五》

咬天犬：哮天犬。

　　杨二郎带的咬天犬来。《春风吹动花千树》73

地麻雀：麻鹨。也叫树鹨。

　　麦子拔过草留下，地麻雀抱两窝蛋呢。《临洮花儿》196丨地麻雀儿抱不住蛋了，娘家婆家的讲红了，这地方再不能站了。《河州花儿卷》48

马燕儿丨马燕：比平常所见燕子体型大一倍，体黑，腹部有少许白色，也叫麻燕。

　　天上的马燕儿双尾巴，要请个围手者打下。《宁夏花儿精粹》216丨头顶上飞的马燕是双尾巴，找一个围手者打下。《六盘山》68

毛老鼠：黄鼠狼。

　　鸡娃儿上架羊进圈，毛老鼠造了反了。《张家川花儿》136

屹蚤丨个蚤：跳蚤。

　　手折园里葡萄呢，死了变成屹蚤呢。《岷州爱情花儿精选》42丨虱子的肋巴倒顶门，个蚤的油扒了九斤。《莲花山花儿选粹》87

舟舟丨骀骀丨蛛蛛丨蜩蜩：蜘蛛。

　　尕舟舟摆下的八卦阵，要吃个苍蝇的肉哩。《西北民歌与花儿集》317丨大燕麦出穗素噜噜吊，骀骀网扯八卦呢。《临洮花儿》140

丨有钱的吃成蛛蛛了，爪爪也顾不住了。朱仲禄《花儿选》119丨蚂蚁变成蜩蜩了，出来了一身的抓抓。张亚雄《花儿集》1丨蜩蜩是贼，就怕拉网着害来。《爱情花儿》239

民国李培清修《古浪县志》卷六："蜘蛛，俗名蛛蛛遗丝为网以捕蝇虫。"《陇右方言发微》197页："甘谷武山一带，至今读屋角作网之鼀䨷曰邹邹。邹即鼀之音转。"甘肃陇南也称"邹邹"。

黄羊：野山羊。

你拿上锣锅我拿上枪，上高山，要吃个黄羊的肉哩。《花儿选集》125丨脊背上背的是梅花枪，上山者打黄羊哩。《甘肃卷》

毛老鹰：老鹰。

毛老鹰房檐上蹲着哩，牠［它］妄想打鸡娃哩。朱仲禄《花儿选》54丨雪山的岭上雪鸡娃叫，毛老鹰飞上者过了。《河州花儿》249

扑鸽丨扑鸽子：鹁鸽。①

照你是座青石岭，我是岭上花扑鸽。《张家川花儿》57丨半空中飞过个扑鸽子，我当是抓雀的鹞子《张家川花儿》61

青狼：狼，以颜色命名。

上山者打了个白额虎，下山者打青狼哩。《河州花儿》253

蛐蟮：蚯蚓。东方朔《蚯蚓赋》："乍逶迤而善曲。"故名。

---

① 《叠藏河花儿专号》第16期7页注"鹁鸽之鹁方言读pu35。"多家皆注音pu，西北多地方言鹁鸽读为扑鸽。

蛐蟮光吃不喝水，石磨肚里长牙齿。《莲花山与莲花山花儿》610丨路上蛐蟮拧绳绳儿，把怜儿热得栽跟头儿。《岷州花儿选集》102

鸡公：公鸡。

黄莺要抓鸡公呢，把花闪着虚空呢。《舟曲花儿》74丨听见喇叭儿在响，尕鸡公儿宰上。《河州花儿卷》345

鸡婆：母鸡。

高高山上的麻鸡婆。你爱了你捉着养去。《六盘山》158丨鸡公儿撵的是尕鸡婆儿，追上者满院子转哩。《河州花儿卷》237丨现在的干部都会说，把老鸡公说成麻鸡婆，把方升子说成圆陀螺。《莲花山与莲花山花儿》632

草鸡：母鸡。

女婿娃是草鸡，姑舅哥是鹰。《六盘山》212

叫驴：公驴。元鸿仁《方言源考与训诂新探》63页："公驴性爱叫，方言以此修饰之而成叫驴之名。"

叫驴拴在马桩上，把马儿拴在树上。《六盘山》182丨娃们结婚成亲哩，儿女亲家担心哩，老叫驴他要尝新哩。《西羌文化与洮岷花儿》215

堂鹁鸽：家养的鹁鸽。

大梁头上的堂鹁鸽，公鹁鸽抱了个母鸽。《河州花儿》70丨一对

的堂鹁鸽沿岭飞，飞过川，翻过山落在碾柏。《甘肃卷》98

崖鹁鸽：野鹁鸽。

青石头崖上的红嘴鸦，崖鹁鸽喂食者长大。雪犁《花儿选集》109｜阿哥好比崖鹁鸽儿，旋者旋者吃一颗儿。《莲花山花儿卷》6

瞎猫：猫头鹰。

瞎猫上树是三更，二人定下了好时辰。纪叶《青海民歌选》154

夜猫子：猫头鹰。

旋黄鸟叫催人急，夜猫子叫唤心上凄。《莲花山与莲花山花儿》611

夜鸽子：猫头鹰。

雁过留声人悦意，夜鸽子叫唤心上凄。《莲花山花儿选粹》20

鹞鹘｜鸦虎：鹞子。

尕妹是天上的白鸽子，阿哥是鹞鹘者旋，打了一个转子嘛嗞的响。柯杨《民间歌谣》150｜尕妹是鹁鸽者吃水来，哥哥是鸦虎者打来。《河州花儿》207

夜鳖虎｜夜蝙蝠：蝙蝠。

夜鳖虎它到地上爬。《莲花山花儿卷》71｜夜蝙蝠抬着个红莲花，飞到个房檐上站下。《新编花儿擂台卷》174

长高鸟丨长高虫儿丨长高丨长谷虫丨长够虫儿：布谷鸟。

　　长高鸟高叫在树上，麻雀儿喳喳在地上。朱仲禄《花儿选》62丨长高的虫儿飞着来，柳树的个梢儿上喊了。《青海卷》727丨四月八立夏是太嫌早，树儿上站的是长高。朱仲禄《花儿选》105丨长谷虫儿落崖湾，家大人多的难倒转。《湟中资料本》58丨长够虫儿到来了，它蹲到柳树上喊了。《天祝花儿选》109

蛆丨蛆儿：虫子。

　　天爷发雨雷响哩，我在睡梦里想你哩，浑身就像蛆咬哩，叫我阿么受了哩。《岷州花儿》167丨蛆儿生得满身蹿。《岷州花儿》167

雀儿：泛指体型较小的鸟。

　　雀儿落在树枝上，我当了毛毛的杏儿。《湟中资料本》14丨花花雀儿你覅叫，你叫是鹞子打哩。达玉川《青海花儿选》23

屎爬牛丨屎扒牛：屎壳郎。学名蜣螂。

　　屎爬牛滚的驴粪蛋，狮娃儿滚的绣球，只要尕妹的心不变，好欢乐还在后头。《六盘山》47丨屎爬牛挡车不自量，母老虎吃天是妄想。《临夏花儿选集》第一集10

癞呱呱丨癞呱呱儿丨癞肚呱丨癞犊儿丨癞呱子丨癞肚儿丨濑肚蛙蛤蟆丨癞蛤蟆丨蛤蟆：癞蛤蟆。

　　霸地草有个独生娃，阴沟里爬出个癞呱呱，《六盘山》208丨癞呱呱儿要盘个窝哩。《河州花儿卷》208丨癞肚呱想吃天鹅肉。朱仲禄《爱情花儿》360丨场里大麻长成柳，解成板板儿做成斗，癞犊儿扒住斗漂走。《甘肃卷》176丨癞呱子脸势猪牙叉，你不是维人的下

家。《河州花儿卷》29 | 癞肚儿爬住斗梁儿走。《叠藏河》第 16 期 1 | 濑肚蛙蛤蟆的扁扁儿头，仇成了虱子的阿娘。王沛《河州花儿》117 | 浪山不装癞蛤蟆，河里抓个蛤蟆呢。《莲花山花儿选粹》8

鸺鸺咪儿：猫头鹰。

鸺鸺咪儿蹲者个树尖里，半晚夕不停地喊哩。《河州花儿卷》323

饿老扑 | 饿老豹 | 饿老鹰 | 饿老婆 | 落落扑：老鹰。

饿老扑蹲在房檐上，打鹰的弓弦上上。朱仲禄《花儿选》54 | 我维下的花儿你没有见，饿老豹抓上去了。张亚雄《花儿集》61 | 抱下个鸡娃儿叫明哩，饿老鹰抓下者去了。《甘肃卷》34 | 天上飞的饿老婆，你有苦难给我说，我把苦难能解过。《岷州爱情花儿精选》12 | 鸡娃儿大了毛长了，落落扑挖不者去了。《河州花儿卷》145

大豆蛾 | 打灯蛾儿 | 大灯蛾 | 打灯蛾蛾：蛾子的一种，喜爱灯光，专爱扑灯源，常见于晚上有灯时。也叫扑灯蛾。

荷包上绣一个大豆蛾，他一定从心里欢乐。《春风吹动花千树》50 | 打灯蛾儿的绿翅膀，只要我在阳世上，阳世上，把你不在难处放。《叠藏河》第 1 期 19 | 长把铁勺里楂浆子，浆子俩糊上个亮子，打灯蛾的样子。《湟中资料本》32 | 打灯蛾儿落河滩，沙雁儿落了青滩。朱仲禄《花儿选》74 | 蜘蛛拉了个八卦阵，苍蝇孽障，大灯蛾离不了火坑。《甘肃卷》117 | 打灯蛾蛾灯打了，尕花儿上了马了。《六盘山》120

扑灯蛾儿：打灯蛾。

扑灯蛾儿吃白菜，鹦哥儿要吃个韭菜。王沛《河州花儿研究》100

㸦㸦豹：老鹰。

　　㸦㸦豹越旋越高了，我当了西飞的雁了。《六盘山》120

㸦㸦子：老鹰。

　　㸦㸦子越旋越高哩，空中里下了蛋了。《六盘山》139

荒蛋｜慌蛋儿：孵不出小鸡的蛋。

　　绿绿的瓦槽里蛇抱蛋，家麻雀窝里的荒蛋。《春风吹动花千树》（油印本，页码不清）｜花母鸡下了个慌蛋儿，抱不出个鸡娃者卧了。《青海卷》45

第十节　自然现象

包括星辰云雾风雨、山川地理、沙石土砾等。

一　星辰、云雾、风雨

炸雷：雷。

　　炸雷一声雨一声，平地里起了浪了。《宁夏花儿精粹》218

霖子雨：阴雨连绵。《尔雅·释天》："久雨谓之淫，淫谓之霖。"

　　霖子雨下者不晴了，晴了是下了场冷子。《六盘山》168

星宿：星星。

你是月亮天上游，我是星宿晚晚有，月亮星宿不分手。《甘肃卷》182｜社员大战在天边，天上的星宿哈摘哩。《手搭凉篷望北京》102

扫帚星：彗星。

天上的星星星对星，扫帚星，我当成一对儿滚灯。《湟中资料本》15

冰溜儿｜冰溜子：冰。

阴沟里冻下的冰溜儿，阳沟里消成个水了。《新编花儿擂台卷》35｜房头上冰溜子挂来。《春风吹动花千树》68

冰娃娃：冰。

冬腊月的冰娃娃，三月里消成个水了。《河州花儿卷》12

毛雪：小雪。

九月里到了者毛雪扛，树叶儿们往下落哩。《河州花儿卷》234

稠水：浑浊的水，可引申为洪水或脏水。

清水拉漫了个水园子了，稠水拉洗了个脸了。《河州花儿》242

《陇右方言》188："今谓不清曰浊，音转为稠。浊稠同在定母，屋箫旁对转。"

绵风：微风。

石山峡里云起来，绵风吹着个雨来。《临夏花儿选》第一集72

黑风：旋风。

  黑风刮来黄风罩，把我们罩在跟儿里了。《岷州花儿选集》55

清风：无色不夹杂沙尘之风。黄风：狂风。莫超《西北方言文献研究》106 页引清陆伟垣《华阴县志》："暴风曰黄风，以其色也。"

  清风吹着冻死了，大黄风吹着冻了。《青海卷》43

好雨：顺庄稼成长的需要应时而降的雨。

  庄稼晒成啥着呢，好雨等你下着呢。《莲花山与莲花山花儿》317

宵｜烧｜绍｜梢：红色霞光，早上出现，预兆下雨。晚上出现，预兆第二天太阳高照。谚语有：早梢不出门，晚梢晒死人。

  半个儿晴来半个儿阴，半个儿宵红者哩。张亚雄《花儿集》213｜半天晴来半天阴，半个天烧红着哩。达玉川《青海花儿选》54｜半个天晴来半个天阴，半个天绍红者哩。《临洮花儿》231｜还没亮，东方才扯个梢了。罗耀南《花儿词话》297

罗耀南《花儿词话》297 页："天将明时，东方天边闪出的光亮。"不妥。时间范围狭窄，"梢"可以出现在一天的任何时间段。

烟瘴：雾气。

  青沙山牙合的烟瘴大。达玉川《青海花儿选》17｜上去个高山者烟瘴大。《河州花儿卷》20

阳婆：太阳。

眼泪淌在撩襟边，入伏的阳婆晒不干。《岷州爱情花儿精选》128

日头｜日头儿｜日头们｜日头爷｜日头哥：太阳。

日头哈落了者你取来，我把你实心者挡下。《河州花儿卷》98｜月亮上来轱辘大，日头儿上来碗大。《青海民歌选》135｜日头们跌窝者天黑了，牛犊儿要喝个水哩。《春风吹动花千树》32｜日头爷上来慢性性，晒得花儿汗津津。《宁夏花儿精粹》385｜高山顶上松树多，郎是天上日头哥。《甘肃卷》157

麻浮｜麻浮冰｜麻腐｜冰碴麻浮：河里流动的冰渣子，呈圆形，像珍珠。甘肃临洮的美景"洮河流珠"即此奇观。

一对哈鸭子凫水哩，麻浮把头哈淹过哩。《西北回族口头文学研究》126｜十一月到了者寒冷天，麻浮冰堆下的桥寒。《宁河花儿缀集》34｜三九洮河漂麻腐，像珍珠一样淌者呢，《洮州花儿散论136》｜冰碴麻浮里渡船哩，风刮者骨头哩渗哩。《河州花儿》235

天气1：天。

麻糊子月亮哄人哩，我当成天气们亮了。《松鸣岩原生态花儿》29｜丞妹子等不到天气黑，亲自儿要搭个话哩。滕晓天《花儿春秋》85

天气2：太阳。

天气儿落者石峡哩。《天祝花儿选》126｜天气儿上来朱紫红，月亮上来者水红。《天祝花儿选》119

天心：天空。

北斗七星天心里转，杠子星看不见了。《临夏花儿选》第二集 87

天爷：天。

天爷下者不晴了，白土窑儿泪了。张亚雄《花儿集》164

老天：天。

一天里才捎了话，黑了老天把雨下。《舟曲花儿》92｜亲手拈香祝老天。给我花儿保平安。《西北花儿精选》38

透雨：大雨。下得时间长或者下得大。

下一场透雨安四方，要叫百姓遭孽障。《甘肃卷》140｜龙王爷，你就该把透雨来一场。《莲花山与莲花山花儿》318

秋里雨：秋天的雨，意指连绵不断。

阿们了是怪想你，眼泪就像秋里雨。《临洮花儿》51

扫雨：风中带的雨，雨势不大，下得时间也短。

紫红的苹果碗口大，扫雨们打的者地下。《临洮花儿》165

黑霜：过了时节降下的霜，不利于农作物的成长，一般指春季下的霜。

就怕露出黑心肠，牡丹五月遭黑霜。《岷州花儿选集》94｜林柏又苦刺又扎，我娘把我养在林柏树底下，心上的哥哥叫黑霜杀。《甘

肃卷》204

《化平县志》：不时而霜谓之黑霜，骤然而雨谓之魄雨。魄为白之转音。①

黑云｜黑头云：乌云。

  黑云重了者雨来了，太阳出来者虹来了。张亚雄《花儿集》184｜马营里起了个黑头云，雨打了古善驿了。《百度文库·青海花儿歌词集锦》

白雨1：冰雹。一般跟"打"或者"蛋蛋"搭配。

  早晚害怕牛羊嚓，晌午会儿害怕白雨打。《甘肃卷》196｜红心柳的四张权，灵佛爷你把善心发，甭叫白雨蛋蛋儿下。岷县花儿98

冷子：冰雹。

  前山里发雨者雨没有来，后山里下哈的冷子。《临洮花儿》32｜黄风来了雨来了，下的是碗大的冷子。眼睛闭住你来了，醒来时没你的影子。《六盘山》57｜南山里云彩起来了，冷子么把庄稼打了。纪叶《青海民歌选》121

冰蛋｜冰蛋蛋：冰雹。

  南山的云彩起来了，冰蛋把庄稼打了。董克义《积石山》129｜冰蛋蛋下的者山里了，野鸡娃没地方去了。《春风吹动花千树》115

白雨2｜霈雨：指雷阵雨。一般跟"发"搭配。

---

① 莫超：《西北方言文献研究》，北京大学出版社2014年版，第142页。

天发白雨大河涨,还得多少眼泪淌,天发白雨响雷哩,不想你着想谁哩。《舟曲花儿》62 | 眼泪就像是白雨发。雪犁《花儿选集》191 | 二细的草帽头上戴,就怕南山的霈雨来。《张家川花儿选》146 | 天发白雨雷没响,你想我着谁没想。《舟曲花儿》42

过雨:过云雨。云来即雨,云过雨散,持续时间很短。方言也叫退云雨。

过雨起来着大风吹,电光儿闪下着下了。《湟中资料本》154

洗山雨:过雨。

六月里下的洗山雨,越下的越清秀了。《花儿词话》157

滴漏水:房檐水。

房檐上的滴漏水,黑了和你一炕睡。《莲花山花儿卷》124 | 院子里淌下的滴漏水,尕鸡娃看见者喝了。陇崖《河州花儿卷》290

滴流:房檐水。

天爷发雨跌滴流,把人心想成铁丝扣,离过你改没人逗。《叠藏河》第16期37

滴漏瓦:房檐水。

热头们一红时雪消了,滴漏瓦连成个线了。《河州花儿卷》293

廊檐水:也叫房檐水。

一天里下给了三场雨,廊檐水淌到个院里。《青海卷》63 | 大点

第二章　名物篇　/　213

日头小点雨，廊檐水淌不到院里。《六盘山》94丨疙瘩么云彩大点雨，房檐水滴在了院里。《六盘山》38

地动：地震。

想你我的心里抖得啪啦啦，就像地动把康家崖的山震塌。《莲花儿山花儿卷》45

火闪：闪电。纪国泰《蜀方言疏证补》51页："霍闪犹忽闪，状其形也。"①

天发白雨闪火闪，我想我的二牡丹。《舟曲花儿》41丨天爷发雨闪火闪。《岷州花儿选集》160

《岷州花儿选集》160页编者注为"雷电"。不妥，语义范围太大。

电光儿：闪电。

过雨起来着大风吹，电光儿闪下着下了。《湟中资料本》154

干电儿：闪电。

西面的过雨到东了，干电儿闪上着下了。《青海花儿大典》66

雷火：雷和闪电。

北风卷起六月雪，化作克番身上裹，天昏地暗夹雷火。《宁夏花儿精粹》407

淋霜丨凌霜：凛霜，霜。

---

①　纪国泰：《蜀方言疏证补》，巴蜀书社2007年版，第51页。

白杨树上落淋霜,想我就快来一趟。《舟曲花儿》55 | 中秋凌霜来得早,牡丹杀着也不好。《洮州花儿散论》127

七星儿:北斗星。

三星儿上来单站下,七星儿摆下八卦。《湟中资料本》25

亮星 | 亮心:金星,启明星。

天上的星星星对星,天河口里的亮星。雪犁《花儿选集》111 | 天河口里的紫微星,星星伙里的亮心。《湟中资料本》24

攒毛星 | 攒毛星星 | 攒冒星星 | 攒麦星:小星星。"攒毛、攒冒、攒麦"方言也读"点毛",为"小,少"之义。

你合星星明星星,我合天上攒毛星。《莲花山与莲花山花儿》589 | 你是天上明月亮,我攒毛星星比不上。《莲花山与莲花山花儿》197 | 攒冒星星一撮撮。《莲花山花儿卷》89 | 七星你给星星说,攒麦星家人手多,叫把月亮除灭过。《岷州花儿选集》207

长庚星:金星。

三星儿上来亮晶晶,长庚星好像个明灯。达玉川《青海花儿选》38

天河:银河。

天河口里的紫微星,星星伙里的亮心。《湟中资料本》24 | 太阳上来是绕三绕,绕不到天河的口里。《河州花儿》198

天火：突然发生的大火。

天火化了蒲州了，火烧了倒金库了。《湟中资料本》48

二　山川地理及其沙尘、瓦砾

生坡：无人走过的草坡。

我把那生坡踏了一条路。《岷州花儿》22｜把你好比青禾呢，洒着阴林生坡里。《岷州花儿》42

梁梁子｜墚墚子：指山梁。

隔上个梁梁子叫不喘。《宁夏花儿精粹》163｜隔下个墚墚子叫不喘。杜亚雄《中国民歌地图》178

趄趄坡：斜坡。

碌碡滚下趄趄坡，没情见面怪气多。《舟曲花儿》121

窝窠｜窝坑：坑。

汽车哈窝窠里灭下了，没电者发不起了。《河州花儿卷》313｜二郎山的土窝坑，我把我怜儿喊一声。《岷州花儿》10

圪｜旮旯儿：角落。

园子圪里的绿韭菜，不要了割，就叫它绿绿的长者。《河州花儿》32｜园子的旮旯儿里务瓜哩，瓜蔓子往哪里长哩？《河州花儿卷》143

倒堆山｜倒对山｜到对山｜刀对山｜刀背山：两座山山脊相对，就像两个相对的刀锋。

阴山阳山是倒堆山。1940年《花儿集》141 | 山了嫑上个倒对山，倒对山弯下的路远。《河州花儿》164 | 阴山阳山到对山，高不过四大名山。《甘肃卷》18 | 骑马嫑骑刀对山，刀对山马乏吓哩。达玉川《青海花儿选》37 | 骑马者莫要走刀背山，刀背山上马难行哩。《青海民歌选》66

对到山：到对山。

阴山阳山对到山，过来坐在我跟前。《叠藏河》第16期21

嘴 | 嘴子：山棱。常把在此地形上扎居的村庄以"嘴"命名。如甘肃武都的张家嘴。

过了一嘴又一坝，生怕二家大人骂。《舟曲花儿》92 | 石山（啦）嘴子上一只羊。孙建武《浅析"河湟花儿"的文学特征》，《黄河之声》2013年第3期

豁落：有缺口处。

圪塄当了枕头了，麦子的豁落里睡了。《临夏花儿选》第二集70 | 手扒个豁落了摘来。《湟中资料本》17

豁落山：山有断连处。

热头儿跌着豁落山，牧民们住在个草滩。《湟中资料本》14

豁岘 | 壑岘：山的缺口处。

石山豁岘里过来了。《临夏花儿选》77 | 农业机械化实现呢，拖

拉机开上銎岘呢,《甘肃卷》132

薄土丨坡土丨抛土：尘土。

  身上的薄土脸上的汗。《宁夏花儿精粹》194丨身上的坡土脸上的汗，为你者挣两个银钱。《松鸣岩原生态花儿》51丨身上的抛土脸上的汗，小阿哥来哈的路远。罗耀南《花儿词话》123

绵沙：细沙。以手感绵软得名。

  长把木锨手里拿，河滩里铲绵沙哩。《湟中资料本》14

土圪垯：干硬土块。

  山，光秃秃，土圪垯，回族老奶奶睡在光炕上，枕着坷垃。《宁夏花儿精粹》398丨房顶上撂下的土圪垯。朱仲禄《爱情花儿》126

第十一节　机构规则与礼俗娱乐

本节包括行政区划、事务机构等的名称以及集市商铺的名称、政府制定的各类条款、礼俗法规、书信契约、言辞娱乐等。

一　机构集市

任上：指担任职务的地方。

  陈光芯娶的个殷满堂，夫妻们到不者个任上。张亚雄《花儿集》108

狄道：临洮的古名。

狄道的古文化根子深，马家窑是彩陶的祖宗。《临洮花儿》216

学房：学校。

挟上书包进学房，棋子块椅子上坐上。《花儿集》148 | 尕笼笼里提鸡蛋，你到学房把书念。《叠藏河》第 16 期 11

学堂：学校。

学生娃，免费者上了个学堂。《松鸣岩原生态花儿》72 | 儿女都把学堂上，为国为家争容光。《莲花山与莲花山花儿》632

官家：过去对官府的称呼。中华人民共和国成立后称为"公家"。

住的这山里怕豺狼，在家里，纳不起官家的皇粮。朱仲禄《花儿选》117 | 苦死苦活整一年，不够交官家的粮款。《手搭凉篷望北京》54 | 流血流汗的整一年，不够官家的粮款。《甘肃卷》104

农业社：农村的代称，20 世纪 80 年代之前用，今已消失。

老天爷，农业社甭看你的嘴脸。达玉川《青海花儿选》11

行户 | 行胡：行业。

日鬼的行户里你别站，混上是你吃亏者受难。《松鸣岩原生态花儿》36 | 五荤的行胡里歪钻哩，钻上时刹灾海里进哩。《河州花儿卷》188

行当：行业。

五荤的行当里人贪的。《新编大传花儿》108

行道：行业、职业。

好情哈好意我把你劝，五红的行道里耍缠。《春风吹动花千树》23

会：民间集会，主要进行物资交流或祭祀神灵，名称有庙会、花儿会、物资交流会等。

白马下了个黑骡子，拉不到六月的会上。朱仲禄《花儿选》97丨梦里连你浪神会，醒来身子冷巴巴。《莲花山与莲花山花儿》554丨好花儿香小花儿香，阿门你就没到个会上。《青海卷》38

会场：花儿中一般指花儿会的会场。方言中把庙会、物资交流大会所在地也叫会场。

松鸣岩会场里浪一天，一猛中年轻了十年。《甘肃卷》15丨白马备了个好鞍装，拉的着六月的会场，尕妹妹家里有多忙，会场上咋没有见上。朱仲禄《花儿选》96

二 礼俗法规

姑舅亲：西北旧时"近亲可以结婚"的习俗，形成了姑舅亲。

亲亲的姑舅啦成亲哩，宴席哈热闹的做哩。《春风吹动花千树》99

"回族穆斯林传统婚姻习俗，又叫姑表亲，姑舅亲。特指父母亲兄弟的子女与姊舅的子女相互间的通婚。旧时民间认为这是亲上加亲。这种婚俗曾在历史上流行，由于不符合婚姻法和优生优育的原则，现在被禁止。"①

襄床：结婚时，公婆会请儿女双全的妇女撒桂圆、枣、花生等物品在新婚夫妇的床上，为新人祈福。

> 手拉手儿入洞房，喜洋洋，贵人俩给我们襄床。《新编花儿擂台卷》125

长钱1：指祭祀、出殡时用的长条纸钱。

> 手拿剪子铰黄连，左手打的引魂幡，右手拿的纸长钱。《莲花山与莲花山花儿》591

百岁：小孩出生百天被称为百岁，当地风俗在这天要为孩子庆祝。

> 百岁牌牌身上戴，爷爷喜欢阿婆爱。《叠藏河》第16期56

黄纸钱：用黄色的纸剪下的钱的样子，用于祭祀或者出殡。《法苑珠林》卷第三十六："解祠之时，剪白纸钱鬼得白钱用。剪黄纸钱得金钱用。"

> 穿上呢时吃不上，脸像黄纸钱一样。《莲花山与莲花山花儿》572

定礼：旧时婚俗，男方给女方家的彩礼。

> 前年定礼到今年，家穷没啥给礼钱。《舟曲花儿》118

定茶：上门定亲。

---

① 李生信：《西北回族话研究》，社会科学文献出版社2016年版，第80页。

今个的日子里送定茶，多藏者婚事哈办下。王沛《河州花儿研究》175

　　"保安族订婚仪式……男方父母请媒人带上茯砖茶一块，四色礼一份，另加衣料一件，送至姑娘家，姑娘父母欣然收下，就算是正式定亲。"①

黑十七：正月十七晚上耍社火被称为黑十七。

　　黑十七闹完了你打听，心上人，为花儿没想过二心。滕晓天《传统花儿精选》76

黑社火：指晚上表演的社火，黑指夜晚。关丙胜指出：原在正月十五至十七的晚上有黑社火，但现在只在正月十五的晚上有。②

　　黑社火上场（者）雪花飘，火龙（嘛）满场子跑了。罗实《青海花儿赋比兴浅谈》《青海师范学院学报》1981年第4期

月瓜：八月十五祭祀月亮的瓜果。

　　八月十五玩月瓜，单差的红檎的果子。《花儿集》147

花绳绳：五月端午节，民间风俗要在手上、脚上系五色丝线绳，以红色为主，可辟邪。

　　五月五的花绳绳，十五我缠你到如今。《张家川花儿》98

规程：规则。读为"窥"。《陇右方言》86页："今谓习惯曰规程，

---

① 铁木尔·达瓦买提：《中国少数民族文化大辞典·西北地区卷》，民族出版社1999年版，第314页。
② 关丙胜：《民国时期的河湟地方社会》，知识产权出版社2014年版，第60页。

规读如窥，谓规矩章程也。"

不敬一盅礼不成，这是莲花山的老规程。《临洮花儿选》85 | 针插沿儿上两根针，不唱花儿也不成，这是前辈留下的老规程。《岷州花儿》3

下数 | 哈数：规则、标准。

把花葛着坝子里，我有我的下数呢。《舟曲花儿》156 | 小暑过了大暑呢，忙着阿里哈数呢。《莲花山与莲花山花儿》225

卡码：心中的准则。藏语音译。

亮明星给咱指路哩，方向者有卡码哩。《手搭凉篷望北京》27 | 把怜逼的没路了，心上的卡码糊涂了，一心要脱贫致富了。《西羌文化与洮岷花儿》185

三　书信契约

字约：契约。方言也叫"约"。

翻身大会开红了，卖身的字约烧了。《花儿选集》16

约：契约。

毛笔和砚台齐摆下，对天着把约做下。《湟中资料本》5

干证：铁证。

我想你着你不信，擦脸手巾是干证。《舟曲花儿》61

案：名词，记录下来的信息材料。

生死牌上有案呢，只等我把气咽呢。《岷州爱情花儿精选》81

文书：契约。

笔墨纸砚齐摆下，生死的文书立下。《青海卷》83

对子1：对联。

双扇吧大门的黑釉子，梅花纸贴下的对子。《河州花儿》230

书子｜书字：书信。

捎信捎话捎书子，模样儿捎不到纸上。《临洮花儿》101｜王宝钏寒窑里写书字，你带者平贵的手里。《甘肃卷》85

方子1：药方。

要唱六九五十四，把病害在腔子里，我有配药的方子哩。《花儿选集》185

实信儿：真实的消息。

实信儿不给我报了。《花儿词话》184

四　言辞娱乐

倒话：反话。

尕妹我尕了难搭话，阿哥说的是倒话。《花儿词话》100

捷话：斥责性的话，即诘话。

捷话说是要啥呢，还要我来配搭呢。《洮州花儿散论》179

口苴：闲言碎语。苴即嚓，咀嚼。

一处不到了心有者，万人的口苴哈压者。《河州花儿卷》160

欺头话：指暗含讽刺挖苦，伤人脸面的话。

你这人说话太欺头，把到手的尕妹哈惹哩。《河州花儿卷》80

玩话：玩笑话，不做真的话。

说了个玩话脸红了，我把你心伤下了。朱仲禄《花儿选》37

耍话：开玩笑的话，闹着玩不当真的话。

说了个耍话眼红下，你不是维人的下家。《宁夏花儿精粹》188

喘声：说话声。

镢头挖了党参了，听见你的喘声了。《临洮花儿》42

谎子：谎话。

你心里装的是鬼点子，嘴上都是骗人的慌子。《百度文库·青海花儿歌词集锦》

淡话：闲话。甘肃南部指看似无关却又暗含深意的话。

维下的花儿丢不下，丢下是说淡话里。张亚雄《花儿集》531

闲言淡话的抱信了，我俩总有一天哈好了。张亚雄《花儿集》475

软当：用好听的话欺骗。

尕妹世下的尕嘴儿甜，我不由者软当哈上哩。《新编大传花儿》71

失笑：笑话。

想下你的你不管，还看我的失笑呢。《莲花山与莲花山花儿》547

乱弹：秦腔。

青石头碾子錾坏了，手歇了乱弹的唱了。《六盘山》60

影子：皮影戏。

半台上唱的是影子。《花儿词话》120

第十二节　表示抽象概念的词语

包括心绪谋略（情绪、谋略、方法、志向、意愿）、踪迹事由（消息、影踪、事情、内容、原因）、是非对错等

一　心绪谋略

六神：道家认为人的心、肺、肝、肾、脾、胆各有神灵主宰，称为六神。

远路上有我的心不甘，腔子砸一把，六神不由得我了。《张家

川》172

想心：心里所想的，所盼望的。

我丢了你，仇人的想心上到哩。《春风吹动花千树》125 | 我俩的想心上到哩。《新编大传花儿》4

意脉：滋味。

阳世上来了者没维过人，不知道维人的意脉。《河州花儿卷》77

难寒 1：烦恼。痛苦。

杆两根，四根杆，我想你，真难寒。《岷州花儿选集》148 | 你为我也就辛苦，我为你也真难寒。《莲花山与莲花山花儿》544

难心：为难。

腊月三十过年哩，有钱汉宰牛羊哩，婆娘难心这［着］她哭哩，尕娃们往脸上看哩。朱仲禄《花儿选》121

悔心：后悔。

我对你没说过悔心的话，你把我着气的为啥。《青海民歌选》116

乱心：三心二意。

哥哥维人者一条心，妹妹想的是乱心。《青海民歌选》117

叶子 | 曳子：做事的狠劲儿。

我逮阿哥俩下叶子，要走个五荦的路哩。《新编花儿擂台卷》144 | 我们男人曳子盛，不是辐条就是棍，阿么打死我都没承认。《岷州花儿》40 | 阿哥们干活叶子麻，唐古拉、高海拔，钢轨像蓝天的彩霞。西宁市文艺界联合会《花儿卷》128

甘肃陇南一带还有"曳子客（狠毒的人），曳子麻（非常狠），曳子歹（非常狠）"等语。

摊头丨贪头：决心。

连缠了三年没缠上，十年的摊头哈下上。《八宝山花儿》134 | 你害怕对方变卦哩，不拿出摊头者咋哩！《春风吹动花千树》96 | 连等了三年没等上，十年的贪头哈下上。《八宝山花儿》134

安然：安宁。

尕妹的心哈搅乱了，睡梦里不安然了。《临夏花儿选》第 2 集 74 | 我死是要叫个阿哥哩，他活下也不得安然。《六盘山》188

亏柱：委屈。

唱一个少年了叫哥哥，少年里有亏柱哩。《天祝花儿选》59

暮囊：心烦。

心里有些暮囊呢，金华眼前扬者呢。《临洮花儿》21

麻木：麻烦。

红心柳，张四杈，蜜蜂采蜡麻木大。《莲花山花儿卷》93

疙瘩 4：怨气。

　　心里的疙瘩由你上起，吃药者再不能散了。《河州花儿》271

心腹：心思，心里所想。

　　哥哥的肚子里心思儿多，实话哈说，心腹哈我抓不住了。《河州花儿》247｜不知道心腹冒撞婚，就说是没怨气了。朱仲禄《花儿选》40

空情：虚假的情意。

　　你把空情端来几盘盘，实心没有一点点。《莲花山与莲花山花儿》594

心病：愿望，执念。

　　把你越瞭越爱了，瞭成我的心病了。《岷州花儿选集》103｜材一页么一页材，有病你把我叫来，我照你的心病来。《洮州花儿散论》213

天良儿｜天良：良心。

　　你坏的天良儿大了。《湟中资料本》153｜你说你的天良端，为啥着变良心哩。《湟中资料本》153

心才：计谋。

　　怪你笨了没心才，烧馍咋不怀里揣。《舟曲花儿》111

门道 2：引申为计谋。

只怪你的门道深，门道深着钻不成。《莲花山与莲花山花儿》573

转身2：计谋。

我的相好我的爱，你连转身都没开。《舟曲花儿》112

把柄：主意、主张。

上庄里吵的火隆隆，下庄的人知道了，阿哥们把柄要拿稳，尕妹妹豁出来了。朱仲禄《花儿选》28

手段：本事，能耐。

花儿的模样像貂蝉，秋千上显了个手段。《六盘山》23｜直轮打着平轮转，巧木匠使下的手段。朱仲禄《花儿选》112｜不说尕媳妇的手段强，还说是人家的饭香。《河州花儿卷》250｜加油干，你看个尕妹的手段。达玉川《青海花儿选》10

活肠：活路。

麦叫野草吃光了，群众没有活肠了。《莲花山与莲花山花儿》286

二 踪迹事由

音信：消息。

把曹操打者没治了，才叫关公上阵了，知道刘备的音信了。《临洮花儿》112

信：音信、踪迹。

维下的花儿没信了，尕妹的心上们疼了。《河州花儿卷》67

活工：工作。

多人的活工我担上，你走了就不要愁怅。朱仲禄《花儿选》86

搞干：干的活，干的事情。

天爷下了没搞干，背斗背上折牡丹。《六盘山》6

营干｜因干｜因乾：做的活、做的事。

年年六月你朝山，今年朝山啥营干。《西北民歌与花儿集》228｜莲花山有了因干了，尕妹把心哈拉了。《河州花儿卷》279｜不明不白的丢下了，为什么因乾者罢了。朱仲禄《花儿选》43

看场：值得看的内容。

莲花山上三道梁，你看我是没看场，枣沟林的烧炭匠。《西北民歌与花儿集》226

世肆：世事。

天南哈地北走过来，人伙里世肆哈看来。《春风吹动花千树》73

病由：病因。

疼上的疼，病由们打你上起了。《河州花儿》55

根本：根源，源头。

你有了本领跟前来，把花儿根本上唱来。朱仲禄《花儿选》60

根底：来历，根源。

我找寻不着根底了，稀会儿把我羞死了。《临洮花儿》17｜不知道根底者难对言，难对言，恐害怕你者恼哈。刘秋芝《西北民族口头文学研究》133

根由：根源。

叫大人心内夏忧愁，小的给你们说根由。《莲花山花儿选粹》71

理行：理由，道理。

我不是忘恩负义的人，哪有个忘你的理行。纪叶《青海民歌选》70

三　方法、对错及其他

方子2：方法。

要唱六九五十四，把你锁在箱子里。我有开箱的方子哩。朱仲禄《花儿选》66

做样：姿态。

以我的心思是还好哩，看你的做样是罢哩。《宁河花儿缀集》44

窍：方法。

我给你把寻荨麻的窍教下。《岷州花儿选集》64｜我给你教下的窍多。朱仲禄《爱情花儿》201

窍法：方法。

　　维人的窍法是你教的。《爱情花儿》140

不然：过错。

　　我的不然你说下，好情好意的罢下。1940 版《花儿集》254

不是：过错。

　　娘老子给我寻不是，心上气着大抖呢。把这舍不得的啥有呢。《莲花山与莲花山花儿》550｜就把我糊里糊涂地拉给别人了。刚过门就把不是寻开了。《莲花山与莲花山花儿》628｜唐僧心上有气呢，只怪悟空不是呢。《莲花山与莲花山花儿》642

公容：公允。

　　阎王爷世人不公容，皇王爷杀的命苦人。《六盘山》205

势：靠山。

　　居厉羊羔儿缎子黑，人是人的势一个。《岷县花儿》25

光阴2：生活。

　　黄杨木立围杆哩，光阴寒难命又苦。《湟中资料本》60

命份：命运。

　　说起哥嫂的命份不过大，生活越过越就没办法。他两个的命份

太薄的。《莲花山花儿卷》261

性子：脾气。

　　周都督的性子大，诸葛手里试一下。《岷州爱情花儿精选》145｜我维的尕妹性子大，没逗是就把脸变下。《甘肃卷》147

害 2：名词。拖累，累赘。

　　先前你把我惜爱，这会儿把我当成害。《岷州花儿精选》50

难寒 2：做事的艰难。

　　光噶山的老行家，请你不要说难寒。《莲花山与莲花山花儿》626｜我山里折蕨菜真难寒。《莲花山花儿卷》61

难寒 3：贫穷。

　　斧头剁了红桦了，难寒日子不怕了。《甘肃卷》124｜共产党派来了土改团，解去了穷人的难寒。雪犁《花儿选集》15｜元山坪只有我难寒，坐的房子没擦檐，院里没有水场眼。《岷县花儿》28

阵势：场面，气场。

　　高速公路的阵势大，新宁广场们发码。《新编花儿擂台卷》96｜拖拉机赛过百匹马，阵势大。《手搭凉篷望北京》101

第 三 章

行 为 篇

表示人或事物行为变化的词语，包括人的生命成长行为、五官肢体行为、人际交往、打理生活的行为、人的心理活动、生产行为以及自然界无生命事物的出生、发展与销毁。

第一节 生命成长行为

一 婚恋

引逗：挑逗。

哥哥实心口难开，尕妹要用话引逗哩。纪叶《青海民歌选》53 | 花绿的窗格儿油漆，引逗的哥哥们爱了。《湟中资料本》42

维 | 为 | 围：与人结交相处。花儿里指谈恋爱。

娃娃尕了没维过人，不知道维人的苦闷。《湟中资料本》20 | 大河流水流的宽，姑娘为人为的宽。《舟曲花儿》95 | 庄窠的圈圈哩围你哩，瞎气把心淹过哩。刘秋芝《西北回族口头文学研究》126

拉1：追求（意中人）。

拉怜要拉路径远，路径越远越稀罕。《叠藏河》第16期35 | 拉人要到身上看，麻布衫的庄稼汉。《岷州花儿》17

拉热：撩拨使心生情意。

你把者阿哥的心拉热，拉热者不求得管了。郭正清《河州花儿》137

拉斜：勾引挑逗使心动。

你把尕妹的心拉斜了，还天天就这么哄哩。《河州花儿卷》135

办丨攀丨盘 1：娶（媳妇）。

末香湾里打末香，我有银钱办婆娘。《舟曲花儿》121丨赶羊不在近处放，小伙不攀懒婆娘。《舟曲花儿》131丨推好了就给你攒劲劲儿的盘一个。《岷州花儿选集》55

惹人：挑逗，引诱。

是实心了好扯心，是假心了重惹人。《岷州花儿选集》165丨五荤的情场里人夔惹，夔惹人。《新编大传花儿》78

骚 1：挑逗，勾引。

你有你的相好哩，骚我的阿哥者咋哩。《松鸣岩原生态》21

搁丨掰丨格丨割丨合：相处。花儿里指男女交往。

搁下的花儿散心呢，倒把个心扯烂呢。《宁夏花儿精粹》176丨一个锅里两把勺，大夫小妻掰不着。《岷州花儿》6丨你格的花儿多大岁数了？《莲花山花儿卷》65丨洋芋地里拔荞麻，十二三割着十七八，黑头发割成白头发。《叠藏河》第16期36丨一心儿把你的身子

陪，要合个百年的好哩。《新编花儿擂台卷》19

本字当为"佮"。《说文》："佮，合也。从人合声。"《广韵·合韵》："古合切。并，聚。"

缠挖：纠缠不休。

拐棍拄上还不罢，阴曹地府还缠挖。《叠藏河》第 6 期 44

挂：追求。

尕妹过来是好走手，我想方设法挂走。《宁河花儿缀集》17 ｜ 网络上认下的好朋友，钱儿哈拿上了挂走。《新编花儿擂台卷》107

缠1：追求（意中人）。

后花园里摘椒哩，缠花缠了个人梢子。《舟曲花儿》14 ｜ 橘子开花叶儿圆，丢了丢了可又缠。雪犁《花儿选集》141

接：娶媳妇。

腊月里来接新人，娶上媳妇有精神。《舟曲花儿》31 ｜ 磨面要把媳妇接。《莲花山与莲花山花儿》607 ｜ 把你接着新房呢，叫给娃们要当新娘呢。《岷州爱情花儿精选》71

箍笼：凑合生活在一起。

箍笼上一世者孬翻脸，穷尕妹交下的少年。《河州花儿卷》36

坐扎：实心实意在一起。

尕妹拉坐扎时心亮了，所有的愁肠哈忘了。《河州花儿卷》319

耍：交往恋人。

耍阿哥要耍个会浪的。《宁夏花儿精粹》189｜我连耍了三个麻利哥，连你个孬怂四个。《六盘山》150

给人：嫁人。

这么多的大姑娘咋不给人。《宁夏花儿精粹》119｜女孩跛的跛来瞎的瞎，一个都给人没给下。《莲花山与莲花山花儿》631｜糊涂大大把我给人了，一搭里不能走了。《张家川花儿》61

给：女孩出嫁。

女子给给婆家了，儿子有了婆娘娃娃了，老娘日子就难下了。《岷州花儿选集》187｜我哈给者千里的路上。《河州花儿卷》38｜给巉口的那时候，我到处寻你你没有。《莲花山与莲花山花儿》593｜娘连老子不是人，把女给着松川林。《舟曲花儿》115

嫁汉子：出嫁。

我嫁汉子你吃醋。《六盘山》188

打发：嫁女儿。

十八的尕妹哈打发哩，阿哥们添箱个啥哩？《河州花儿卷》143

迎3：娶亲。

尕新姐迎的者家里了，盖头哈揭过者看了。《春风吹动花千树》116

牵：想念。

只要人把人牵呢，给上多少也完呢。《叠藏河》第 16 期 36｜不知道尕妹牵的谁，哥哥牵的是姊妹。纪叶《青海民歌选》54

添箱：赠送陪嫁礼物。

十八的尕妹哈打发哩，阿哥们添箱个啥哩？《河州花儿卷》

要：偷情。

今个要下姓王的，把哥闪在门外边。雪犁《花儿选集》139

要人：偷情。

阿姐都是年轻的，我没有要人的胆子。《湟中资料本》43｜我担上名声你要上人，我羞者没走的路了。雪犁《花儿选集》113｜她姐姐要了个阿姨夫，她个家要下的姐夫。《河州花儿卷》27｜十个八个要人哩，叫我一个背名呢。《舟曲花儿》86

然｜染｜粘：追求意中人并纠缠在一起。也可指关系亲密经常在一起。

你我脾气好者然扎了，就像蜡杆缠上棉花了。《莲花山花儿卷》127｜镢头挖了石山了，强打回话不染了。《舟曲花儿》77｜杏儿繁吗梨儿繁，趁早把我不要染。《舟曲花儿》83｜花儿连我不粘了，谁说了害人的话了。《六盘山》74

然板｜黏版：和谐。

连你好着刚然板，你又想上外心了。《莲花山与莲花山花儿》549｜我劝唱家歇缓了，咱们越唱越加黏版了，再唱没有眉眼了。《莲花山与莲花山花儿》622

喧板｜喧绊：聊天。

想起阿哥的好身材，尕妹喧板着坐来。《梨都花儿》56｜晚夕喧个尕绊哩。《梨都花儿》110

出门2：出嫁。

隔山架岭捎个话，出了门的女娃娃。《叠藏河》第1期46

坐娘家：回娘家。

人问了我俩就说一个话，就说哥送妹子着坐娘家。《岷州花儿选集》79｜坐娘家的女儿来来，站到大门口儿上来。《岷州爱情花儿精选》96｜新媳妇只想者坐娘家，去哩嘛不叫去哩？《河州花儿卷》220

落：丢弃。

除已你把别人爱，落了我把良心坏，忘你的心肠万没在。《岷州花儿选集》126

翻板：翻脸，变卦。

要了袜子你可红眼呢，要了鞋时你可翻板呢。《岷州爱情花儿精选》64｜我维的花儿翻板了，实心实意的漫哩。《张家川花儿》152｜说成了着翻板了，呼天喊地不喘了。《莲花山与莲花山花儿》596

翻良心：变心。

  恐害怕半路里翻良心，要写个纤岔的合同。张亚雄《花儿集》80 | 要得我两人翻良心，太子山倒坐者三层。《临夏花儿选》第一集 97 | 我两人说下的过一生，到如今你翻了良心。郭正清《河州花儿》255

散场 | 散敞：物件的框架分离，花儿中指分手。《现代汉语词典》：散场指演出或者比赛等结束。

  噙上害怕咽上呢，吐下害怕散场呢。《岷州花儿选集》148 | 若要咱们的情散场，叫老牛爬到榆树上。《莲花山花儿选粹》44 | 吐下怕你散敞呢。《莲花山花儿选粹》43

尔 | 而 | 俖：扔下，抛弃。

  胡大叫你归了天，尔下全家受可怜。《宁夏花儿精粹》172 | 我跟你没说过伤心的话，啥情上你把我而下。《青海民歌选》124 | 俖下了受孽障哩。《六盘山》165

反天堂：指做不合规矩不合道德的事情。花儿中主要指偷情。

  你连别人反天堂，把名声就叫我背上。《岷州爱情花儿精选》45

好淘：关系好。

  你可要记牢呢，这才算我俩好淘呢。《岷州爱情花儿精选》72

坐寡：守寡。

  阿哥上了战场了，尕妹妹坐了寡了。《宁夏花儿精粹》203

丢1：放弃，抛弃。《青海花儿词典》收录"丢"。以下是甘肃洮岷花儿的例子。

烟锅吃烟烟呛哩，口说丢了还想哩。《舟曲花儿》56丨你合新人着丢旧人，旧人丢的心上疼。《莲花山与莲花山花儿》593

丢手：放开手，引申为恋人分离。

时间到了丢手呢，两个离开就走呢。《莲花山花儿卷》267丨只要和你脾气投，热腾腾的不丢手。景生魁《西羌文化与洮岷花儿》167

撇1：抛弃。

黄尖柳的两张杈，你把你们婆娘撇下了吵，撇了我把你要下。《岷州花儿》1丨从来没说过后悔的话，为啥着把我给撇下。《六盘山》74

撩：抛弃。

十七十八的尕妹妹好，我心爱的撩不下了。《青海民歌选》85

断线：不再联系。

我连花儿断线了。《六盘山》154

二 养育

生就：天生的。生下来就是。

如勒佛生就的肚子大，俊不过观音的菩萨。《春风吹动花千树·正歌》2

占房：坐月子。

十一腊月占房屋哩，要吃个红谷儿米汤哩。《花儿集》163

"回族穆斯林婚姻和生育习俗，按西北回族婚姻习俗，结婚日新郎要抢先进入洞房，表示今后丈夫可以管住妻子，成为家里的'掌柜的'（家里主事者）。另外，回族穆斯林生育习俗，产妇临产时，要洗大净，尽快住进产房，这也叫占房。"①

下：生孩子。

这一对同性恋结婚哩，接班人阿门价下哩。《新编花儿擂台卷》26

引1：照顾孩子，抚养孩子。

年轻轻的耍人哩，老了引娃看门呢。《舟曲花儿》130 | 娃娃不引门不关，哪怕没有一分钱，也要上山欢两天。《莲花山与莲花山花儿》559 | 把女儿儿子的引成人。《岷州爱情花儿精选》122

抓：抚养幼儿。方言有"抓娃"（养育婴儿）一词。

要下个尕娃是要抓哩，不抓是咋么样大哩？《春风吹动花千树》83

抓养：养育孩子。

苦根苦苗苦芽芽，多亏姑舅妈抓养大。《六盘山》207

---

① 李生信：《西北回族话研究》，社会科学文献出版社2016年版，第94页。

怀娃：怀孕。

天爷下雨哟如油，女娃子怀娃发忧愁。李雄飞《河州花儿与陕北信天游文化内涵的比较研究》244｜想你想得粘下了，肚子里想起疙瘩了，叫乡政府罚下了，说我肚子里怀下娃娃了。《岷州花儿选集》98

惹1：逗小孩玩耍。

人家婆婆惹娃男人笑，我怜儿把我多脑没抬眼没瞭。《岷州花儿选集》90

惯：宠爱，溺爱。

妹妹是娘老子惯下的娃，常要阿哥们哄哩。《河州花儿卷》293｜小心把他惯坏呢，学会胡吃白赖呢。《甘肃卷》207

尽管：照顾家，处理家务事。

出门三步尽管哩，叫我阿们心闲哩。王沛《河州花儿研究》176

拉2：带孩子。

世上月娃最难拉，又拉娃娃又做活。《莲花山花儿卷》206

拉娃：拉扯、照顾孩子。

你们男人拉娃你就笑，把我一事不提了。《岷州爱情花儿精选》126｜拐棍拄上还拉娃，拉着一嘴牙掉下。《甘肃卷》206

出托：指长得越来越好看。

我维下的花儿十七八，出托的像朵牡丹花。《张家川花儿》135

《陇右方言》121 页："亦曰出硕，硕读如拓，硕与拓皆从石得声。谓能发生硕大也。"此词在甘肃武都也指女孩长得出众。《张家川花儿》135 页注"出息"，不妥。"出息"的意义指向才能。

三 寿夭、疾病以及各种与疾病相关的行为

塞丨涩：嗓子沙哑。方言音为"塞"。方言中称人：塞胡卢（指嗓子嘶哑的人）。

喉咙哭塞眼哭麻，再的都去你站下，由我把你依靠下。《岷州花儿选集》170丨嗓子涩着对不上，你把长流水喝上。朱仲禄《花儿选》69丨声气涩者唱不得。《西北花儿精选》13

"塞"疑为"嗄"的音变。《广韵》："嗄，所架切，沙去声。声败。"

磨丨摩：眼睛发痒有炎症。

想你我的眼睛磨，门里门外摸不着。《甘肃卷》167丨想你后脑勺儿疼，衣领磨者转不成。《叠藏河》第 1 期 57丨屋里人问我就说，肚子又疼眼又摩。《河州花儿》166

反汗丨泛汗：发汗，出汗。

王茂生心上急者反汗呢。《莲花儿山花儿卷》184丨半夜哈三更满巷道转，心急者要泛汗哩。《河州花儿卷》295

化丨花：消散。

想你者腔子积血了，见你是化成个水了。雪犁《花儿选集》107丨肚子里想起疙瘩了，吃药打针不花了。《莲花山与莲花山花儿》548

散 5：消散，指病好。

尕妹好比是灵宝丹，哥哥的百病儿散了。《湟中资料本》16 | 不见的尕妹可见了，心里的病像云雾这散了。朱仲禄《花儿选》50 | 心里的疙瘩由你上起，吃药者再不能散了。《甘肃卷》60

认：效应。

打针吃药不认了，卯窍错前扒后了。《莲花山花儿卷》122

灵：应验。也可指药品起作用。

二阿哥说话不灵了，灵了是能见个影子。《六盘山花儿两千首》168

坐病：生病。这里指心生嫌隙。

今儿个要唱你疼我爱呢，霎叫两家坐病呢。《洮州花儿散论》185

害病：得病，生病。

钢二两，四两钢，为你我把相思病害上。《岷州花儿选集》186 | 我为你害的相思病，还说鬼神害着呢。《莲花山与莲花山花儿》544 | 要唱六九五十四，把病害在腔子里，我有配药的方子哩。雪犁《花儿选集》185

惹 2：传染疾病。陇右方言中传染疾病还可以说"过病"。

毛鬼神跟上是害人哩，狐臭跟上是惹哩。朱仲禄《花儿选》37

寻短：自杀。

小阿哥寻了个短了。《松鸣岩原生态花儿》29

应1：起作用，有疗效。

相思病害得深厚了，吃药打针不应了。《岷州花儿选集》98 | 上香拜佛的都没应，你给我托上个睡梦。罗耀南《花儿词话》16

效应：起作用。

入伏天气炕上睡，跳神弄鬼越加劲，吃药打针不效应，给你说了你不信。《岷州爱情花儿精选》85

应验：有效果。

叫你想成病汉了，吃药也不应验了。《洮州花儿散论》213

折：送命。

洛阳关上双上了，把韩服孟垣折上了。《洮州花儿散论》139

惜命：珍惜性命。

山里的兔子惜命哩，鹰要吃了兔子的肉哩。达玉川《青海花儿选》23

着病：得病，生病。

阿哥着下的不好的病，尕妹哈活杀下哩。鲁剑《西北民歌与花儿集》304 | 神经病都是为你者着，你把我尕心里让者。《河州花儿

卷》251 | 来时人心亮堂堂，去时活把病着上。《叠藏河》第16期47

脑转：脑子失常。

叫你把我想脑转，我把洗脸盆盆儿当碗拌，狗食盆盆儿拌炒面。《岷州花儿选集》106

渗牙：牙受凉难受。

凉水喝上渗牙哩，想要叫你泡茶哩。《舟曲花儿》92

送了：指出殡。

三天没见就想死了，五天上就抬埋着送了。《青海卷》43

第二节　五官行为

一　耳、目、鼻、首

受听：好听。

下哈的骡子是铁青，阿哥们唱哈的不受听。《湟中资料本》54

听是：听说。

鸡娃要抱凤凰呢，听是你有翅膀呢。《莲花山花儿选粹》28

听下：听说。

听下你可馋者哩，盖下大瓦房者哩，还安下钢丝床者哩。《叠藏河》第1期48

照：看。引申为对着。

照你的大门者哭三天，你吾里咋知道哩？《临夏花儿选》第一集 199

瞭：看

刺梅好着我没瞭，一心奔了野芍药，这会儿后悔谁知道？《岷州花儿精选》109｜隔河瞭见一朵花，想得头昏眼又麻。《甘肃卷》｜送子娘娘花娘娘，你睁开眼睛瞭一瞭。《莲花山与莲花山花儿》563

瞅：看，相中。

这个尕妹哈瞅下的［得］早，羞脸儿大了着没说。《花儿春秋》41

看：勘探风水。甘肃武都方言有"看坟"一词。

我请个高家高阴阳把坟看在高山上。《莲花山与莲花山花儿》619

眼黑 2：比喻眼睛。

家儿里着了个眼黑了，外面的好，宁好者再不能罢了。《河州花儿卷》303｜女神仙，我眼黑者哪一天到哩。《新编大传花儿》79

呲 1：眦，瞪。

我呲一眼，瞪一眼，阿会儿来者对时面。《甘肃卷》155

呲 2：张开，裂开。

尕嘴哈呲下者满脸的笑，没知道你看上我的。《河州花儿卷》149

横丨恨1：瞪一眼，表示仇恨。

人家娃们气得横，把你站在十字当街可无人问。《阿欧怜儿的程式和主题》戚晓萍丨尕妹妹要下的毛华达，没钱着把阿哥恨下。贾文清《关于花儿一》

恨2：长久盯住某样东西，盘算如何得到。

想的炕上蹶着呢，好像猫儿恨肉着呢。《岷州爱情花儿精选》43

恨住：盯住。附加"坚持，一定"之义。

尕茶泡到缸缸里，恨住叫你喝上呢。《叠藏河》第16期52

挂：看，扫视。

尕花儿富了有钱了，眼角里不把我挂了。《六盘山》107丨阿哥们穿的褐褂儿，尕妹们没挂到眼里。《花儿春秋》110丨你把我眼角里都不挂，我把你双眼们望哩。《河州花儿卷》288

迷住：糊住，看不清。

送上大路难分手，眼泪把人迷住了。《西北花儿精选》62

迷当当为"幂"。《说文·穴部》："幂，覆也。"段注："覆者，盖也。"

打眯眼：打盹，引申为不留意。

一打眯眼就叫人揪了。《莲花山与莲花山花儿》167

打照山：看见，碰见。

嫑叫你们女婿打照山，你把你的心放宽，不叫给你添麻烦。《岷州爱情花儿精选》92｜我到你的当地站，害怕别人打照山。《岷州花儿选集》204

打旋旋：眼泪悬在眼眶，不掉下来。

盼望红军回还呢，眼泪只打旋旋呢。《叠藏河》第 1 期 43｜我们一块儿渡难关，其实总理的眼泪也打旋旋。《岷州花儿选集》233

打乱点｜打连点：眼泪不住的流。滴方言读为"点"。

端起个碗儿想起你，眼泪花打乱点里。《湟中资料本》1｜眼看阿哥还不来，清眼泪打连点哩。《湟中资料本》2

下泪：流泪。

转过了身子来抬头照，连心人下泪走哩。《甘肃卷》86｜男子汉的眼泪贵，不是给你下了泪。《岷州花儿选集》93｜穆桂英想起杨宗保，枕头上下了泪了。《青海民歌选》104

吸眼：引起别人注意。抓人眼球。

尕妹是牡丹吸眼哩，三魂儿陪你者坐哩。达玉川《青海花儿选》44。

耀｜扰：看。"耀"在方言中读"绕"音。

耀见尕妹时笑憨哩，尕媳妇她吃醋哩。《河州花儿卷》94｜尕妹

坐在个地边上，我当成耀人的镜儿。达玉川《青海花儿选》26｜上河的鸭子下河的鹅，一对毛眼睛扰哥哥。《张家川》141

耀2：物或人闪亮刺眼。耀方言读"绕"。①

睁开个眼睛看仔细，连手的花袖袖耀哩。《天祝花儿选》65｜无意中遄了个歌舞厅，小姐们把阿哥耀了。《河州花儿卷》300｜大路旁边的红牡丹，耀坏了过路的少年。朱仲禄《花儿选》98｜尕妹的记首自耀哩，到不了阿哥的手里。《甘肃卷》46

绕人｜娆人｜耀人：耀眼夺目，引起别人注意。

白牡丹白者绕人哩，红牡丹红者破哩。《西北民歌与花儿集》253｜高山麻雀叫鸣哩，打扮身子娆人哩。《舟曲花儿》117｜白牡丹白着耀人哩。《青海卷》45

耀眼：光亮刺激眼睛。

眼望着蓝天的北斗星，耀眼明。《手搭凉篷望北京》26

端1：看。

东瞅西端的做啥哩？好不过跟前的妹子。《青海民歌选》42

看是：看。

看是你的岁数小，不是把你骂死呢。《莲花山花儿选粹》48

端详：仔细看。"详"应为"相"。《说文》"相，省视也。"

---

① 《中国民间歌谣集成·甘肃卷》46页注："耀，读 rao，散发出光芒。"

老子东山上把道讲，闲暇时把山川的景致哈端详。《临洮花儿选》18

观详：仔细看。

勒马儿远看的司马，远远看来细观详。《湟中资料本》84

观见：看见。

观见那个青马驹儿在草原上，虱子的肝花虮子的心。王沛《中国花儿曲令》75

瞴：瞪，音同"窝"。

英台把山伯一眼一眼只是瞴，什么事情就是谋不出。《莲花山花儿卷》237

掩丨喃：晻，偷偷看，窥探。

一窝鸡，两窝鸡，不是给你喘着呢，亲戚朋友掩着呢。《岷州花儿》22丨大门哩没出者，门缝缝里喃。《梨都花儿》119

照1：光亮刺眼。

花家门前一树花，把我照得不想家。《舟曲花儿》35

照2丨招：看。

伸出手来让我照，假装挑刺抱我腰。《舟曲花儿》37丨一日想妹一日到，心往来的路上照。雪犁《花儿选集》147丨尕妹妹站在塄坎

上，我当成照人的镜儿。《湟中资料本》14

照3：探望，拜访。

有病你把我叫来，我照你的心病来。《洮州花儿散论》213 | 说下的时间人没来，啥时候才把我照哩。《六盘山》54

伤脸：丢人。

伤脸着给人没敢吵。《张家川花儿》151 | 气到心里笑到眼，多人伙儿里燹伤脸。《岷州爱情花儿精选》130

民国焦国理《重修镇原县志》19卷："伤脸，谓伤颜面也。稠人广众之中，被人责备，从此丢了面子，故又曰丢人。"

勾：低下、弯下。

我常见你勾头拔草了，一天儿一天儿惯了。《积石山花儿两千首》33 | 新连手见了时头勾下，老连手见了时笑哈。《宁河花儿缀集》56

绕2：露面。

我合蜜蜂踩新巢，旧蜂巢上老不绕。《莲花山与莲花山花儿》580 | 一天不见尕妹妹绕，睡梦里打私交呢。《莲花山花儿选粹》84

顶头：迎面。

阿里见了阿里喘，顶头碰上瞅一眼。《叠藏河》第1期36

遇面：碰见，遇见。

悄悄儿遇面了悄悄儿闹，要防个坏人的挑拨。《新编大传花儿》92 | 民国桥上射三箭，马五哥连尕豆妹遇了个面。《青海民歌选》163

塌：指眼窝深陷。

苦得眼塌脖子长，指头就像个针壮。雪犁《花儿选集》51 | 顿顿儿吃的是豆面，眼塌得就像个炕圈。《湟中资料本》199

迈：看见对方而不想搭理对方，故意避开的动作。

头夏勾来脸夏迈，尕妹妹不跟这你来。朱仲禄《花儿选》73

呛1 | 炝：味道扑鼻。可指香味好闻，也可指臭味刺鼻。

锅盖揭开馍馍呛。《岷州花儿》16 | 丢下的香包儿没取去，丢下的菜馍馍呛了。贾文清《关于花儿四》 | 城隍庙里木香炝。《岷县花儿》98

呛2：味道刺鼻引起咳嗽。

烟锅吃烟烟呛哩，搂着怀里还想哩。《舟曲花儿》56 | 塄坎上长的白蒿子，一股儿一股儿呛哩。罗耀南《花儿词话》

二　口部

赞嘴 | 喷嘴：说虚话。

阿哥们也不是赞嘴的，把连手维给了九个。《新编花儿擂台卷》174 | 尕妹喷嘴的人不是。《花儿词话》191

赞1：说虚话。

嘴赞着嫖风着哩。《新编花儿擂台卷》176

挖1：吃。

这两天想你着没吃下饭，尕面片挖给了九碗。《新编花儿擂台卷》136 | 端起个饭碗想起你，琪花哈挖不者嘴里。《河州花儿》37

傍：亲吻。

见了个尕妹者脸上傍，这就是阿哥的礼当。《花儿大通》108

给嘴：亲吻。

长者院子旮旯儿呢，带擦土者给嘴儿呢。《临洮花儿》44

渡 | 度：口含物喂给别人。

我噙的药，尕妹的口儿里渡给。《新编大传花儿》25 | 尕嘴儿张，阿哥们度给的冰糖。《新编大传花儿》88

款：宽心，劝解。

坐下者款你站下者劝。劝坏者硬心肠没软。《新编大传花儿》133

揭播：隐晦的事情被宣扬。甘肃武都方言还有"揭说"一词，指专门说别人不想提的事。

我俩的事情哈人揭播，名声么扬者个远了。《新编大传花儿》141

捣2：挑拨离间。

不算苦，捣散了鸳鸯最苦。《梨都花儿》111

茬子陡：言语厉害，说话不留情面。

我们婆婆茬子陡，男人拿的刀刀儿吼。《岷州花儿选集》146

访：探询。

斧头剁下椅子材，我三庄访了你一个。《岷州花儿选集》181 |
这一个尕妹好模样，太漂亮，我总算是访者了你了。《新编大传花儿》6

拐答：岔开话题。甘肃武都也叫"打乱话，跌拐儿"。

我拿上明白着问你的话，你装下糊涂着拐答。西宁市文艺界联合会《花儿卷》132

祝告：祈祷。

桃园哈结义的三弟兄，宰牛马祝告了上苍。《春风吹动花千树》35

嘴长：多嘴多舌。

金梁搁的者玉柱上，背一趟名声是嘴长。《八宝川花儿》208

打乱话：岔开话题，说不相干的话。

把花来的没看下，我连旁人打乱话。《舟曲花儿》35

嚎：大声哭。

早起里哭来晚夕里嚎，清眼泪淌成个海了。《青海卷》51

左说右道：说来说去。

左说右道的话长了，女婿尕娃醒来了。《青海民歌选》157

赞：夸耀。

你胆大者把嘴赞，我俩盘，会唱的少年有几千。《新编花儿擂台卷》116

打磨：纠缠协商。

生意场上诡计多，熟人跟前难打磨。《莲花山花儿卷》210

钢｜强｜犟：犟嘴。

黄脸娃子你嘴耍钢，马五昨晚夕巷道里浪。雪犁《花儿选集》201｜黄脸娃子你嘴不要强，马五哥昨日巷道里浪。《青海民歌选》161｜黄脸姨子嘴不要犟，麻五昨晚巷道里浪。《临洮花儿》243

嚷：骂。

花牛跳过涧沟了，我俩没打没嚷软丢了。《岷州花儿》38｜白骨精的心发狂，二变老娘来闹嚷。《临夏花儿选》第 1 集 215｜听见锅盖一响，起来连骂带嚷。1940 年版《花儿集》29

莫超《西北方言文献研究》104 页引袁文（清代）《同官县志十卷》："多闹曰嚷。"甘肃宕昌一带称"骂架、吵架"为嚷仗。

（言语）刻：话语犀利，伤人。

孟姜女的言语刻，万里长城他哭落。《岷州爱情花儿精选》150

拉呼：打呼噜。

没家没舍身无主，命儿苦，阎王爷拉呼着哩。《爱情花儿》353｜蝙蝠睡觉倒吊起，猫儿睡觉拉呼欢。《甘肃传统节日》112

改渴：解渴。

凉水凉着不改渴，凉水泉儿里爬倒喝。《岷州花儿选集》193

刮碗子：刮即呷的音变。刮碗子即喝盖碗茶。碗子是信仰伊斯兰教的回族、撒拉族对带杯盖的茶碗的俗称。

冰糖圆圆的尕泼茶，慢慢地刮，不要把尕嘴儿烫下。《爱情花儿》49｜台湾的阿伯请回来，三泡台的碗子们刮来。《甘肃卷》115

言贵：言语稀少。

尕妹妹言贵者不说话，阿哥们拿钱者买下。《河州花儿》34

喘话：说话。

就像仁贵七八岁上不喘话，人人把他叫呱呱。《莲花山花儿卷》146

言喘｜言传：说话。

刘备给张关祭灵呢，伤心者阿么言喘呢？《洮州花儿散论》127｜言传不出的忧和愁，一声吧一声的唱哩。《松鸣岩原生态》59

搭话 | 答话 | 打话：搭讪。

　　心里的花儿哈忘光了，阿们者搭上个话哩？《甘肃卷》12 | 认不得尕妹难搭话，拔草的塄坎上缓下。《湟中资料本》20 | 心想是尕妹不答话，看见时不由得笑下。雪犁《花儿选集》98 | 认不得小姐难打话，打话时，恐怕小姐噪下。《花儿集》96

圆下 | 言下：约定好的话。

　　圆下的日子说哈的话，尕心里牢牢的记下。《宁河花儿缀集》第二集 91 | 言下的日子哩你没来。《爱情花儿》82

扬红 1：吵得人人皆知。

　　我俩的名声扬红了，再不说扬名的话儿。《湟中资料本》94 | 不忠不孝无义的人，臭名声四海里扬红。《八宝川花儿》87

扬明：隐秘的事被传播开来。

　　胡麻拧了三道耧，我的名声四海扬明了。《岷州花儿选集》144

吆脚：中华人民共和国成立前赶牲口驮运货物的行为。

　　阿哥子吆脚上新疆，不知道在南疆么北疆。《六盘山》144 | 青丝麻鞋的白绑腿，头帮里吆脚着哩。《西北花儿精选》131

搞经：闲聊。

　　看榜遇上张翼德，两人见面就搞经。《临洮花儿选》118

日鬼：哄骗。

斧头剁了紫桦了，胡日鬼的少下了，民族团结好下了。《洮州花儿散论》

给话：同意，答应。

跟前跟后者不给话，得多少日子者缠呢。《六盘山》77 | 跟前跟后不给话，大概不情愿着呢。《莲花山与莲花山花儿》549

给回话：答复的话。

丢哩缠哩定不下，回话给你不好打。《舟曲花儿》75 | 你是自己寻下的，身子给你搁架呢。叫你给个回话呢。《莲花山与莲花山花儿》573

打回话：拒绝的话。

给我只打回话呢，怕你有别的仙麻呢。《莲花山花儿选粹》48 | 你打回话我就走，谁把荆州硬死守。马列《岷州花儿》18

叫唤2：大声哭。西北方言中，表"哭"义的"叫唤"可用于所有人，不分年龄。

放羊娃叫唤者上山了，手里没拿吆羊的鞭杆。《张家川花儿选》97 | 你哭闹，他叫唤，都学成了白瞪眼。《甘肃卷》207 | 朝的毛娃动弹呢，抱在怀里叫唤呢。《叠藏河》第1期62

吭1：说。

队长在喇叭上吭着呢。《莲花山与莲花山花儿》633

吭 2：叫喊。

野马吃人实难肠，见了主人三声吭。《莲花山花儿卷》250

干吭：呻吟。

我俩热肉还没粘身呢，空名声就背的干吭呢。《岷州花儿选集》58

告：谈话，聊天。

廖化关公告一晚。《临洮花儿》121 | 蒌一道，两道蒌，有话给我告一告。《临洮花儿》116

告谈：谈话。

铁匠炉里打纸圈，有话我给你告谈。《临洮花儿》114 | 玉皇阁上再告谈，你看喜欢不喜欢。《莲花山与莲花山花儿》559

哼：说。

手里端的大花盆，心上有你不敢哼，心上有我放心哼，迟早我是你的人。《舟曲花儿》20

编慌：说谎话，撒谎。

天天说着想我呢，说实话吗编慌呢。《舟曲花儿》55 | 连细纸上画像呢，大白纸上写仿呢，你想我是编慌呢。《莲花山与莲花山花儿》548

丢慌：说谎。

我想你是实想呢，你想我是丢谎呢。《岷州爱情花儿精选》63 | 你想我下巴是一句一句丢谎呢。《岷州花儿》23

说1：委托媒人去提亲叫说。

尕妹的模样耀人哩，阿哥们托媒者说哩。《湟中资料本》64

说2：责备。

亲口说你也难肠，明白的小妹妹你思想。《八宝川花儿》96

说3：承诺。约好。

说下的花儿不来刮剩饭。《莲花山花儿卷》68 | 说下的头绳没剪下，双眼儿做下的鞋袜。《湟中资料本》2

光讲 | 光浆：说空话，不实在。

我想你着连心想，你想我着嘴光讲。《舟曲花儿》74 | 白纸铰鞋样着呢，我日子穷者胡光浆者呢。《莲花山花儿卷》9 | 媳妇没怀好心肠，把我尽连嘴光浆。《莲花山与莲花山花儿》628

邀：邀请。

邀媒者要维个你哩。《新编大传花儿》185

搬：邀请。

搬个阴阳念经哩，盼了三十年到了。《六盘山》97

谝1：聊天。

路上走的光棍汉，歇一歇来缓一缓，缓下我俩谝一谝。《西羌文化与洮岷花儿》205｜坐在花干闲谝呢，六月日子嫌短呢。《舟曲花儿》23

谝2：吹嘘，夸耀。方言称说大话者为谝瓜子。

辣子红不是髹［染］下的，韭菜扁不是谝下的。《六盘山》115｜人穷不要装富汉，人老不要谝少年。《舟曲花儿》134｜拉下新花儿不恰当，你下巴给旧人把气没打上，给别人把嘴没谝上。《岷州花儿选集》101

谝传：闲聊。

人前人后胡谝传，实话没说一点点。《舟曲花儿》85

谝闲传：闲聊。

轻活重活手不沾，东游西逛谝闲传。《舟曲花儿》134｜十月里到了者人闲了，阳洼里谝开闲传了。《河州花儿卷》336

阔：吹嘘。

孬看他口里头说得悬，吾是骗人者阔的。《河州花儿卷》112

扳头价：把价钱抬到最高。

你三番五次来搅答，故意是水涨船高扳头价。《莲花山与莲花山花儿》98

打问：询问打听。

想烂了肝花疼烂了心，人前面我不敢打问。雪犁《花儿选集》104丨天天打问晚晚旋，只为和花有姻缘。《舟曲花儿》71

应2：答应。

问一声时应一声。《莲花山与莲花山花儿》586丨家里不应者由自己哩，媒人们搅上是坏哩。《甘肃卷》76

答征丨答证：答话，应答。

镢头挖了茄莲根，从前有话不答征。《岷州花儿精选》112丨镢头挖了茄莲根，从前有话不答证。《岷州爱情花儿精选》64

搭言：搭话。

先是相好比蜜甜，后是仇人不搭言。《舟曲花儿》135

压话：用话语暗示告诫有些话有些事不能外传。

一天等天树叶大，树叶底下好压话。《舟曲花儿》94

靠咐：叮嘱。

秦琪他把渡口把，蔡阳把秦琪给谁靠咐下。《临洮花儿》130丨送你送到大门前，靠咐的话说不完。《舟曲花儿》45

打推事：委婉回绝。也读为"打推辞"。

第三章 行为篇 / 265

你打推事我心灰了,总不能就这么罢了。《临洮花儿》173

说扎:说定,不改变。方言中"说扎"与"说扎了"不同,"说扎了"指到处宣扬,特别过分。

要咱二人话说扎,不怕它铁柜里锁下。《六盘山》81

婉回:婉言谢绝。

实心维的你一个,再的么婉回过了。朱仲禄《花儿选》39

回过:拒绝。

实心实意的你一个,再的吓都回过了。鲁剑《西北民歌与花儿集》201

上话:说暗含有讽刺挖苦的话语。

唱家的前头下上个话,你这么着气者咋哩。《新编花儿擂台卷》184

下话:服软求饶。

我给娘老子下个话。《宁夏花儿精粹》196 | 刘备的胆子稀不大,他给夫人下了话。《莲花山花儿卷》136 | 四月里四月八,背上柴草去下话。《莲花山与莲花山花儿》605

表:说。

哪里的尕妹你表姓名。《六盘山》9

吵：议论。

我俩的姻缘旁人的嘴，不服的人儿们吵了。纪叶《青海民歌选》133 | 多人的口，越吵时越热闹了。朱仲禄《花儿选》27 | 旁人们吵了吵去给，我拿的柄儿稳当。达玉川《青海花儿选》59

吵闹：议论。

人家们吵闹吵闹去，你好心想，我拿的把柄儿稳当。朱仲禄《花儿选》15

吵红：议论纷纷。

前打锣鼓后吹号，兰州城里吵红了。雪犁《花儿选集》207 | 上下的庄子吵红了，能好是再不能罢了。雪犁《花儿选集》124

讲红：议论纷纷。

娘家婆家的讲红了，这地方再不能站。《河州花儿卷》48

拔：用言语试探对方的心意。

尕妹有了疼我的意，心尖上拔一句话哩。达玉川《青海花儿选》30

谩 | 漫 1：哄骗。甘肃武都方言有"谩哄，谩惑"。

我维的花儿翻板了，尽拿者好话拉谩了。《河州花儿》251 | 我维的花儿翻板了，实心实意的漫哩。《张家川》152

《陇右方言发微》61页："甘谷武山一带，至今谓以财物羁縻人，以甘言诱惑人，以琴心挑娆人曰蛮，读作嫚。"

哄送｜哄唆｜哄颂｜哄孙：欺骗。

心儿里牵下的人家们，嘴儿里哄送的我们。《河州花儿卷》172。｜我把你烫火着油锅里炼，你把我哄唆着左转。《新编花儿擂台卷》135｜夋受个外旁人哄颂。《花儿词话》256｜维人要维个君子人，甭逗个外旁人哄孙。《湟中资料本》54

抟：哄骗。

多人的伙里你夋笑，你笑时，我把你少年俩抟哩。《新编花儿擂台卷》143

漫2：唱。

锄田拔草把花儿漫。《甘肃卷》17｜花儿阴山我阳山，想念者漫了个少年。《宁河花儿缀集》（第二集）115

谩三｜谩讪：欺骗、哄骗。"谩"和"三｜讪"在方言中都表示"欺骗"义，属同义连用。

眉毛吧弯的两条龙，恐害怕旁人啦谩三。张亚雄《花儿集》177｜你空嘴俩谩讪假心俩哄。《新编大传花儿》105

《青海花儿词典》253页记为"漫散"。《花儿民俗辞典》116页记为"谩算"。

谩缠：欺骗。

眉毛弯弯两条龙，恐害怕旁人们谩缠。《临洮花儿》182

圆哄：哄骗。

我说你把我再夏圆哄。《岷州花儿》15丨你阿么把我圆哄着不去了？《岷州花儿选集》180

搞：哄骗。

我拿实心把你好，你拿空话把我搞。《岷州花儿选集》140丨你说比我好的是少的，我的人，你说的下巴是搞我的。《岷州爱情花儿精选》77

蒙哄：哄骗。

我实心哈拿上者你一个，再的哈蒙哄者过了。《河州花儿卷》59

哄：骗。

我哄人的人不是，哄你不是人儿子。《莲花山与莲花山花儿》585丨弄假成真哄人哩，最后阿门哄成呢？《西羌文化与洮岷花儿》229丨我拿实心维你哩，你拿上笑脸啦哄哩。雪犁《花儿选集》114

哄娃：指领孩子睡觉或逗孩子玩使孩子安静不哭闹。

窗扇潮了掩不紧，我没工夫把你等，来了你就来几下，不来我哄娃去恰。《舟曲花儿》109

咋丨唖：吮吸。

大河沿上马咋水，看见鱼的尾巴呢。《临洮花儿选》137丨你就像三阳川的黄梨呢，我不吃，只唖你的水水呢。《莲花山与莲花山花儿》167

撒：吃。

你喝上一口甜一下，端起来美美撒了吧。《西羌文化与洮岷花儿》184

吃獥饭：到别人家蹭饭，主人不情愿。

笼笼儿里提挂面，女儿到娘家吃獥饭。《岷州花儿选集》182

"獥饭"也可当动词，如"你又到我屋里来獥饭了？"（你又到我们家蹭饭来了吗？）

拌丨办丨扳：吃饭时咂嘴发出响声，意为饭香。《陇右方言》176页："今谓唇做声曰搏嘴，读为拌。言唇搏击做声也。"

还要和点新蒜呢，香者只把嘴拌呢。《莲花山与莲花山花儿》622丨香者只把嘴办哩。《莲花山花儿选粹》98丨把我香者嘴扳了。《莲花山花儿卷》68

涮：冲咽。

口吃冰糖难下咽，半碗凉水往下涮。《临洮花儿》53

干砸：只吃干食，不喝水或汤。

二升炒面干砸上，还得两锅喝的喝。《岷州爱情花儿精选》83

盘1：吃。

我把锅巴当油饼了，凉水泉上盘美了。柯杨《洮岷花儿与西北民族民俗文化研究》48

戳1：挑拨。

维好的尕妹妹心回了，阿一个脊背后戳了。《春风吹动花千树》114

戳唆：挑拨。

人家们戳唆者你害气，狠了是翻过个良心。《松鸣岩原生态》79

许：答应，承诺。

许的者明天的后晌。《春风吹动花千树》133

保险：保证。

我是河里列石支得稳，保险我把你不哄。《岷州花儿》61 | 我俩出力把桥搭，保险把你闪不下。《洮州花儿散论》147

第三节　肢体行为

包括手、足部行为、躯体位移以及全身参与的行为。

一　手部行为

擦：点火。以前人们用火链、火柴等取火都是用摩擦的方式。

擦根洋火点着灯，多了个枕头少了个人。《张家川花儿》143 | 擦一根洋火往炕上看，尕女婿睡酣着哩。《爱情花儿》213 | 擦着火来点着灯，四处的墙根里寻脚印。雪犁《花儿选集》200

擀饭：擀面。

锅里倒了香油了，案板上擀了饭了。《宁夏花儿精粹》190

拿住：抓住，引申为控制了，摆脱不了了。

要唱唱上个龙对虎，少年把人拿住了。《湟中资料本》32

戳 2 | 揣：趁人不备给。

见了个尕妹着没给头，尕手里戳一把大豆。《花儿春秋》43 | 你口口声声没连手，我见是家给你揣给了一把大豆。《新编花儿擂台卷》47

倒打：铸造。倒即"铸"，方言读为"倒"。打即打制。"倒打"为同义语素组合成的复合词语。

倒打耳坠镶蓝哩，年轻热闹几年哩，人上四十自绵哩。《岷县民间歌谣》263

标显：标注明显。

现场如果要救伤员，也不难，先把他原位置标显。《新编花儿擂台卷》82

刷扫：收拾干净。

枣红的鞍子枣红的马，天没有亮，我把它刷扫着备下。《爱情花儿》27

淘：洗。

清水泉儿里淘白菜,除已你把别人爱,落了我把良心坏,忘你的心肠万没在。《岷州花儿选集》126

挑菜：挖野菜。

山坡上野草三寸长,尕豆妹挑菜者过河床。《青海民歌选》147

连：佩戴。

尕妹好比个荷苞,阿哥的慷子连上哩。《梨都花儿》77

调面：和面。

眼泪调面烙饼子。朱仲禄《爱情花儿》97

担丨掸：手碰打器物的边缘使震动叫掸。

七月里,拔下麦子磨新面,粗箩箩,细箩担。《甘肃卷》204丨甘肃嘛凉州的好白的面,细罗拉掸的了两遍。《河州花儿》239

隔1：用箩儿箩面,把粗的滤出来叫隔。

进去磨坊门搅曲把响,双箩儿谁隔面哩。《青海花儿大典》128

箍桶：把一块块的木板圈成圆形用铁丝、竹篾子或者揉软的枝条固定起来,是制作木桶的一种程序。

麻木条条儿箍桶呢,院长要把心狠呢,原告被告实审呢。《岷州花儿》26

绷：把皮子或布等拉直覆盖在框架上。

剥你的皮子者绷鼓哩，血海的深仇哈报哩。王沛《大西北之魂》26丨我你哈绷给个凉圈儿。《青海卷》81

撩：用衣襟兜住。

大襟里撩的新青稞，青稞里有麦芒哩。《八宝川花儿》181丨想吃嫩巴条条儿呢，尕嘴馋者燎燎儿呢，折下了撩者撩襟儿呢。《莲花山花儿选粹》57

纂丨钻丨锻：凿。

尕磨上纂两片磨扇。《爱情花儿》244丨娘娘山上的簸箕湾，洋瑙石钻下的磨扇。达玉川《青海花儿选》66丨八棱子碌碡是钻下的，东山的草，西山阿门价长哩。《春风吹动花千树》139丨尕磨上能锻个底扇。《青海卷》25

调丨吊2：缝制衣服的里子。

大路里上来的蓝轿子，红段子调给的里子。《八宝川花儿》185丨毛蓝的主腰铜纽子，白大布吊给的里子。《八宝川花儿》185

折搁：收起来放到一边。

把过五关的折搁下，重抹桌子重摆茶。《莲花山与莲花山花儿》641

扩丨括：把树梢，菜叶子砍或折下来。

婆娘扩下的尕白菜，要做个菜圪拢饭哩。《河州花儿卷》206丨园子里的红根塔，叶叶括下根留下。《临洮花儿》33

捣1：煮罐罐茶时用筷子不停搅动。

自然养成习惯了。罐罐茶捣上瘾了。《六盘山》118

掌1：平托在手里。

黄铜的火盆里煨酒哩，手心里掌盅子哩。《爱情花儿》118

掌2：平摊在锅底。

调下的面，烧热的锅底里掌上。《花儿春秋》47

掌3：拿上。

你掌上灯盏我提上油，四六的大炕上睡走。《河州花儿》14

盘4：修建。

堡子打到崖弯里，转槽儿盘到院里。《宁夏花儿精粹》189

摊：烙。

青稞大麦煮香酒，摊上煎饼请朋友。《舟曲花儿》125

络｜锣：烙。

羊肉丸子牛肉饼，绿韭菜络下的素饼。《六盘山》177｜铁铸的大锅里锣馍馍，烟大者把庄子罩了。《春风吹动花千树》30

拉拔：帮助。

毛主席拉拔咱出火坑。《手搭凉篷望北京》52

拉4：捕捉动物。

死了变个绿蚂蚱，跳着你们菜底下，你们娃们要拉呢，你说耍拉耍拉耍拉吵，那是我前一世的小冤家。《岷州花儿选集》188

散1：踩或摸东西时，手滑或者脚滑失了准头。

脚一滑来手一散，扎花针把手戳烂。《六盘山》60

散2｜删：扔。

杆两根，四根杆，打儿湾里要儿男，瞄准洞口望里散，一对男女在眼前。《临洮花儿》21｜二月二她把绣球散。《莲花山花儿卷》248｜刀枪缝儿里钻脱了，稀会儿把命删过了。《岷州爱情花儿精选》49

散3：清水锅里倒入面粉，拿擀杖搅动的过程。

双杆子风匣烧蓝炭，青稞面散下的搅团。《花儿春秋》50｜想起尕妹梦一场，白白的面散拌汤。《梨都花儿》69

骚2：轻轻的碰触即迅速离开。

风没刮来雨没骚，没喘话的两离了。《岷州爱情花儿精选》116

捏：用面团、泥等手工制作各种形状的东西。

尕的会连花儿一达耍下的，红胶泥捏下喇叭的。王文光《莲花

山花儿》129丨大麦面烙下的干饼子，杂和面捏下的扁食《爱情花儿》96

花纸：烧纸钱。

三朋四友的花纸哩，清眼泪当浇莫哩。《临夏花儿选》第2集97

收连：收拾、整理。

尕兄弟收连者出门哩，大嫂子心痛者破哩。《春风吹动花千树》89丨把你引到我屋里，收连给你叫魂呢。《岷州爱情花儿精选》96

架3：放置。

火盆架上三块儿炭，先前说得天花转。《岷州花儿选集》114丨鸦老哇抬的是羊肋巴，柳树的柯杈里架下。《河州花儿卷》181丨灶火里没炭是架柴哩，玉米哈要做成饭哩。《春风吹动花千树》80

架4：阻拦。

黄河淌着宁夏了，青石头把船架了。李雄飞《河州花儿与陕北信天游文化内涵比较研究》238丨成了的婚姻你甭架，身上有三分的好哩。《河州花儿》46

架火丨加火：生火。

湿柴和干柴架一笼火，火离了干柴是不着。朱仲禄《花儿选》3丨三个哈石头的支锣锅，柴湿者架不着火了。《河州花儿卷》17丨山里的酸刺哈砍回来，灶房里加起个火来。《春风吹动花千树》69

架5：驭牛耕地。

一对的黄牛架上来，犁一趟荒草的洼哩。《甘肃卷》68 | 格子架上牛赶上，高山上种胡麻哩。《湟中资料本》22

搛 | 煎 | 拣：夹。

芹菜的叶叶儿啦榨浆水，双筷子搛者个碗哩。《河州花儿卷》137 | 乌木筷子煎粉呢，叫你把我甭哄呢。《西北民歌与花儿集》276 | 乌木筷子拣粉呢，我把哥哥常等呢。《叠藏河》第 16 期 30

刮：指用勺或铲从锅里盛出剩余食物。

尕瓦盆里刮剩汤。《岷州花儿选集》106 | 说下的花儿不来刮剩饭。《莲花山花儿卷》68 | 掌柜们顿顿吃长饭，放羊娃刮下的面汤。朱仲禄《花儿选》122

豁开 | 劁开：剖开。

刀刀儿拿来豁开看。《岷州花儿精选》52 | 尕妹的肚子刀劁开，活人的难寒哈看来。《西北民歌与花儿集》304

撞2：触、碰。

心上的肉儿哈不能撞，撞下时没人们疼肠。《河州花儿卷》62 | 鞋袜脱掉炕上来，女婿娃不要撞醒来。雪犁《花儿选集》195

濛：浸泡。

白杨的树树我栽来，栽栽儿水里头濛来。《六盘山》8

搡：推。

给个手巾怕人见，我拉车你搡在后边。《梨都花儿》78｜一天担水十几担，一晚夕搡磨三斗三。《宁夏花儿精粹》162｜搡到了桌子打到了碗，花筷子戳了方四娘的脸。《莲花山花儿选粹》77｜左手拉搡开个花园的门，右手拉摘了个探春，有我的媳妇是有活的人，好似的朋友是外人。《河州花儿》261

设起：拿起，捡起。

身子就像一叶麻，榔头设起没敢砸。《岷州花儿选集》60

拆：指碰了一下，沾了一下。

羊肉没吃手拆了，血染了卧龙带了。朱仲禄《花儿选》27

拖：扶着。

走不成时叫娃拖，行到一搭儿晒阳婆。《岷州爱情花儿精选》135

拓｜搨｜踏2：指用手指蘸印泥或者墨水压一个印记的动作。以前写合同时不签字，常采用拓手印的方式。

白纸上写一颗黑字来，黄表上拓者个印来。张亚雄《花儿集》53｜白纸上写一颗黑字来，黄表上搨着个印来。《岷县花儿》14｜月照的灯盏太亮了，白锦缎，踏上血手印了。朱仲禄《花儿选》111

淘：洗。

崖畔上长的嫩青草，叶叶儿像清水淘了。《宁夏花儿精粹》216｜我把这空背名声一定了，再就清水淘洗不净了。《岷州花儿选集》159

摆：洗。

清泉水里洗白菜，三洗两摆水稠了。《青海民歌选》96 | 白丝布汗褟哈你脱下，我给你摆者个晾下。《河州花儿卷》100

挖2：挠、抓。

婆娘把你的脸挖掉，创可贴俩贴，还说是喝酒着绊了。《新编花儿擂台卷》48 | 我摸了一把没有他，气的我把多脑挖，灯盏吹了原睡下。《岷州爱情花儿精选》121 | 一晚夕想起你者挖腔子，蹬烂了花被的里子。《临洮花儿选》35

盘金丨盘锦：绣彩色的图案。

大红洋缎棉被儿，盘金时要丝线哩。雪犁《花儿选集》85 | 荷包上盘锦着哩。《花儿词话》109

展手：伸手。

墙头上长下的金莲花，它没开，你不要展手摘它。朱仲禄《花儿选》37

叫门：敲门或者大声喊叫使开门。

烟雾缠到老林里，半夜花儿叫门哩。《舟曲花儿》91

格搂：挠腋窝使笑。

爱格搂的瓜娃子，甭忘把你好下的。《舟曲花儿》89

拦挡：阻拦。

庄子大了人害了，拦挡了花儿的路了。《天祝花儿选》84丨害羞了嘛唱忘了，谁人把你拦挡了。柯杨、武文《洮岷花儿与西北民族民俗文化研究》34

打1：制作饼、馍馍。方言常用，如打饼子，打包子等。

韭菜长成五寸长，打成包子你吃上。《岷州爱情花儿精选》93

打2：邮寄。

邮电局里打个信，把信打成双挂号，打到了么没打到，打到信话把我瞭，这么想着谁知道。《岷州爱情花儿精选》118

打3：用木尺量布。

尺子要打绿布呢，马莲绳绳堵路呢。王沛《中国花儿——大西北之魂》21

按1：量尺寸。

手拄我的髁膝盖儿，给我按脚落鞋样儿。《岷县花儿》70

按2：用器皿称量。

苍蝇翅膀按两斗……你把胡麻煮成酒。《叠藏河》第1期41

打柳丨打杨柳：阴历五月五日清早折柳枝插于门口，端午当地风俗之一。

五月端午打柳呢。《叠藏河》第1期62 | 五月端午打杨柳，把怜儿如比雄黄酒。《岷州爱情花儿精选》3

献1：插花在瓶中。

青石头跟里的黄菊花，清水的瓶子里献下。《河州花儿》226 | 五彩的宝瓶里献牡丹，清水啦越浇是越艳。《临夏花儿选》第1集14 | 大红桌子上献轮柏，桌子是谁油下的？《八宝山花儿》83

扳住 | 攀住：够着某物并抓紧。

双手扳住门框子，想你的栽跟头哩。达玉川《青海花儿选》50 | 青石头崖上的鸳鸯楼，手攀住栏杆者点头。雪犁《花儿选集》85

扁 | 揙 | 褊：别在腰间。

刀刀腰里扁者哩，跟前跟后撵者哩。《岷州花儿》129 | 怀儿里揣的缎鞋面，腰儿里揙的是扣线。罗耀南《花儿词话》233 | 刀刀儿腰里褊着呢，跟前跟后撵着呢。《岷州花儿选集78》

焰：点燃。

我想你着阿门想，油饼烙上炕焰上。《舟曲花儿》60 | 把炕焰下你没来，耽搁热炕费了柴。《舟曲花儿》138

剜领 | 弯领 | 挖领 | 挽领：将布料对折，用剪刀剪出半圆形状做衣领。

大花的布我剜领呢，手拿上钢针者沿呢。《宁夏花儿精粹》106 | 黑褐褂褂儿蓝衬肩，蓝布弯下领着呢。《岷州花儿选集》185 | 红缨儿主腰挖领哩。朱仲禄《花儿选》96 | 大红的主袄挽领哩，手拿

上扣针儿引哩。《湟中资料本》19。

扣领：剜领。扣字应为"抠"，挖取义。

大红主腰扣领呢，朝山我把你引呢，我实心给你拿挺呢。《莲花山与莲花山花儿》95

搁架：放置。

给我只打回话呢，叫我阿么搁架呢。《莲花山与莲花山花儿》594

添：打。

大狗扯来了我挡上，狗娃儿我添者炕上。《天祝花儿选》69

搀：把几种食材放到一起煮。方言常说"搀饭"，甘肃武都声母读舌尖前音，如：做个浆水汤，把搅团搀上｜这洋芋面气饱，搀饭好。

穷妹子没啥给我吃，搀了顿荞豆面搅团。《六盘山》65

凑：推。

把我的女孩凑到台上了，把党的恩情不忘了。《中国节日志·莲花山花儿会》178

抟｜瞪｜呆：扯、抓、拽。

阿哥子跑烂了两双鞋，抟不住尕妹子的领子。《六盘山》49｜老师瞪住生问呢，只问英台男嘛女？《莲花山花儿卷》240｜斧头剁黑刺者呢，我把你太稀气者呢，实在呆不离者呢。《莲花山花儿卷》19

捆：铲。

手拿铲子一片铁，平地里捆绵沙哩。《花儿词话》232

捍丨项：拿着。

我们男人刀子捍着呢，斧头腰里掮着呢，杀不杀时按着呢。《岷州花儿》29丨叫我把你阿门想，口里嚼吗手里项，口里嚼是我咽哩，手里项是人见哩。《舟曲花儿》62

引丨映：点火或者取别处的火种来点燃。

风刮得灯盏引不成。《岷州花儿选集》235丨三个哈石头的支锣锅，麻柳梢引不着火了。《河州花儿卷》14丨摸着洋火映灯盏，灯盏映着你没在，这个睡梦梦的怪。《国家视野下的民间音乐》271

缀丨坠：扯、拉、拽。

满纲的鹿羔绳头上缀，满眼里淌的是眼泪。《春风吹动花千树》36丨好话说到心坎上，哥哥的手里坠上。《湟中资料本》21

揣1：放在怀里。

馍馍不吃怀揣上，千里路上当干粮。《舟曲花儿》117丨猛抬头看见了情人哥，他怀里揣的是绫罗。《宁夏花儿精粹》175

揣2：摸。

羊羔急的咂奶呢，进的门来就揣呢。《舟曲花儿》87丨身子没揣肉没挨，空名声背的者厉害。《宁夏花儿精粹》177丨不信了你来到我腰里揣，一针就给扎透了。《岷州爱情花儿精选》89丨一更里想你

二更里哭，三更里满炕揣了。达玉川《青海花儿选》54

缠2：在粉剂状的东西上反复抹擦使干净。

一把麸子一把面，麻五哥你把血手缠。《临洮花儿》242 | 缠干了血手你快走，小心隔壁子大黄狗。雪犁《花儿选集》198

缠3：沾满。

老鼠到面柜里转三转，没有缠胡子的面。《莲花山与莲花山花儿》600

打：敲。

打钟是咱毛主席，钟响人间变天堂。《甘肃歌谣》

扪住：捂住。

尕嘴哈扪住了偷者笑，没知道你我哈诱的。《河州花儿》246

扯着：把灯拉开。以前没有摁压开关，都是接一根绳子垂下来，拉扯开关灯。

把电灯扯着看虱虱，看下虱虱脊背背脊背，虱虱连我害下一个病。《岷州花儿选集》170

拌2 | 胖：摔碎。

手把西湖镜儿拌了，我怜儿才得我见了。《岷州花儿选集》190 | 等花等到月半了，蔗子倒了碗胖了。《舟曲花儿》123

绕手：招手。

我给你点头呢吗绕手呢？《临洮花儿》37 | 牡丹给我绕个手，心肺肝花跳出口。《叠藏河》第 16 期 20 | 挎的花枪引的狗，走时给花绕个手。《舟曲花儿》26

爬 | 巴 | 扒：贴。

红心柳四张权，他把门扇大的告示爬。《莲花山与莲花山花儿》635 | 无处打听无处问，四城门巴了贴子了。《岷州花儿选集》152 | 封山禁歌的命令下，把门扇大的告示扒。《中国节日志·莲花山花儿会》86

黑揣：摸黑往前走。

哥回来不见天，胆小着黑揣着哩。《六盘山》183

推 1：木匠拿工具推平木板的动作。

杏木儿推下的案板。《宁夏花儿精粹》207

礤 | 榨 | 炸 | 砸：做酸菜或者浆水叫作榨。

叶里开花礤酸菜，想的很了上山来。《舟曲花儿》55 | 芹菜的叶叶儿啦榨浆水，双筷子搛者个碗哩。《河州花儿卷》137 | 芹菜的叶叶啦炸浆水，咸白菜捞不者碗里。《临夏花儿选》第 2 集 81 | 叶叶儿砸成酸菜呢，根根儿土里还在呢，比起谁着不爱呢。《岷州花儿选集》181

扎：绣（花）。

扎花的围肚子满腰转，绣下了带叶的牡丹。《宁夏花儿精粹》130

丢3：扔，抛。

青丝线绾下的捉鱼网，丢不到清水的浪上。朱仲禄《花儿选》53｜揽上的活儿丢不下。《宁夏花儿精粹》113｜丢下了河州上兰州，五湖四海里闹走。《甘肃卷》28

二　躯体位移

闯｜撞1：碰见。

把花葛着香当呢，来不来的两撞呢。《舟曲花儿》155｜排子打者浪上来了，莫约下者闯上了，将到我的向上了。张亚雄《花儿集》86

聚首：碰头，见面。

今晚星星聚首呢，要给大家敬酒呢。《莲花山花儿选粹》8

轮：气冲冲离开。

有婚缘的满脸笑，没婚缘的猛轮了。《岷州花儿选集》64

蹋2｜沓：贴。

手拉手儿脸蹋着脸，口说了心上的话了。《春风吹动花千树》20｜我这里牵来你这里想，热腔子沓不者肉上。《天祝花儿选》117｜头对头儿说难肠，尕嘴儿沓不者脸上。《天祝花儿选》64

栽：摔倒。

第三章 行为篇

相思病得下者栽跟头，我就像是把酒喝醉了。《青海卷》775

呲｜刺：踩。引申为别人挤进来，损坏自身利益。

站下你先听我说，甕叫旁人呲上脚。《岷州爱情花儿精选》60｜站下你先听我说，甕叫旁人刺上脚。《岷州花儿选集》107

拌3｜掰｜绊：摔到。

裤子拌成马笼头，就像阎王把魂勾。《岷州爱情花儿精选》46｜瓷砖地板光又滑，差点把我的腿掰下。《临洮花儿选》76｜尕牛娃拌的者崖里了。《春风吹动花千树》109｜为了些青草绊下来，不费的心思费了。《甘肃卷》44

踢踏：糟蹋。

你们男人心瞎的，刀子撊下七把呢，我害怕把我七尺身子踢踏呢。《岷州花儿》29

蹐｜跷：跨过障碍物。

思谋时蹐了个塄坎，打了个蹦脚到跟前。《爱情花儿》72｜五更的醒炮儿响了，没跷个门槛跌到了。《爱情花儿》127

旋过：让开，避开。

巷头后头娃们就像贼反了，旋过拾去，核桃一个一个都踏扁了。《岷州花儿选集》150

弯：绕道而行。

为唱花打着难合头，见了人时弯着走。《莲花山与莲花山花儿》636 | 坐上个皮筏子不敢走，黄渠的桥头上弯走。《春风吹动花千树》

踩：勘探坟的位置。

把坟踩在龙脉上，骡子成群儿女旺。《甘肃卷》153

踏：勘探坟的位置。

阴阳他是好阴阳，把坟踏在高山上。《叠藏河》第 1 期 56

飑 | 飚：形容跑速快。

看见个旁人时你飑了，我的个心儿里乱了。《河州花儿卷》293 | 公路一条连一条，汽车就像飞机飚。《临洮花儿》66

撵端：同义连用。追赶。

你十个八个的耍撵端，我你哈劝，刚维下一个者够了。《新编大传花儿》37

打前站：提前出发。

我维的尕妹人干散，真能干，为四化你打了前站。《青海卷》791 | 阿哥你先一步打前站，我俩儿成都市见面。《青海花儿大典》249

上了：往地势高的方位走。往地势低的地方称"下了"。

公社化，手攀着天梯上了。《甘肃歌谣》101

迋丨洸：路滑。

　　冰上行路防迋倒，名声大了可不好。《舟曲花儿》101丨天爷下着路上洸，几天把花没见上。《舟曲花儿》124

旷：手滑，抓不稳东西。引申为错过。

　　就这个话，旷掉一辈子的后悔。《梨都花儿》22

瓦丨挖 3：跑。

　　贼婆娘哈孬管时胡浪哩，一管时跟上人者瓦了。《河州花儿卷》33丨谁喘跟上挖展呢。《叠藏河》第 16 期 8

撒展：放开跑。展：跑。

　　两腿撒展，回家吃黑饭，黑饭吃了个丞面片。《梨都花儿》119

蹴下丨赳下：蹲下。

　　来时你就墙脚蹴，甬在房上打石头。《舟曲花儿》107丨走开路时乏下了，腿子软者赳下了。《莲花山花儿卷》190

操马：骑马前往。

　　固原城不大九道街，不信是操马去探来。《宁夏花儿精粹》198

垫：被坚硬之物硌着。

　　老汉垫者把身翻，娃娃冻者乱叫唤。王文光《莲花山花儿》43

跄：摔倒。

攥开庙门跄倒了，羊羔儿压死鸡跑了，下巴我怜儿不好了。《岷州花儿选集》167

担：肢体或者物件搭在某处。

脑壳担在炕沿上，眼泪淌得像江河。《西北花儿精选》52 | 红筷子担的者碗上。《临夏花儿选》第二集 83

千凡：调皮捣蛋。方言骂小孩常用这个词。可兼名、动两个词类。

麻五尕娃你甭千凡，马七五我也是有钱汉。《临洮花儿》244

涮腾：折腾。

媳妇涮腾者不站了，都是坏人捣干了。《莲花山花儿卷》13

撬：行走在泥水里。

山底下大雨倒者呢，尕那桥泥里撬者呢。《临洮花儿》29

两离：分离。

麻花滩中草茇茇，热腾腾的两离呢。《西羌文化与洮岷花儿》144

退过：离开。

大红油了柜桌了，热闹混火了，我就退过了。《岷州花儿》8

砖 | 转 | 遄：逛街，游玩。

汤瓶哈提上者砖开了，老了是才省事了。《河州花儿卷》271丨咱们一搭转去呢，引上亲自看去呢。《莲花山与莲花山花儿》562丨跟上别人胡乱遄者呢。《莲花山花儿卷》39

蹲脚：脚没踩稳。

脚踩石头看你哩，蹲脚跌在个水里。《湟中资料本》2

仰拌：仰面摔倒。《青海花儿词典》423页记为"仰绊"。

我维的花儿你没见，耍穗儿坠了个仰拌。《湟中资料本》32

参行丨掺行：挤到别的队列里去。

芍药掺了牡丹行，把牡丹气者脸势黄。雪犁《花儿选集》181丨七月秋风渐渐凉，芍药要参牡丹行。《岷州爱情花儿精选》145

靠与：靠给。

你不是夫妻者是旁人，我身子靠与你了。张亚雄《花儿集》120

旋边：站在最边沿处。

白河的石碌碡满场转，尕犍牛旋边哈者哩。《春风吹动花千树》29

逶丨维2：坐着往前挪动。

河滩里晶晶花全开开，水鸭鸭逶着个蛋来。《传统花儿精选》224丨下到阶州佛堂山，不是鸡山崖挡住，差点维到徽成县。《青海

民间文学资料——传统花儿专集》134

挨1：两事物接触。

身子没挨手没揣。《宁夏花儿精粹》211｜脚上绣鞋水湿来，身上泥巴桶挨来。《西北花儿精选》33

侧楞｜侧棱｜侧棱儿｜仄楞儿：侧身。

看你侧楞过么直身钻，二人同上实在难。《莲花山与莲花山花儿》560｜我侧棱睡仰躺望，望里望里眼泪淌。《莲花山花儿选粹》16｜轻飘飘侧棱儿取来。滕晓天《传统花儿精选》10｜仄楞儿睡下仰头望，不由人的眼泪淌，眼泪淌到枕头上。《甘肃卷》173

仰躺儿：仰面躺的姿态。

不是还到炕上呢，仰躺儿躺下睡着呢。《岷州花儿选集》143

坐蹲｜坐敦：一屁股坐倒在地，即普通话"屁股墩"。

黑鹰伸爪者蹭兔儿，兔蹭鹰，把兔儿吓了个坐蹲。《天祝花儿选》150｜黄鹰展翅一张弓，雁儿哈吓了个坐敦。《河州花儿》261

马趴：面朝地摔倒。

尕妹的指头二指大，一指头弹了个马趴。《新编花儿擂台卷》14｜张果老干滩里种芝麻，一走者拉了个马趴。《百度文库·青海花儿歌词100首》

动弹：动、行动。

她连娃娃寒窑里坐下没动弹，坐的寒窑也可怜，一心一意等老汉。《莲花山花儿卷》27 | 就像骨头和肉一般，骨头动弹肉动弹。雪犁《花儿选集》31

弹：颠簸。

如今农村里把油路通，拖拉机再不弹了。西宁市文艺界联合会《花儿卷》92

离过：离开。

眼睛里一绕不见了，我离过你没事儿干了。《六盘山》142 | 吆羊的鞭杆短八爪，离过你我没事干了。《张家川花儿》147

显身：露面，出场。

指猪骂狗着嚼我们，我把你个没良心，你阿们钻着你们屋里没显身。《岷州花儿选集》168

浪山：去山上玩，一般指去花儿会上。

哎哟，兰州的城市人浪山了，浪山了呀，不浪时过不哈瘾了。哎哟，康乐的河滩里浪山了，哎哟浪山了呀，花儿们呀唱起个瘾了。刘秋芝《西北回族口头文学研究》129

离脚撒手：离开。

离脚儿撒手地退了。《青海花儿大典》125

第四节 生活行为

包括洒扫等日常生活行为以及整理、置办、消费等与社会活动有关的行为词语。

一 衣、食、住等生活行为

坐家：居住。

修一座大楼了坐家哩，买下个小车者咋哩？《宁河花儿缀集》20

掌家：管理家庭事务。

阿哥掌家难上难，把钥匙交给嘛你管。《张家川》31

煎：烧开。甘肃方言把开水叫煎水。

尕瓦锅儿煎剩汤，听着你的脚步响。《岷州花儿选集》168

呛3：油烧开时，倒入葱姜等，烹出香味。也叫炝锅。

尕锅哈抹下者油倒上，葱花啦呛下的滚汤。《河州花儿卷》82

搭：蒸（馍馍）。

清水锅里搭馍馍，井箅底下搭卷呢。《莲花山与莲花山花儿》545 | 三扇蒸笼搭馒头，油包儿搭给在后头。贾文清《关于花儿三》

添炕：把炕烧热。

亲戚来了添炕哩，把七十七岁老婆子唱下花儿的叟忘哩，叫你

录音机上提上哩。《乡音》49

煨炕：用稻草、苞谷秆、牛粪等把炕烧热。

　　竹签子煨了炕了。《六盘山》158

焰炕：点火把炕烧热。

　　花家房上烟岗哩，做饭呢吗焰炕呢？《舟曲花儿》138

坐 1：居住。

　　新打的庄窠太远了，没人坐，杏花儿扬严者哩。《河州花儿》257 | 把阿哥拔到前线上，尕妹妹坐的破草房。纪叶《青海民歌选》10

坐 2：指过日子。

　　过门天天淘瞎气，不想坐着就走呢。《莲花山与莲花山花儿》550

坐 3：待在某地。表停留。

　　我连尕妹坐一天，还嫌日子短了。张亚雄《花儿集》180 | 沙石河滩盖磨呢，你实意留我我坐呢。《岷州花儿选集》126

坐 4：统治。

　　日头上来红丹丹，哥扶尕妹快上船，要得我俩早团圆，单等红军坐江山。《西北花儿精选》30 | 马步芳青海坐皇上，百姓们孽障多哩。《青海民歌选》18

扎站：居住。

来了时没有个扎站的地方。《松鸣岩原生态》51

遗：丢失。

我花出了远门了。好像就把啥遗了。《舟曲花儿》45

歇缓：休息。

家花在了不动弹，和那野花没歇缓。《舟曲花儿》96 | 寒窑庙里歇缓去。《莲花山花儿卷》249

担水：挑水。

左胛子担水右胛子换，担水者浇花园哩。《甘肃卷》42

镶上：乱花钱。

又卖院子又卖房，几百万随便镶上。《新编花儿擂台卷》68

浪街：逛街。

阿哥骑上浪街走，尕妹捎在后头。《梨都花儿》81

㞎：拉屎。

娃娃多是臊者呢，一个㞎者尿者呢。《甘肃卷》207

浪会：逛花儿会。

贵德六月传统会，手打凉伞来浪会。《梨都花儿》27

丢丑：出丑。

寻着寻着丢丑呢。《莲花山与莲花山花儿》557

闹活 | 闹哄 | 闹混：吵闹，此处引申为放纵生活。

乘年轻者闹活呢，老了黄土叫我呢。《莲花山花儿选粹》28 | 阳世间，五荤人闹哄的地方。《新编大传花儿》113 | 耍破烦，五荤里多闹混几年。《新编大传花儿》213

遭渣 | 遭杂：受苦难。

莲花山的羊枇杷，儿女多着遭渣大。《莲花山与莲花山花儿》631 | 莲花山的羊枇杷，儿女多着遭杂大。《临洮花儿》60

耐何：凑合。"何"读为"活"。

袜子破了鞋破了，稀稀儿耐何不过了。《莲花山花儿卷》66

丢2：留下。剩下。

大暑一过立秋了，给你把话白丢了。《舟曲花儿》92 | 庄稼割了草丢下，麻雀儿抱两窝蛋了。纪叶《青海民歌选》77 | 忙死忙活也不歇，这一年将丢了一月。《青海卷》72

立房：修房。

高山顶上打锣呢，听说花儿立房呢，合适［何时］立房给我喘。《叠藏河》第 16 期 52

打5：修建。

秦始皇打了长城了，万百姓遭了难了。《新编大传花儿》41

出血：指宰杀牲畜时放血的动作。

出血哩呔剥皮哩，打成平伙我来哩。《叠藏河》第 1 期 15

二　人际交往
与他人相处、指使他人等行为。
照管：照顾。

我离开爹娘心不宽，你把我好好照管。《花儿词话》30

照看：照顾。

月亮是脸儿星星是眼，照看着姑舅哥把路赶。《六盘山》217

待谅：体谅。

我搁下的花儿岁数小，到多会儿待谅哩。《六盘山》60

信服：佩服。

你是少年的丞师傅，我还把你不信服。《青海花儿大典》29

空：不带东西去拜访别人。

亲朋去时空不成，瘟疫病疾带着去。《莲花山与莲花山花儿》314

呈情：接受。

　　大老爷发话我呈情，给我俩当上个媒人。《六盘山》164

看守：守护、陪伴。

　　个家媳妇好看守，唯外人，过后要后悔哩。《梨都花儿》97

使唤：驱使做某事。

　　使唤家人射一箭。《莲花山花儿卷》254丨丫环奴仆们使唤远，嫂嫂妹妹不许管。《莲花山花儿选粹》76

杠骚：故意找麻烦，惹人心烦。

　　你把阿哥的骚夒杠，有心了我两人走上。《新编大传花儿》222

闪缠：抛弃。

　　你我哈后来的闪缠。《新编大传花儿》133

闪磋：哄骗。

　　阿哥哈爱了旁人了，把阿妹闪磋的厉害。《六盘山》169

搅扰：打搅。

　　姊妹的睡梦里你搅扰。《新编大传花儿》94

照应：照顾。

为光阴，花儿哈没顾上照应。《春风吹动花千树》129

迎1：遇见。

没寻着者迎上了，就合大海翻起波浪了。《莲花山花儿卷》110

迎2：迎接。

尕妹妹大门上迎来了，让的者热炕上坐了。《春风吹动花千树》107

过面：见面。

我俩的路儿才走哩，过面时才搭说哩。《青海民歌选》92

歇店：住店。

想起了紫花儿不歇店。《六盘山花儿两千首》216

好：追求。

这一个尕阿奶人干散，我学着好一个蛋蛋。《新编花儿擂台卷》122

维：指与人交好，花儿中特指追求意中人。

尕妹子没有维我的心，枉费了阿哥的意了。郭正清《河州花儿》211丨维上个年轻人干求蛋，持不住这茬茬胡老汉。《河州花儿卷》26丨小阿哥维你者十七八，七十的挂零，八十的头儿上抛下。张亚雄《花儿集》208

仇：动词，结仇。

濑肚蛙蛤蟆的扁扁儿头，仇成了虱子的阿娘。王沛《河州花儿》117

忘过：忘记。

你走遍天下了亵忘过，为你者操下的心多。《甘肃卷》84

坐5：打交道、交往。

拔草的尕妹跟前来，三说儿四笑的坐来。《湟中资料本》20

试量：试探，考察。

你把我老汉家亵试量，我昨晚夕也连打给了九枪。《新编花儿擂台卷》153

志｜试｜咨｜赍：试探、考验。

你像小豆儿胡滚呢，我人心还没志稳呢。《岷州花儿选集》121｜鸡两窝的一窝鸡，你把我的心没试。《莲花山与莲花山花儿》585｜尔的像片也是个话，咨你的人心者哩。《河州花儿卷》17｜你像小豆儿胡滚呢，人心我还没赍稳呢。《岷州爱情花儿精选》71

揽络：笼络。

笑脸俩陪，揽络了你的全庄子了。《新编大传花儿》252

捣干：挑拨离间。

媳妇涮腾者不站了，都是坏人捣干了。《莲花山花儿卷》13

拉连：帮助。

家又难寒命又苦，好朋友拉连着人前头了。朱仲禄《花儿选》77

吃咒：赌咒。

后悔的拍了腔子了，对天的吃了咒了。达玉川《青海花儿选》66

等不的：等不到。

这一趟来了再多嗒，等不的说下的话上。《河州花儿》28

赛翠｜赛脆：争光。翠有明亮、鲜艳的意思。

你们有姊妹的站了队，给没姊妹的赛了翠。《岷州花儿》45｜我各［可］给穷花赛脆呢，把富花两把撕碎呢。《莲花山花儿选粹》65

宽心闹眼：解闷。

你有朝心到这儿来，给我宽心闹眼儿来。《岷州花儿》41

认不得：不认识。

把这个花儿认不得，认得是当连手哩。《八宝川花儿》266

抽缠：纠缠。

我把这闲心再没担，把婆娘离婚了着别抽缠。《岷州花儿》13

行："寻"的方言记音字。

十里路上闻着呢，迟早把你行着呢。戚晓萍《"阿欧怜儿"的程式和主题》｜给二老爹妈听话，将来行个好婆家。肖璇《国家视野下的民间音乐》

走私路：走后门。

银子背了三背斗，亲戚朋友走私路。马广德《回族口头文化揽胜祷》194

挨2：轮流交替。

三十把鞭子四十把棍，挨人着打，浑身打成个病了。《甘肃歌谣》226

薄待：慢待。

大夥［伙］的眼前头人丢了，只们者薄待者是算了。《春风吹动花千树》114

指不着：靠不住。指望不上。

把话就给亲哥带，带给旁人指不着。《岷州花儿选集》83

搭伙：一起合作。

我们无人拾柴搭伙了，没人寻山化斋摘果了。《西北花儿精选》65｜把花葛着牙果呢，一心连你搭伙呢。《舟曲花儿》157

指东打西：指不顺从，不听话。

我叫你天天陪上我着坐，你就是指东打西坐不下。《莲花山与莲花山花儿》545

抬脚割掌：过河拆桥。

抬脚割掌的心甭想，美名儿留到世上。《花儿词话》59 | 抬脚儿割掌的事甭干，挖墙脚挖人的心哩。《传统花儿精选》223

创 | 闯：惹祸。

青蛇修炼刚来了，姐姐把事创下了。《岷州爱情花儿精选》152 | 咱俩把天祸闯下了，顾不得爹和妈了。《六盘山花儿两千首》187 | 马五哥闯下者大祸了，河州的衙里告上了。《青海民歌选》161

惹道 | 惹导：招惹，惹恼，惹火。

唱上个少年惹道下，大门的道儿里站下。王沛《中国花儿曲令》122 | 你没有真心了甭惹导。《新编大传花儿》196

耍人：因有好事物而使人羡慕。

女王爷当了皇上了，武则天把人耍了。《六盘山》148 | 还要给婆娘扯个裙子耍人呢。《岷州花儿选集》235

迎人 | 赢人：使人高兴。

把马拴者阴林哩，致富的政策迎人哩。《叠藏河》第1期49 | 致富的路子赢人呢，要记党的恩情呢。《岷州花儿选集》218

散 4：分发。

你给亲戚朋友散的海洋烟。《莲花山花儿卷》117 | 叫地主低头站着呢，果实给穷人散着呢。《甘肃卷》129

维和：维持关系，应酬。

一天盘算了光阴了，一晚上维和了你了。《六盘山》129

抛：放弃、离开。

脚尖儿跟着你的脚后跟，心硬了你把我抛下。《青海卷》55

背过：指转过身，背后。

半个里说的是宽心话，背过时阿哥哈忘下。《河州花儿》247

引2：领。

言下的时刻上到门上，小妹妹出来了引上。《河州花儿》222 | 我你交往的心有哩，阿一个引一条路哩？雪犁《花儿选集》75

当人：指看得起对方。

金盆放着银盆里，再好着把你阿么当人呢。《岷州花儿选集》96 | 我你哈当人者擦一把汗，你我哈漫的个少年。《河州花儿》11 | 海里有龙没见下，这么当人的没听下。《莲花山花儿选粹》9

中：同意。

中哩么不中的说实话，把人心伤着个咋哩。《湟中资料本》1

待承 | 待成 | 答称：对待，待遇。

三问哈两答是一村的，亲亲把热热地待承。《春风吹动花千树》41 | 鞭打棍逐的活不成，牛马俩一样的待成。《百度文库》| 我们没有啥答称，唱个花儿表心情。《莲花山花儿选粹》8

帮衬：帮助。

三更里怨亲人不帮衬，阿舅和外甥哈不认。《春风吹动花千树》52

打仗 | 打丈：打架。

攒劲不过的在乃拜，男人们打仗者抢哩。《河州花儿卷》30 | 黑鹰黄鹰打一仗，闪折了黄鹰的翅膀。达玉川《青海花儿选》31 | 为你者我俩打丈里，这一条路你给谁给里《百度文库·青海花儿歌词集锦》

迁：围追拦截。

日子多了心要变，迁你的日子儿有哩。《甘肃卷》85

整 | 征：折磨、迫害。

穷帮穷是成王哩，成王是把你整哩。《青海花儿选》24 | 尕妹哈她男人整开了，就因为她浪了山了。《河州花儿卷》56 | 爱的穷汉老百姓，征的上户有钱人。《甘肃卷》7

砧：做、干、收拾。

看谁心强力不强，没本事的砧不上。窝留吓［下］者你不砧，天天给我表亏歉。《莲花山花儿选粹》66

抬承：抬举。

莲花山的头天门，多谢大家高抬承。《莲花山与莲花山花儿》617

托靠：托付，拜托。

抛下个娘老子出门了，尕儿子托靠给你了。《春风吹动花千树》108

指教：指导、指点。

一来是不出门见识少，二来是没有人指教。《春风吹动花千树》55

配制：肆意折磨，迫害。

四人帮配制着人难活，针眼里逃了个命了。《临夏花儿选集》第1集10

召：靠近，接近。

你像蜜蜂采新巢，到旧巢门前再没召。《岷州花儿选集》93

见不的：不喜欢、讨厌。

娘老子养下的我孽障，全家人见不的我了。《河州花儿卷》14

现能：展现能力。方言引申指人耍小聪明。

狐狸精出窝者现能了，苏妲己哈乱天哈下了。《春风吹动花千树》100

做3 | 挫：整治、折磨、迫害。

包办婚姻不得济，把人做成老狗呢。《莲花山花儿选粹》112 | 把鸡鸭做光树砍下。《莲花山花儿选粹》116 | 把香的硬给做臭了，把有的做成没有了。《莲花山与莲花山花儿选》286 | 把好人挫成病汉。《青海花儿大典》197

三　交易理财行为

搅：搅拌，引申为花费。

吃穿都够搅着呢，个个戴手表着呢《岷州花儿选集》117。

搅然 | 缴然 | 搅粘 | 交粘：花费金钱或者时间。

要走了走上个四十年，三十年不够我搅然。《花儿春秋》50 | 绣花袜子的缴然大。朱仲禄《爱情花儿》240 | 嫁了个阿哥是山货客，人穷着不够搅粘。《六盘山》128 | 对唱花儿就是欢，不唱花儿没交粘。《洮州花儿散论》170

盘3：置办，经营。

莫盘个光阴只为了你，性命在刀尖上挑了。雪犁《花儿选集》101 | 乘［趁］年轻着把家盘，害怕老了受难呢。《莲花山与莲花山花儿》550 | 风刮杨柳动弹呢，我们要好好治个林盘呢。《洮州花儿散论》235 | 样样都要学会哩，人不盘家受罪呢，老天下起连阴雨，不想盘家都比你。《舟曲花儿》132

开：付钱。

店钱开给了九块。《爱情花儿》29

长钱2：盈利。

　　长钱来么折本来，长钱折本你回来，屋里丢下我一个。《岷州爱情花儿精选》115｜一斤羊肉买斤半，这才是长钱的买卖。《六盘山》177

塌价：价格下跌。

　　城川的麦子上街了，大红麦塌了价了。《六盘山》96｜叫把四路八乡的庄稼长，斗价塌着三分上。《岷县花儿》98｜川里的麦子上市了，大行里塌了价了，反动政府撵跑了，人民的想像上到了。朱仲禄《花儿选》146

团：便宜买下。

　　三月里三月三，团下薄地种夏田。《莲花山与莲花山花儿》605

挖光阴：挣钱。

　　不能光顾个人挖光阴。《莲花山与莲花山花儿》626｜阿哥们挖下的好光阴，尕妹妹心宽者俊了。《河州花儿卷》133

散6：随便花钱。

　　你有钱儿了胡散哩，该把我请着饭馆哩。《岷县民间歌谣》252

缠3：花费、耗费。

　　你缠了功夫我缠了路，明早的日子上遇来。《青海花儿大典》57

出不去｜出不起：拿不出来钱。"去"在方言中读"起"。

出不去杂款挨背花，血点儿溅到地下。达玉川《青海花儿选》19｜出不起杂款挨背花。《湟中资料本》198

四　祭祀活动
降香：烧香。

各庙里把香降下，尕妹降香为的是你。《青海民歌选》138｜顺治爷降香的五台山，康熙爷坐皇哈上哩。《春风吹动花千树·正歌》6

代：孩子生病或者有难，父母则去道观，把孩子托付给神灵，向神灵祈祷，以示禳灾，祈福。过程是：经庙官允许，在神灵面前讲述孩子情况，接着在一缕红绸子上写上孩子的姓名，绑在观中的大树上即可。

关帝庙把儿子代下。《新编大传花儿》137

跳火堆：青海某些地方，农民过春节，到正月十五的晚上，常把麦草堆置于门外，加上些松柏枝，用火点着，一家老少从火堆上跳过三次，表示消灾免祸，终年吉利。其他地方亦有此风俗，如甘肃武都。

正月十五雪打灯，四山的月儿照了，跳罢火堆就驮粪，庄稼们动了手了。朱仲禄《花儿选》133

五　备办从事
干盘：干活，开始做事。

二次创业者扬风帆，老厂长，带上了众职工干盘。《临洮花儿》20

板不圆：事情没处理好。

周瑜一看板不圆。陇崖《莲花山花儿卷》136 | 欢者它把膀膀扇，它不采蜡是板不圆。《临洮花儿》4

胡一乱：胡乱做事，没有章法。

娘老子寻下的半蔫汉，东游西逛胡一乱。《莲花山花儿选粹》112

经由：经营。

好马儿不要用鞭子打，要用心经由哩。《青海民歌选》66

调张：安排。

只要你调张者再遇上，我不怕苦，喝两碗黄连的拌汤。《新编大传花儿》44

办攒：置办。

腊月里到了一年完，准备把年货哈办攒。《青海花儿大典》173

跑颠：为某事奔波，方言也叫跑乱。

桃红柳绿的二月天，庄稼人忙着个跑颠。《新编花儿擂台卷》50

务活：干活。

不受的痛苦我受下，务活的劲头儿短下。《青海民歌选》126

做活：干活。

这两天没见着想死了，你哪里做活去了？《张家川》152

窝工：偷懒，不好好干活。

农业包产到户了，窝工浪费没有了。《甘肃传统节日》81

对达：东西搭配在一起。对为"兑"，掺和。达为"搭"，搭配。

山里石头支锅岔，酥油和奶子两对达。《湟中资料本》128

撩乱 | 聊乱 | 缭乱 | 料揽：干，做。

上了热炕甭撩乱，背住墙墙先抽烟。《舟曲花儿》111 | 我一天想你满山转，想的胡聊乱着呢，黑了想到头鸡叫，心合铃铛乱摇呢。《莲花山与莲花山花儿》552 | 线杆捻麻线着呢，想你胡缭乱着呢。《莲花山与莲花山花儿》574 | 一年四季地连轴转，春种么秋收地料揽。《新编花儿擂台卷》43

耽 | 担：耽搁。

你把你的主意拿，靠我就把你耽下。《岷州花儿选集》161 | 维人耍维个有钱汉，有钱汉两担下俩。《新编花儿擂台卷》176

交空 | 调空儿：抽空。

我个家交空者取来。《河州花儿卷》280 | 忙里抽闲的挪时间，调空儿者刚遇给半天。《新编大传花儿》148

拨排：上天安排。

谢苍天，拨排者又一处儿到了。《新编大传花儿》62

拔兵：征兵。

拔兵的过了者收粮的到。《青海民歌选》4

（一挂）下：收缴，没收。挣下的"下"是动态助词。

你们婆娘家法大，挣下钱财一挂下。《岷州花儿选集》159

拔光｜拔黄：做事领先。

生产上拔光的好尕妹，左右里追，咱两人结成个对对。《河州花儿》209｜花儿里多不过老祁爷，老汉里拔黄者哩。王沛《河州花儿研究》75

泼命｜破命：使出全身的力气。

龙口里夺粮泼上命干。《手搭凉篷望北京》116｜开荒种地破命着干，他们是种地的模范。《青海民族民间文学资料——传统花儿专集》174

第五节　农牧行为

包括劳作、耕种、谋生等行为。

一　农牧行为

点1：栽种

洋芋的地里点萝卜，萝卜们长者个大了。《河州花儿卷》165

点 2：一次到一点点水或酒。

牡丹的窝窝里点酒哩，点不到花儿的口里。《爱情花儿》89

放：把树砍倒。

打一把斧头三两钢，门前头要放个树哩。张亚雄《花儿集》182 | 杨柳树放到根有着，有根是有长的树哩。纪叶《青海民歌选》111

做 1：种。

打垮了日本回了家，尕妹俩做庄稼哩。朱仲禄《花儿选》138 | 莲花山的松柏树，尕莲儿你把庄稼做，空口袋儿立不住。《甘肃卷》124

做 2：做（某些事）使人或事趋向不好的结果。

做者牛郎没主意，总的把牛挡好呢。《莲花山花儿卷》256

曳 | 拽：运输。

车上曳哈土者呢。《洮州花儿散论》220 | 春天要刮春风呢，快往地里曳粪呢。《甘肃卷》141 | 车拽儿马驮地送粪。《青海花儿大典》172

偎粪：施肥。

挖坑坑者偎粪呢，总要叫牡丹开俊呢。《莲花山花儿卷》92

挡：放牧。

第三章　行为篇 / 315

挡羊的小伙高山过，当成天上的白雾了。《梨都花儿》｜挡羊娃进了财主门，留的饭汤是一盆。雪犁《花儿选集》57

叫：圈住，关住。

圈里叫的是尕羖羊鹿，院子里跳的是白兔。《临夏花儿第1集》18

圈3：关住。

山里的麻雀飞得好，笼子里圈哈子不好。《梨都花儿》116｜又打又骂还罚跪，冷房里把我圈了。《八宝川花儿》95

吊3：拴马。

吃罢晌午饮官马，回来了马桩上吊下。郭正清《河州花儿》31｜尕妹骑上下四川，马乏了，没知道吊杆上吊的。达玉川《青海花儿选》51｜吊杆上吊下的红枣骝。《爱情花儿》125

雷汉卿《近代方俗词丛考》："指把马缰绳往高处拴，让马的头仰起来保持平衡位置，不让其够到地面，以示随时有出发的可能。"①

育：培养、栽种。

万花儿感谢育花的主。《爱情花儿》19

务劳｜务络：培育，经营。

三月里来三月三，手扶犁儿务劳田。纪叶《青海民歌选》15｜门口天地耗踏大，远路上的花儿哈务络者。《莲花山花儿卷》131

---

① 雷汉卿：《近代方俗词丛考》，巴蜀书社2006年版，第37页。

杀茬：把收割庄稼后留下的枝干除掉。

叫你给我把毛布底儿的鞋做呢，我给你杀茬犁地呢。《岷州花儿选集》177

杀到：收割。

青禾割倒麦黄了，豆子杀到越忙了。《岷州爱情花儿精选》130

拔到：收割。

麦子拔到草留下，麻雀儿要垒个窝里。《青海民歌选》127

上粪：施肥。过去的肥料指农家肥，是由人粪、畜粪等沤制而成。

三月里到了种豆哩，多上给几铁锨粪哩。《青海卷》71｜五月有个芒种呢，要给洋芋上粪呢。《甘肃卷》141

下粪：施肥。

拔掉萝卜栽葱哩，栽葱是要下粪哩。娄子匡《花儿集》186

二　谋生行为

推2：填饱肚子。

穷汉子，只推了自家的肚子。《爱情花儿》350

推3：熬时光。表现日子漫长或者日子艰辛。

我一天的光阴推到黑，推黑时谁的怀里睡呢。《临洮花儿》34｜跟着我怜儿要馍馍，我怜儿推过我推过。《岷州花儿选集》123｜光

阴穷了穷推着，黑云里太阳哈盼着。达玉川《青海花儿选》23

寻口丨心口：乞讨。

不如寻口逃远方，丢儿舍女上新疆。《临夏花儿选》第1集199丨宝钏的脾气怪脾气，端爱心口叫花子。《莲花山花儿卷》248

要馍馍丨要馍：乞讨。

跟着我怜儿要馍馍，我怜儿推过我推过。《岷州花儿选集》123丨大门上来了个要馍的，说的是家乡的口音。《春风吹动花千树》41

要饭：乞讨。

活人没有希望了，把要饭的笼笼提上了。《莲花山与莲花山花儿》318

出门1：出外谋生。

出门的哥哥你回家来，回家来看一回我来。王沛《中国花儿曲令选》69丨三十年不见者耍忘下，出门的阿哥哈记下。《河州花儿》235丨出门的阿哥多孽障，远离了家乡的地方。雪犁《花儿选集》88

第六节　意识行为

包括喜怒哀乐等情绪行为，以及思考谋划、理解晓悟、鄙视羡慕等受主观意识影响的其他行为。

一　心谋绪感

吸魂：完全被吸引。

站的者老远里吸魂哩，几时者到跟前哩。《临夏花儿选》第二集 73

麻达 1：麻烦。

娃娃多了麻达多，走开一个跟一个《甘肃卷》207丨这一声编哈有尴尬，这们价胡编是马达！《百度文库·青海花儿歌词集锦》

麻达 2：烦恼。

石门园尼大桥关，我先来你坐两天，把心上的麻达话说完。《洮州花儿散论》195

急挖：着急。

这两个尕鸳鸯黏上了，急挖死尕阿姐我了。《新编花儿擂台卷》146

急抓：着急。

你心里有了耍急抓，找好了地方许下。《新编花儿擂台卷》158

熬累：心乏疲累。

跑天跑地的受熬累。《新编大传花儿》223

滚心：烫心、烧心。滚，沸腾。

两人一达眼泪滚心喘不出，一个把一个只连眼者瞧。《莲花山花儿卷》267

冲心：指对某人厌恶、憎恶到极点。

说下的女婿娃冲心哩。《六盘山》179 | 女婿娃小了把心冲。《六盘山》179

咧圆 | 趔圆：得意、神气活现的模样。

锅塌脸脑骚偏头，看你是咧圆着哩。《新编花儿擂台卷》134 | 你连个少年编不上，看你哈趔圆者哩。《花儿词话》8

痛长 | 痛常 | 痛肠：关心、怜惜。也记作疼肠①。

你把我痛长我把你爱。《梨都花儿》78 | 家没有夫妻仔脑一个，好心哈想！你脑哈痛常仔要哩。1940年版《花儿集》47 | 逢场作戏的奸夔耍，维人哈要痛肠哩。《新编大传花儿》212

希水：稀罕。

怀抱的金银哈不希水，一心肠要盼个你哩。《宁河花儿缀集》39

怨悔：抱怨后悔。

钢刀拿来头割下，为你者我没有怨悔。《新编大传花儿》290

燥 | 嘈：不耐烦，发火。

心像和丞妹妹搭个话，恐害怕丞妹妹燥哈。《宁河花儿缀集》17 | 捉不住心腹是难打话，恐害怕小姊妹嘈下。《花儿集》161

---

① 《花儿民俗辞典》161页记作"疼肠"；《青海花儿词典》357页记作"疼肠"。

忧累：忧愁疲累。

来给了三趟没遇上面，太忧累，心情哈白费上了。《新编大传花儿》209

改乏：解乏。**改渴**：解渴。方言解读改。

尕妹妹好比个半碗水，阿哥喝一口，改乏者又改渴了。《河州花儿卷》62

跌难：身处险境。

潞州城跌难的秦叔宝。《新编大传花儿》127

损心：令人讨厌的。

伍云召兵败者南阳城，关帝庙托子者损心。《新编大传花儿》138丨这一个阿哥没良心，心肠儿硬，我你俩唱了个损心。《新编花儿擂台卷》184丨衣裳就是者人不是，损心者眼前头绕哩。《花儿词话》252

瞒昧：隐瞒。

手领上尕妹逛山走，人前头不瞒昧了。《新编大传花儿》126

稀诧：惊异。

刚维下一个了夒稀诧，多夒维人，你娘生的身子哈护下。《新编大传花儿》97

宽展3：心情舒畅。

银行有了存款了，人人心里宽展了。《岷州花儿选集》218 | 社员心里宽展了。《叠藏河》第 1 期 44

怜念：想念。

你这里怜念我那里想，咱两个走不到一条路上。《六盘山》102

义长：情义长久。

有钱汉，义长的能有几个？《新编大传花儿》7

炕干：解渴。"炕"应为"抗"，抵抗干渴。

尕妹是花青者炕干哩。《春风吹动花千树》143

着气：生气。

惹得个娘老子着气了，撵出门没地方去了。《春风吹动花千树》101

慷：干渴。

尕妹的身上家逗哩，阿哥们看见时慷哩。《河州花儿卷》173

忧虑：忧愁。

妹妹忧虑成病人，为啥者不给我说明。达玉川《青海花儿选》57

忧念：思念。

远路上维人的乾［干］求蛋，好人们忧念成病汉。张亚雄《花儿集》192

思谋：考虑、思考。

十七十八的没欢乐，老来就思谋着错了。《青海卷》78

受活：舒服。

我这里想你黄蜡般摆，你那里坐了个受活。《甘肃卷》

害气：生气。

说一句话儿时害气了，好话劝。《青海花儿大典》130

不担事：没担当。

园子角里麻板儿刺，积下古董儿男人不担事。《岷州爱情花儿精选》52

担惊：惊恐、害怕。

独木的桥儿崖沿上搭，人过时担惊着哩。《青海花儿大典》28

亏枉：心里吃亏受委屈。

阿哥是金子者不花心，尕妹们，长大路没有个亏枉。《传统花儿精选》209

人大：骄傲，看不起人。

阿哥们活下的人大了，尕妹妹搭不上话了。《河州花儿卷》109｜如今的阿哥成人了，人大者不把我问了。《六盘山》75

固住：被要挟住。

大姨儿维下的尕姨夫，把家里的老丈母固住。《新编花儿擂台卷》60

作难：为难。

挣不下银钱回不了家，才知道作难哩。《青海民歌选》71｜荨麻来了门上旋，旋得二家都作难。《岷州花儿》48

渗上：比喻牢牢记住。

铜铃的声气当啷啷响，你唱者我心里渗上。《河州花儿》265

无时｜误时：没有时运。

姜子牙无时者牛羊哈贩。《新编大传花儿》26｜立轮磨，跳枕了，鸡抱鸭娃儿无时了。《岷州花儿选集》78｜误时的光棍把头低，凤凰落架不如鸡。《岷州花儿选集》83

心败：心灰意冷。

虽然人老心没败，说起唱花儿我还爱。《岷县花儿》27｜想得人老心败了，终是花着不爱了。《莲花山与莲花山花儿》572｜连跑三趟者不成了，一颗热心者败了。《春风吹动花千树》112

煞｜傻：高兴、开心。

头改瞌睡二改乏，三改心焦人人煞。《叠藏河》第 16 期 37 | 出门做活不放心，进门瞭着猛一傻。《岷州花儿选集》136

欢：高兴、愉悦。

把心病上的话说完，比那连本儿戏都欢。《岷州花儿选集》143 | 杆两根，杆四根，说起耕地实在欢。《莲花山花儿卷》85

淘闲气：没必要生的气或者为无关紧要的事生气。

你有你的媳妇儿呢、害怕淘了闲气儿呢。《岷州花儿选集》69

淘气：生气、吵架，闹不和。

一辈子为你者淘瞎气，你为啥没想个我哩？《河州花儿卷》124 | 要下女子淘气哩。张亚雄《花儿集》127

使气：生气。

说了个耍话者不爱了，半夜里使气者回了。《六盘山》68

悦意：高兴，愉快。

雁过留声人悦意，夜猫子叫唤心上凄。《西北花儿精选》9

灭气：争气。也叫列气、列志气。

叫你把毛布底儿鞋做呢。给你们庄里邻居灭气呢，《岷州花儿选集》192

麻缠：麻烦，事情多。

世上维你太麻缠，肋巴骨当成算盘。《张家川花儿》149

落怜：难堪、窘迫。

眼泪哈一擦者家里走，家里的落怜哈受走。《河州花儿卷》100｜苹果脸蛋真好看，维人者受下的落怜。《松鸣岩原生态》74｜我身子哪怕油锅里煎，你身子耍受个落怜。《宁夏花儿精粹》269｜维人容易开口难，难心上又加上落怜。朱仲禄《花儿选》21｜不吃炒面背皮袋，空名声背了个落怜。《河州花儿》211

麻不上：估量不出自己在别人心中的分量。

天爷下着雨来了。麻不上的你来了。《舟曲花儿》124

单怕：恐怕。

黄狗咬的凶着哩，单怕有人听着哩。《舟曲花儿》108｜刀枪斧头不害怕，单怕你尕妹子闪下。《青海民歌选》135

臊：倒霉，不顺心。

娃娃多是臊者呢。《莲花山与莲花山花儿》629

背背搭搭：不高兴。

背背搭搭的你走开，妹妹的心疼烂了。《湟中资料本》112

根心：顺从心意。

吃的吃拿的拿，娘又根心娃又沙，夜里阿婆心疼得放不下。《阿

欧怜儿的程式和主题》戚晓萍

盘 5：谋算，思考。

保甲长盘着整人呢，阿里穷人端的饭碗呢！《莲花山与莲花山花儿》262

希来罕气：稀罕、珍惜。

希来罕气的你一个，豆大的眼泪啦拌下。《宁河花儿缀集》52

发嘲：恶心。

我把你一见了发嘲哩，挖着挖着地吐哩。《新编花儿擂台卷》182

料丨咬：痒。

不打山歌者打惯了，打起山歌者心料了。《宁夏花儿精粹》132丨不背脊背咬得很。《莲花山花儿卷》67丨手拉手儿走惯了，手咬着没处放了。《六盘山》90

防顾：防备、留意。

天晴防顾个天阴哩，天阴时防顾个下哩。《天祝花儿选》125

防备：提防。

六星锤子双手攥，防备关公来取关。《临洮花儿》124

回心：放弃。

尕妹哈难肠了我不缠，我回心，叟教个尕妹哈为难。《新编大传花儿》18

二 晓悟思慕

眼黑1：羡慕。

不眼黑天上的神仙。《春风吹动花千树》136

眼热：心里渴望。

阿哥们眼热者没办法，恨不得裤带上拴下。《新编花儿擂台卷》49

不得计｜不得济：不合心，不顺意。

电脑的游戏们不得计，玩它时瘾们哈上哩。《河州花儿卷》258｜包办婚姻不得济，提起我就病犯了。《莲花山与莲花山花儿》550

牵：思念。

心牵了你，没知道肚子饿的。达玉川《青海花儿选》51

牵连：思念。

白日里牵连夜梦见。《花儿词话》30

扯牵：思念。

再没有你般的扯牵。《新编大传花儿》146

参念：想念。

人不伤心路不断，没有私交不参念。《岷州花儿选集》71

念叨：念叨。

不是我就把你不念叨，你到底穿下我的针线多。《岷州爱情花儿精选》98

怜念：想念。

你这里怜念我哪里想。《宁夏花儿精粹》213

牵念：想念。

人家的人你不要牵念。《宁夏花儿精粹》214

活受：咬牙忍受。

苦工的伕子活受哩，眼泪不由得淌哩。《青海民歌选》11

晓不得：不知道。

对面的哥哥是少年，晓不得妹妹活的可怜。《张家川花儿》14

窝也：妥当，安排得当、处理事情得当。

自来水流着哗啦啦，你看着小康生活窝也呐。《临洮花儿选》76

第七节　自然界非人类行为

动物行为以及自然界的运行、成毁行为。

嚓：动物啃食。

　　白杨哈天牛嚓光了，树杆哈当了个柴了。《河州花儿卷》265 | 晚夕害怕羊糟踏，还怕老鼠把花儿嚓。雪犁《花儿选集》180 | 早晚害怕牛羊嚓，晌午会儿害怕白雨打。《甘肃卷》196

倒毛：动物退毛，换毛。

　　花枝上倒毛着哩。《爱情花儿》23 | 黄鹰落架不如鸡，孔雀倒毛着哩。达玉川《青海花儿选》21 | 凤凰点头的盘龙髻，狮子倒毛的穗子。《爱情花儿》93

萌发：发芽。

　　正月里，安茶呢，牡丹土里生芽呢，慢慢个地萌发呢，多会结籽开花呢。《莲花山与莲花山花儿》608

胡朝：不明方向乱撞。

　　蜜蜂儿分家胡朝哩，蜂王儿定不下主意。《六盘山》40

撒西 | 偏西：太阳向西落下。花儿中指月亮向西落下。

　　三更的月牙儿撒西了，架上的鸡娃儿叫了。《河州花儿》233 | 月亮偏西天快亮了，架上的金鸡娃叫了。《青海卷》68

连：撵。

一对的白兔上山了,氽细狗连不上站了。《松鸣岩原生态》25

累丨磳丨泪:塌,垮。

香子吃草么盘石么崖,脚踏的荒山儿累了。《六盘山》149丨香子吃草转花崖,脚踏的石崖磳了。《青海民歌选》124丨我把你当成金山者靠,你像个雪山者泪了。《临洮花儿》175

易:物体逐渐被磨薄。有的方言记作"铬",黄仁寿《蜀语校注》21页:"磨之渐销曰铬。铬曰育。今俗读作遇,凡牙齿老,木石诸物磨销,皆曰铬。"

好话说的者太多了,使成个铁嘴者易了。《八宝川花儿》159

庆丨沁丨浸丨凝丨清:凝固。

你唱了一声停下了,好像洋蜡庆下了,大概是编上花儿的病发了。《甘肃卷》150丨氽豆的婚事定下了,麻五像羊油沁下了。《临洮花儿》239丨阿哥的心里羊油浸下了,说不成,你的阿妈良心坏下了。《梨都花儿》79丨猛一下,把氽妹吓着凝[作者注 qing]下,压灭情火心冰下。朱仲禄《爱情花儿》45丨就像个羊油者清下。《新编花儿擂台卷》56

倒:雨下得大。

大雨们倒给了整三天,毛毛雨下的了两天。《中国花儿——大西北之魂》26

跌窝:太阳落山。

日头们跌窝者天黑了，牛犊儿要喝个水哩。《春风吹动花千树》32

阙｜坐 7｜确：结痂。

相思病得在了心尖上，血痂儿阙到嘴上。《八宝川花儿》86｜血痂们嘴皮上坐了。《花儿集》93｜血痂儿坐到嘴上。《青海花儿大典》145｜往黑里渴，血痂儿确者个嘴上。《新编大传花儿》293

坐 6：表物出现在某处。

房头上尕喜鹊叫起来，灯盏里大灯花坐来。《春风吹动花千树》68

镖：速度飞快。

摇起个桨板打浪头，尕筏子镖出了峡口。《临夏花儿选》第 1 集 26

抖：摆动。

青燕麦出穗吊索索，红燕麦迎风儿抖了。纪叶《青海民歌选》85

败：枯萎。

老虎下山林败了。纪叶《青海民歌选》6

刨｜刨食：鸟禽类用爪刨开泥土及杂草找食吃。

一搭刨食一搭吃，同飞同居哥护你。《爱情花儿》303｜土里刨来土里吃，风里雨里在一起。马列《岷州花儿》164

毁｜拱｜啄：猪用嘴拱土拱食。

山来，猪毁了，猪来吃肉了。肉来，猫抬了。《莲花山与莲花山花儿》142

城墙根里种麦子，麦田哈母猪毁了。《爱情花儿》227｜老母猪拱了粪场了，我今年时运顺当了。《岷州花儿选集》124｜猪八戒架的是万里云，高老庄，大嘴巴啄天下哩。《传统花儿精选》216

呱蛋：母鸡下蛋后的叫声，呱，象声词。方言也叫"叫蛋"。

白母鸡呱蛋嘎嘎嘎，刚站下，红公鸡一猛（啦）压下。《爱情花儿》45

脱圈：沿着框架边开裂，脱离框架。

泾阳的草帽脱圈了，手拿上针线者连了。《松鸣岩原生态》56｜把一双新鞋跑脱圈，你到阿里避心闲。《莲花山与莲花山花儿》581

载：倾斜。方言中载倒即摔倒。

白布凉帽儿往前载，恐怕是晴天里雨来。《八宝川花儿》190

透土：小苗钻出地面。

三月里，三月半，牡丹透土一根线。雪犁《花儿选集》180

跌1：掉，落。

捻了个毛线者穿了个针，针跌者箱子里下了；维了个阿哥者变了个心，心跌者腔子里下了。《河州花儿》98｜金叉儿跌到水缸里，我当了金花儿了。蔡国英《宁夏花儿精粹》193

第三章　行为篇　/　333

跌2：踢落。

香子们吃草转大崖，脚踩的黄土跌了。《青海卷》60

跌3：太阳、月亮落山。

日头跌到云里了，不知道迟哩么早哩。雪犁《花儿选集》97｜日头跌倒九龙口。朱仲禄《花儿选》35｜不是阳婆跌了没奈何。《岷州花儿》7｜东山阳坡西山跌。《莲花山与莲花山花儿》607｜热头儿跌了实跌了，长虫在石崖上过了。《青海卷》39｜东方升起了红太阳，西方里跌了个月亮。《天祝花儿选》12

动弹：摇动，摆动。

花红脸蛋瓢儿嘴，说话是心动弹哩。达玉川《青海花儿选》28｜手摇着松树儿动弹，你死我死到阴间，不叫它阳世上领干。达玉川《青海花儿选》62

蓬｜棚：遮住，罩满。

柏杨树高着遮天哩，树梢里蓬月亮哩。达玉川《青海花儿选》32｜尕妹是葡萄者吃个是好，绿叶们棚严者呢。《宁河花儿缀集》16

开红：盛开。

政策稳定兑了现，水车湾开红了牡丹。《梨都花儿》113｜杏花开红二月天，庄稼汉忙的着地边。朱仲禄《花儿选》119｜三月里天晴五月的雨，豌豆花开红者哩。纪叶《青海民歌选》114

拉云：起云。

黑云遮住了太阳，天拉黑云时天不亮。雪犁《花儿选集》47 | 天拉了云彩地拉了雾。雪犁《花儿选集》78

拉雾：起雾。

天上的云彩跑马哩，太子山拉雾是下哩。张亚雄《花儿集》183 | 八月十五者鹰过海，老山里要拉个雾哩。《甘肃卷》13

起雨：发雨。

关山哩黑云起雨哩，干洼上的草儿长哩。《张家川花儿》139

落雨：下雨。

二月里到了落雨了，山里的荒地犁了。《甘肃卷》100

盘根：长根，扎根。

柳树盘根往高里长，达玉川《青海花儿选》51 | 石头崖上的老蓖麻，盘根者再不长了。纪叶《青海民歌选》118 | 索罗罗栽给者天上了，根盘者月亮里了。《河州花儿卷》197 | 杨柳的树儿一河滩，攀根着阿们价长哩。《青海卷》720

盘窝：鸟类搭窝。

叉叉燕抬泥者盘窝哩，盘窝者下一窝蛋哩。《河州花儿》243 | 红蚂蚁盘窝松树根。《六盘山》47 | 凤凰窝，盘的者梧桐的树上。《河州花儿》217

泛：往上涌。

第三章 行为篇 / 335

后花园中一窝泉，泉眼上水泛着哩。《爱情花儿》72｜尕妹们打扮成妖精了，后头的连手们泛了。《新编花儿擂台卷》135

抬｜打：衔，叼。

你口里抬的黄纸烟，心疼脸老给我转。《岷州花儿选集》129｜十八叉梅鹿血染了，口抬个灵芝草了。《八宝川花儿》182｜哈巴狗抬的是羊肋巴，抬上者草根里卧下。《湟中资料本》49｜尕妹是鹁鸽者吃水来，哥哥是鹞虎者打来。《河州花儿》207

合窍：合适，吻合。

到各摊摊儿上寻到了，没有那鞋合窍了。《岷州花儿选集》66

滋：向外喷射。

清水河哩的双轮磨转，转过了看，磨渠的水滋者哩。《河州花儿》147

发旺：兴旺。

花儿就要人唱呢，唱是辈辈发旺呢，不唱实难缠上呢。《甘肃卷》143

别出：蹦出。

六月入伏天旱了，鲤鱼别出干岸了。《西北花儿精选》36

踩蛋：鸟类交尾。也叫踏蛋。

毛老鹰越飞是越高了，虚空里踩了个蛋了。《河州花儿》176｜小鸟儿踩蛋唧唧叫，尕妹妹她偷着笑了。《爱情花儿》62

抱胎：出穗。

青稞抱胎黑油油、芥子花赛金莲哩。《爱情花儿》78｜等到五月麦抱胎，我连布谷一搭来。《爱情花儿》265

簸：摇晃，摆动。

风刮杨柳膊膊儿（树枝）簸。《岷州花儿》41

霸干：吸干。

白马上骑的薛仁贵，黄草霸干了田里的露水。张亚雄《花儿集》212

世就｜势就：天生的。

世就的姻缘一线牵，九架山如过个门槛。《张家川花儿》94｜我娃有嘴不说话，天势就的大哑巴。《莲花山与莲花山花儿》613

戴帽｜带帽：指天将雨时，山顶有雾气或云彩缠绕，像是给山戴了个帽子。

太子山带帽是一道云，山根里又起了雾了。张亚雄《花儿集》184｜烟雾缠山戴帽呢，趁年轻着要闹呢。《岷州花儿选集》87

盖帽：戴帽。

大山盖帽一朵云。《六盘山》177

扬红 2：花开。

三月四月里不下雨，五月的雨，豆花儿扬红者哩。《临夏花儿选》第 1 集 88 ǀ 大门前头的杏花树，杏花儿扬红着哩。朱仲禄《花儿选》115

踏架：梁柱塌落。

麻杆杆房踏架了。《张家川花儿》171

散八 ǀ 散巴：散开。

七尺身子齐放下，褦叫散八零碎下。《岷州爱情花儿精选》120 ǀ 叫我吧朵脑、身子拾一挂，褦叫散巴零碎下。《甘肃卷》122

贬扇 ǀ 扁扇：车轮没气了。

我像车轮贬扇了，朝山没有陪伴了。《西羌文化与洮岷花儿》218 ǀ 就像车子扁扇了，一个轱辘不转了。《叠藏河》第 16 期 1

岗 ǀ 扛 ǀ 罡 ǀ 杠 ǀ 放 ǀ 燜：尘土、烟雾、火星等飞扬起来。

去了十天搭九天，想的心上岗火焰。《舟曲花儿》55 ǀ 晒上几天了下一场雨，不下时尘土们扛哩。《河州花儿卷》190 ǀ 爹妈找寻着火罡哩，焦毛儿炼蛋的臭哩。《湟中资料本》79 ǀ 斧头要剐白白杨了，下者三个大王魂杠了。《莲花山花儿卷》167 ǀ 斧头剐了白杨了，庄稼晒着火放①了。《莲花山与莲花山花儿》318 ǀ 嗓子里火冒烟燜哩。朱仲禄《爱情花儿》279

---

① 汪鸿明《莲花山与莲花山花儿》318 页注："放读杠，冒烟。"

擦住：遮住，挡住。

你在山来我在河,树叶擦住照不着。《舟曲花儿》37

有着：在某处放着。

我的手巾叫有着,上下行者常走着。《舟曲花儿》40

盘2：飞。

你是黄鹰我是雕,雕比黄鹰可盘得高。《岷州花儿》44｜一对鸽子盘蓝天,盘不到石山的老里。张亚雄《花儿集》57

盘胎：动物怀胎,怀孕。

五月的香子你曼打,肚儿里盘胎着哩。《甘肃卷》112

倒灶：原指灶台倾倒。垮台、败落、倒霉。

汉室江山倒灶了,出开不祥征兆了。《临洮花儿选》116

淌：东西不断掉落。

尕背斗里揽衣子,背斗底里淌着呢。《岷州花儿选集》105｜身上的破主袄棉花淌,破鞋哈麻绳俩连上。《新编花儿擂台卷》18

乱营：乱成一团。

说了实话乱了营,提起火棍朝妹打。《西北花儿精选》23

张风：指飞得高，能迎上风。

　　瓦蓝的鹁鸽向湾里飞，翅膀儿张风着哩。《六盘山》56

旋1：飞禽盘桓在目标周围。

　　脸皮薄着没敢喘，就像黄鹰天天旋。《甘肃卷》105｜二郎涧好比个桨杆，阿哥是蜜蜂花上旋。《湟中资料本》18｜我眼皮薄者没敢言，就像黄莺把食旋。《岷州花儿选集》90

旋2：窥探。

　　大门上旋着见一回你，才知道尕妹的难怅。《六盘山》38｜旋了三次没敢问，搬了三次没搬动，不由我者心上空。《岷州花儿选集》157｜天天打问晚晚旋，只为和花有姻缘。《舟曲花儿》71

第四章

性 状 篇

第一节　外在特征

本节包括人的容貌、事物的长短、粗细、大小、扁圆、宽窄以及色泽、声响、气味等通过五官直接感觉到的外在特征。

一　形貌特征

棱：高。

鼻梁儿棱来眼皮儿层。《花儿词话》50

乖：漂亮。

上身乖来下身也乖。《六盘山》200

端2：端正。

模样儿好来身材儿端。《新编大传花儿》151

凹：指吊脸，生气。

花的脸脑凹着呢，听下什么话着呢。《舟曲花儿》75

冰硬：冻成硬硬的。

全身的骨肉哈都冰硬。《春风吹动花千树》48

秀溜：秀气。美丽。

天上的人比星星稠，没有嫂子的人秀溜。《莲花山与莲花山花儿》198｜尕嘴儿一抿偷偷地笑，越看是越秀溜了。《中国花儿新论》228｜缘大队的人秀溜，看上我汪莲莲的尕线候。《莲花山花儿卷》76

憨1：幼小。

刚刚断奶的憨娃娃，五荦的少年唱了。《新编花儿擂台卷》29

憨2：指长相显年轻。也叫"长得嫩面"。

不说是尕妹长得憨，还说是阿哥的眼馋。《宁河花儿缀集》17

心疼｜心痛：漂亮。

尕妹妹长哈得人心疼。《宁夏花儿精粹》131｜快把心疼嘴张开。《舟曲花儿》110｜尕妹的身子一根葱，走开咋这么心痛。《湟中资料本》15

害1：跟脸组合，表示面容憔悴。

我给我的阿爸阿哥们哈麻勒个，我们家阿姨好不好，今年头毛毛尕脸是害了。刘秋芝《西北回族口头文学研究》132｜多在外面的少在家，尕脸脑想谁着害了。达玉川《青海花儿选》58｜脸脑害下是想下的，嘴上的血痂是咋的？《河州花儿》148

呆眉呆眼：傻呆呆的。

众人伙里我玩耍，呆眉呆眼的站下。刘秋芝《西北回族口头文学研究》122

麻2：瞎。

疼烂肝花想烂心，望麻了一对儿眼睛。达玉川《青海花儿选》50 | 眼麻先生弹四弦，秋田洋芋全种完。《莲花山与莲花山花儿》606

势派：气派。

青丝夹夹红腰带，哪塔的脚户好势派。《六盘山》217

走手：走路的美好姿势。

看走马蛋看皮色儿好，看走手不好么好哩？《春风吹动花千树》39

蹩 | 憋：饱满。

丰收粮，眼看要蹩破旧仓。《手搭凉篷望北京》115 | 大肚子臭虫吸血哩，吃蹩了满炕滚哩。《宁夏花儿精粹》243 | 拿上个镰刀麦子哈割，籽憋者麦捆子重了。《临夏花儿》91

鲜：少。

鲜污染的青稞为主料。《新编花儿擂台卷》99

净 | 精：裸露的。

没吃哈没喝的孬愁怅，净身上把夹夹哈套上。《河州花儿卷》137｜精尻子冰上者站。《宁夏花儿精粹》183｜精肚肚放到冷冰上，感动四海老龙王。《岷州爱情花儿精选》147

尖：味道浓烈。

草果姜片的味尖。西宁市文艺界联合会编《花儿卷》32

俊样：美丽的样子。

花石头儿盖庙堂，你瞭人人出来都俊样，再的俊样也罢了，叫你压了天下了。《岷州花儿选集》118。

空壳郎｜空壳当：中间空。

你连园里葱一样，远处看是绿汪汪，揪一把是空壳郎。雪梨《花儿选集》79｜烧下的干粮空壳当，拿到山上当巴郎。《莲花山与莲花山花儿》142

稠：密集、多。

杨柳树林栽的稠，树底下过不去了。《青海民歌选》110

吊1：细长。

绿枝叶好么吊枝叶好？绿枝叶好；吊枝叶叫人折坏了。《花儿集》81｜尕地儿尕来吊地吊，吊地里种胡麻哩。《青海卷》732｜东城门挂的方方旗，西城门挂的吊旗。《八宝川花儿》162

雄1｜凶1：茂盛。

公鸡大了毛雄了，毛雄着上不去架了。达玉川《青海花儿选》16 | 爬腰子白杨长了个凶，树梢们瓦房上架了。《河州花儿卷》157

大1：天热。

天气又大的口又干，气短着唱不上少年。《花儿春秋》67 | 天气又大来人又乏，心想者喝一个细茶。《河州花儿卷》5

大2：多、贵重。

为娶媳妇犯惆怅，礼大着没一点商量。《张家川花儿》157

大3：茂盛。

紫红公鸡的毛大了，毛大这［着］上不了架了。朱仲禄《花儿选》

展：平整。

公路修的展着呢，洋楼修的满着呢，新闻上晚晚演着呢。《岷州爱情花儿精选》135 | 大路修了个展直平。《八宝川花儿》160

宽展1：宽阔。

一道道山来一道道川，公路们修下的宽展。《临洮花儿》223 | 集体化走的是阳关道，步步高，越走是越宽展了。雪犁《花儿选集》18

严：占满、布满。

新打的庄窠太远了，没人坐，杏花儿扬严者哩。《河州花儿》257 | 鸡蛋的罐罐里胡麻油，油花儿漂严着哩。《新编花儿擂台卷》182

明：亮。

星星出来对对明。《叠藏河》第 16 期 3 | 太阳上来金子明，月亮上来水明。纪叶《青海民歌选》30 | 金鸡娃叫了天亮了党中央把蓝天擦明了。雪犁《花儿选集》27

过头：个头。

沙里头澄金金贵了，银子的过头们大了。《八宝川花儿》180

十锦 | 十样锦：种类多或者颜色丰富。

十锦的花开满了路边。《手搭凉篷望北京》36 | 花园里开放的十样锦，你不爱它（者）不成。《甘肃歌谣》78

二芒：中等粗细，类似韭菜叶一般的宽度。

二芒竹竿编背斗，我把你引着我们屋里走，把古董儿男人就揉着门背后。《岷州花儿》16

难寒 4：外形难看。

没有叶叶儿难寒哪，唱个花儿把叶叶儿添上吧。《甘肃卷》142

碎：小。

人里头挑了个人梢子，麻利的像个碎鹞子。《张家川》93

二 声、色、味特征

声嗓：嗓音。

搭起个舞台者显声嗓，尽情者花儿漫上。《松鸣岩花儿曲令》51丨过路的阿哥好声嗓，有心了我俩人对上。《中国花儿——大西北之魂》24

腥：气味。

盆洗脸瓦腥呢，细详详儿的打听呢。《岷州花儿选集》86丨马银苔苔儿药腥呢。《岷州花儿选集》139丨馍馍生了面腥哩，常年不见淡心哩，《六盘山》44

麻1：光线昏暗。

黑了黑了的麻下了。《宁夏花儿精粹》132丨十更里太阳抹黑了，麻月亮淹过路了。《西北花儿精选》84

麻浮亮子：天蒙蒙亮。

衣裳披上当院坐，麻浮亮子才睡着。《莲花山与莲花山花儿》575

麻亮丨麻麻亮：天蒙蒙亮。

麻亮睡着你来了。《岷州花儿选集》58丨东方发白麻麻亮。《甘肃卷》17

麻荫凉：将要黑的天气，这里指暮色。

黑了黑了着实黑了，麻荫凉掩过个路了。《花儿春秋》44

黑达麻糊：天黑。

  黑达麻糊往外奔。朱仲禄《爱情花儿》337

麻麻乎乎：黎明或者傍晚将黑的时候。

  麻麻乎乎刀子响，杀了女婿娃上新疆。《六盘山》187

麻糊｜麻糊子：光线较暗。

  太阳跌了着麻糊了。《青海花儿大典》71｜麻糊子月亮哄人哩，我当成天气们亮了。《原生态》29

《青海花儿大典》71页注为"黄昏"。不妥。

灯红：橙红。方言中"橙"读"灯"音。

  上去高山打烧柴，灯红的纸，我看成红花儿了。《湟中资料本》44

瓦青：像青瓦一样的颜色。近于灰黑色。

  白布染了瓦青了，叫人想成哑病了。《岷州花儿》6｜瓦青的鸽子绿哨子，落到了金銮的殿上。《河州花儿》219

瓦蓝：天蓝色。方言有"天空瓦蓝瓦蓝的"。

  瓦蓝的鸽子铜哨子，落在个大房的檐上。《湟中资料本》17

娑青｜撒青｜沙青：灰色。

冬青的叶叶儿冬夏青，白杨的叶叶儿娑青。《湟中资料本》18 | 杨柳的叶叶撒青了，四月八立了夏了。《六盘山》73 | 阿哥的尕马儿鸦虎青，下哈的骡子沙青。《天祝花儿选》20

月蓝：指浅蓝色。也叫"月白色"。

雷震子身背黄金棍，月蓝的袍，虚空里摆了阵了。1940年版《花儿集》201

月白：浅蓝色。

上穿绸子下穿缎，月白西裤苫脚面。《舟曲花儿》82 | 陕西上来个尕娃娃，穿下个月白的夹夹。《六盘山》47

麻：土黄色。

什么穿的麻道袍？什么穿的红嘴绿袄袄。鹰鹞身穿麻道袍，鹦哥红嘴绿袄袄。《甘肃卷》147

毛蓝：天蓝色。

大红的褐衫毛蓝布，绿绸子做下的腰带。《湟中资料本》17 | 三尺白布的青毛蓝，离不过五倍子皂矾。郭正清《河州花儿》10

毛红：大红色。

材一页，两页材，毛红衣裳绣花鞋。《甘肃卷》153

葱绿：浅绿色。

紫红兜兜儿葱绿边，兜兜里装的是火镰。雪犁《花儿选集》89

豆绿：豆荚的绿色。鲜绿色。

　　豆绿的碟子里端馍馍。雪犁《花儿选集》109

水红：浅红色。

　　清早的热头比火红，后晌的热头儿水红。《湟中资料本》16 | 三月的桃花开下的俊，刺玫花开的（个）水红。《甘肃歌谣》78

品红：橘红色。也叫"屁红"。

　　月亮上来珍子红，太阳上来是品红。《宁夏花儿三百首》

枣骝：动物毛色为红褐色。

　　枣骝的公鸡毛长了，毛长着上不去架了《青海卷》62

乌墨：墨。

　　白马白了雪白了，黑马儿拿乌墨染了。朱仲禄《花儿选》82

浅银红：粉红色。

　　枇杷开花浅银红、淌血出脓试人心，要给扎角儿扯毛红。《叠藏河》第 1 期 53

粉红白：白里透红。

　　我花脸脑粉红白，不转脸脑认不得。《舟曲花儿》4

粉白：白色。

　　白马白了粉白了，黑马者乌墨染了。纪叶《青海民歌选》3

纱绿：草绿色。

　　紫红兜兜纱绿的边，兜兜里装的是火镰。朱仲禄《花儿选》49

高高红：刚刚红。浅红。

　　高高红的兜兜高高红的线，扣线吗扎下的牡丹。张亚雄《花儿集》215

乌贼墨黑：特别黑。

　　南山跟里的白牺牛，乌贼墨黑的眼睛。《河州花儿》39

青：黑。

　　青头发搁成个白头发，拐棍柱上时罢下。朱刚《河湟花儿中的花儿谚》

翠，鲜艳、明亮。

　　给尕妹子买了个银簪子，别上是分外翠哩。《六盘山》42 l 越看尕妹越翠了，脸上淡了粉了。纪叶《青海民歌选》45

第二节　性质状态

本节描写人与物的内在属性。

面浅：脸皮薄，爱害羞。疑为"腼腆"的音转。

骡子驮下锅着呢，叫你想下多着呢，面浅不敢说着呢。《岷州花儿》16

跷前｜窍欠｜翘千：老年人有精神、有活力。

一转山的老阿爷，你年岁越高越跷前。《莲花山与莲花山花儿》197｜老了老了老窍欠，胡子一刮充少年。《宁夏花儿精萃》160｜杆两根，杆挑杆，你年纪虽大人翘千，就像古树开花赛牡丹。《临洮花儿》9

空心子：指植物放置时间较长，中间的瓤子缺少水分呈现枯萎状态。

立轮儿磨的抬砧子，从前拉你生金子，这会儿萝卜空心子。《岷州爱情花儿精选》124

梢子2：最优秀的。

人伙里实话是梢子。《花儿词话》192

吃劲：能干，优秀。

人又吃劲嘴又乖，说话端到理上来。《岷州花儿选集》104｜把你说的多吃劲，全是凉水我不奔。《舟曲花儿》84

麻利｜马立：做事敏捷。

要到山上撵野鸡，人要干散又麻利。《舟曲花儿》31｜叫一声尕妹你出来，马立的赛过个鹞子。郗慧民《西北歌谣学》299

姿势：姿态。

维了个寡妇是姿势大，娶了个老女是气大。《爱情花儿》206

雄2：能干、有本事，比别人厉害。

马安良的刺客到狄道城，李拔贡活下的人雄。《临洮花儿》230

亮晶｜亮清：清楚。

明白人，你个家心儿里亮晶。《新编大传花儿》116｜材四页来四页材，叫你托人给娘把话说亮清。《莲花山与莲花山花儿》593

勤谨：勤快。

常年勤谨者土成金。滕晓天《传统花儿精选》133

虎性：脾气大，暴躁。可指人。

尕马的虎性太大了，趟子里扣不住它了。朱仲禄《花儿选》136

刚气：刚烈之气。

为人者要拿出刚气来。《春风吹动花千树》68

硬帮｜硬邦：坚硬。这里指有骨气。

挨打受气地我孽障，全靠个骨头儿硬帮。《天祝花儿选》99｜挨打哈受气的太孽障，多亏了骨头儿硬邦。《春风吹动花千树》36

古董：窝囊、懦弱、认死理，不开通。

人又古董家又穷，哪一头上陪［配］住人？《乡音》48 | 你们古董儿男人古董儿汉。《岷州爱情花儿精选》126

精灵：聪明机灵。

姑娘漂亮人精灵，不费功夫交不成。《舟曲花儿》9

硬扎：刚强。

赫道台的人硬扎，哪管你权势尕么大，不杀你是没王法。《西羌文化与洮岷花儿》216

松：窝囊。

一对尕牛的庄稼汉，人松了是要受人的气哩。《六盘山》198

迷：傻。

瞌睡来了人迷了，想起娃的小姨了。《舟曲花儿》96

细详1：节省，节约。在方言中也可指人"吝啬"。

挣下的钱儿细详着花，甭叫把学生娃亏下。西宁市文艺界联合会《花儿卷》98

蹶：形容人不讲情面，不通情理。

背锅儿营长，蹶营长，猴儿吊筋担子上。《花儿集》63。

瓜：傻。

维得小了瓜着哩，维得老了能养下。《六盘山》5｜女婿娃是个瓜娃娃《张家川花儿》172｜鞋袜脱了炕上来，瓜女婿不要吵着醒来。《宁夏花儿精萃》269｜蔡瑁张允错杀了，把曹操给气瓜了。《西羌文化与洮岷花儿》232

花哨：不沉稳，轻浮。

阿哥活下的人花哨，我把个精神儿短了。罗耀南《花儿词话》108

花稍[哨]：衣服颜色鲜亮。

一是好看二心疼，三花稍[哨]，你就是阿哥的扯心。《临夏花儿选》第1集67

撒2：人或物材质不好。这里指人没出息。

好家那是人治的，家好人撒守不住。《舟曲花儿》40

牛：脾气倔。

维花儿不维牛花儿，要维个开口叫哩。《宁夏花儿精粹》189

零落｜伶落：漂亮、有精神。

二郎山下城角里，怜像一树苹果哩，长的稀不零落哩。《叠藏河》第一期37｜十里路上闻着呢，势的稀不伶落呢。《莲花山与莲花山花儿》167

麻达3：难缠，不好打交道。

薛丁山那娃人麻达，三休三请樊梨花。《岷州爱情花儿精选》142

扎哇：说话做事刁蛮，不讲理。

尕妹子人大话扎哇，想听吧不听者扎哇。《六盘山》49｜身子不大人扎哇。《梨都花儿》52

阔场：大方。

谁不说你人阔场，抬上两碗肉丝汤，不枉连你遇一场。《叠藏河》第一期49

胡里麻达：糊里糊涂。

胡里麻达胡不做，要把党的领导坚持呢，不是阿里这么好的光阴呢。《莲花山花儿选粹》99｜胡里麻达甭唱呢，唱了要唱像样的。《舟曲花儿》145

瓢欠：欠缺，劣质。

我娃长得人瓢欠，今个把话说当面，过后你可要弹嫌。《莲花山与莲花山花儿》614

瓢｜弱：不好，差、劣质。

对花儿我不会比你瓢，不信了我两人试当。《新编花儿擂台卷》121｜众亲朋友嫑嫌瓢，前几年生活脚步没跟上。《莲花山花儿选粹》9｜你我哈不要的我知道，你我哈嫌弱者哩。[弱作者注瓢]。陇崖《河州花儿》39

《陇右方言发微》56页："《说文》益州鄙言，人盛讳其肥谓之䐁，从肉，襄声。陇右通谓人质弱力薄曰膁，读若瓜瓢之瓢。"

把稳：性格沉稳，做事稳当。

我俩说下的要把稳，见了着不由的［得］笑哩。《湟中资料本》31

能行：能干。

阿哥们能行者摆下的计，我当成常走的路了。《甘肃卷》97｜小姑能行把汤搅，我像黑云退得远。《叠藏河》第16期7｜花像天边一朵云，人好心好又能行。《舟曲花儿》32

馕1｜囊1：能干、优秀。

墙里长着墙外呢，阿么叫人不爱呢。你把我比的实话囊。《莲花山与莲花山花儿》167｜听下你可馕者哩，盖下大瓦房者哩，还安下钢丝床者哩。《叠藏河》第1期48

馕2：好，美好。

把梅月英的虫吃上，你看事情馕不馕。《莲花山花儿卷》174｜园子角里刺木香，惠农政策稀不馕。《岷县花儿》53｜再把那白脖子的羊杀上，看你吃去馕不馕。《岷州花儿选集》79

囊2｜浪：不好，劣质的。

清朝的江山乱如麻，囊皇帝治不了天下。《六盘山》77｜园子的旮旯里扩白菜，我眼浪者扩了个刺盖。陇崖《河州花儿》143

嘲｜潮：傻。

镰刀要割榆荄呢，我什娃娘嘲着呢。《莲花山与莲花山花儿》558｜我的娃娃潮着呢，走开路时潮着呢。《莲花山与莲花山花儿》613

干散 1：指人穿戴整洁，做事干脆、整齐，不拖泥带水。

花兜兜儿红腰带，麻利身子干散坏，阿个见了他不爱?《洮州花儿散论》148｜鞋穿干散头梳光，这是我们年青人的头一行。张亚雄《花儿集》162｜你不喜欢我不缠，一刀两断么干散。达玉川《青海花儿选》66｜地里的尕妹们人干散，阿们着没唱个少年。《青海卷》66｜酸巴梨多了嚼不烂，吃一颗仙桃是干散。《松鸣岩花儿曲令》70

利索：快。

辣酒儿不喝了甜酒喝，鲜啤酒解渴哈利索。西宁市文艺界联合会《花儿卷》90

讪：不好，面貌丑或者脾性脆弱。

我娃长得稀不讪者呢，鼻塌嘴歪全者呢。《洮州花儿散论》176

骚情：轻佻。

十句子花儿八句子唱，两句子骚情着呢。《宁夏花儿精粹》171

《陇右方言发微》221 页："甘谷一带谓妇女不浑厚端庄者曰妖精。皋兰谓之'梢轻'。"

勤顾：勤快。

务花全凭人勤顾，花儿越开越艳呢。《中国节日志莲花山花儿会》196

短：行事卑劣，恶毒。

霸王哈围的者江沿上，短韩信。《临夏花儿选》第 1 集 139

胡吃白赖：无赖。

小心把娃惯坏呢，惯成胡吃白赖呢。《莲花山与莲花山花儿》630

捂搓：脏污。即"龌龊"。

没娘娃阿一个来看哩，不受的捂搓哈受哩。《春风吹动花千树》94

瘫丨摊丨坦：慢。

车拉麦子拉得重，车轮儿走得瘫了。《六盘山》181丨大河流水流得瘫，我花出门出的远。《舟曲花儿》52丨原先来的忙着呢，这会儿来的摊下了。《岷州爱情花儿精选》58丨你们婆娘把你管下了，晚晚来的坦下了。《岷州爱情花儿精选》76

新时丨行时丨兴时：流行的。

新时的服装新式的鞋，系上条好看的领带。《宁河花儿缀集》23丨给你把行时样儿的料子扯两件。《岷州爱情花儿精选》3丨镰刀割了一把麻，这会儿兴时一个娃。《阿欧怜儿的程式和主题》戚晓萍

大 4：盐味浓。

清茶碗里盐大了，不喝下去是安下了，喝去是名声越大了。张亚雄《花儿集》78

攒：好、美。

大好的形势像星星攒。《新编花儿擂台卷》90 | 抹布抹了油碗了，花儿越唱越攒了。《岷县花儿》48 | 剪子铰了一张笺，勤俭生活天天攒。《叠藏河》第 16 期 1

大 5：成年的生物。

高头大马枣木鞍，说啥得把活做完。周巍峙《中国节日志 莲花山花儿会》169 | 大鸡吃了肉了哩。《梨都花儿》87

谄：好。

分田了，包产了，劳动不要人管了，还把税费全免了，日子越过越谄了。《临洮花儿选》50

害 2：事情向不好不利的一面发展。

跟上穷阿哥心肠好，跟上傻公子害了。《宁夏花儿精粹》216

干散 2：指事物美好、漂亮。

学校哈修了个干散。《松鸣岩花儿曲令》69 | 年轻的时候都一般，今个的日子里干散。《松鸣岩花儿曲令》43 | 深耕细锄的多上个粪，盼望个干散的收成。《甘肃卷》17 | 谁不夸保安刀干散。《甘肃卷》31 | 和政羊塑哈的干散，三趾马飞展。《松鸣岩花儿曲令》41

烧：炫耀。方言把爱炫耀的人叫烧料子。

你要诧讶我要烧，荨麻我们就像露水着慢慢儿潮，慢慢湖上稀不牢。《岷州花儿》42

黑苦：辛苦。

下的黑苦赛牛马，吃的是糠莱疙瘩。雪犁《花儿选集》51丨一年的黑苦白下了，穷人们没活的路了。《青海花儿大典》190

宽展2：宽裕。

塄坎沿上红山丹，屋里有钱不宽展。《岷州爱情花儿精选》95

日急慌忙：急急忙忙。

日急慌忙吃了饭，花家门上打转转。《舟曲花儿》92

第五章

花儿词汇的基本特征

第一节 花儿词汇覆盖面广,但分布不均衡

花儿词汇的覆盖面非常广,涉及西北农村生活的方方面面,可谓包罗万象,但词语分布不均衡,有的概念域包含的词语多,有的概念域包含的词语少,究其原因跟文献的主题,体裁有关。词语数量的多少可充分反映文献体裁、主题和语言之间的关系,文献采用什么体裁、聚焦什么主题,就会类聚相关的词语,"因为属于同一个体裁文献往往具有相同的语言特征"[①]。相同体裁或相同主题的文献其用词情况会趋向一致。我们可以通过对花儿词语义类聚合的分析,探索花儿词汇中哪类词语比较活跃,哪类词语比较冷寂,以启发同类文献的研究,以名物词为例分析如下。

一 包含词语较多的概念域

1. 称谓类

表示爱人的称谓:好心肠、情哥哥、郎、小郎、乖蛋哥、蛋蛋、尕欢蛋,命蛋蛋、欢旦、花儿、花、尕妹、尕妹妹、姊妹、娣妹、命疙瘩、梨儿、帘儿、怜儿、原儿,伙子、命系子、命根子、扎角儿、二家、姑舅妹、姑舅、尕姑舅、姑舅哥、正人、真人、证人,相好、连手、恋手、联手、外前人、原人、荨麻、仙麻、苋麻、连伴、命哥、下家、扯心、

[①] 王启涛:《吐鲁番出土文献语言导论》,科学出版社2013年版,后记。

本男、本男子、屋里人、妇人、家里的、老汉、男人、婆娘、对家、对头、绽口夫妻、扎脚夫妻、辫辫儿夫妻、露水儿、夵、好心肠、伴脚手、拌脚手、伙子、伴当、命系子、旧人、新人（新的恋人）、对手、冤家、命哥、肉、肉儿、肉肉、憨肉肉、绵肉肉、下家、扯心、冤家、连心肉、露水夫妻、憨墩墩，等等。

爱人称谓词包括三类，分别为爱人（婚内夫妻称谓）、情人（婚内出轨）、恋人（未婚相恋）。来源有四个方面：①沿用普通话中的词，如相好、心上人、婆娘等；②方言中独创的爱称词，如怜儿、花儿、仙麻等；③沿用历史上存在的，今已在共同语中消失的爱称词语，如冤家、扎角儿（总角）、奴、郎等；④通过修辞手法产生新词表示爱称，这些词通过语境生成，属于临时修辞，如："扯心""命系子""好心肠""憨墩墩"等。

这些爱称大多数通用，个别称谓词有地域上的区分：比如怜儿丨原儿、仙麻丨苋麻等只用于洮岷花儿。欢旦、蛋蛋等只用于青海花儿。除了婆娘、妇人、姑舅妹、夵妹、妹子等词专指女性，老汉、命哥、姑舅哥、郎专指男性外，其他的，两者皆可指称。即在对唱花儿时，歌者是女性，则这些称谓词指男性，歌者是男性，这些称谓词就指女性。比方"姊妹"，性别很明显，但是男女皆可称。如：拉扎节阿哥醉糊涂，把公公当成了姊妹。(《临洮花儿》221)

表示亲属友邻关系的称谓词语：招女婿、干大、老疙瘩、先后、儿娃、娘们家、娃们、娘娘（①姑姑；②普通中年妇女）、毛娃娘、阿婆、阿达、大、大大、阿娘、阿妈、娘、妈妈、阿姆、阿娜（①母亲，回族；②女孩，土族）女子（女儿）、儿郎、儿男、儿子娃、儿娃、儿娃娃、儿娃子、毛娃、爸爸（指社交称谓叔叔）、阿爸、奶肝、奶夵、奶娃、二妈、妗子、二大、先人、后人、阿家、阿公、娘、娘老子、外家、外奶奶、大汉、亲房、亲亲、私娃子、正根子、头世儿娃、新姐、新人（新的恋人）、新娘（继母）、大人、妹子、夵娃、什娜姑（女孩，撒拉族）、姑娘、耶体目（孤儿）、女、女相、先人（祖宗）、后人（后来之人）艳姑（少妇）、汉子家、老汉家、娃娃家、女孩家、女子家、茬茬胡（壮年男子）、月娃、媳妇子、小人、老大汉、老汉（成年人）等。

花儿大多数是对唱，即便是行走在山间野外的独唱，也会设想出一个对方来倾诉歌咏，因此，大多数亲属称谓可以泛化指称友邻关系。如女子（①女儿、②泛指女孩）、女儿（①女儿、②泛指女孩）、阿娘（①母亲、②泛指中年妇女）、爸爸、阿爸（①父亲、②泛指与父母年龄相当的长辈）等。

从事各行业的称谓词语：这些称谓多指小手工业者或者服务人员。保人、中人、中间人、介绍人、唱家、粮面家、猪屠家、人屠家、屠家、馆子家、园子家、花匠、花儿匠、花行家、干家、枪手、拳雇手、师家、师公、庙官、庙官爷、医人、长毛、货郎、东家（做东的人家）、车户、脚户、碗匠、碗儿匠、解匠、银匠、塑匠、泥水匠、影子匠、丹青匠、画匠、烧炭匠、皮匠、筐篮匠、背斗匠、钉儿匠、粮子、粮粮、吃粮人、麦客子、媒婆子、阴阳、先生、快班、把式、唱把式、花把式、喇嘛、阿訇、满拉、差伕、雇身汉、串班长、先生（阴阳、医生）揽牛娃、围手、麻鞋匠、寻口的、邮差、麦客、客娃等。

2. 指代类

称代指示词语在花儿中大量应用，花儿属即景演唱，很多事物不需要说明，用代词指代即可。因为有语境在，语境对语义起了制约、确定、补充、限制等作用，指示称代的意义非常明确，不会语焉不详。

自家、个家（过家、各家）、外旁人、外人、外前人、旁人、他人、旁的、谁人、老小的、个人（各人）、再、再的、再的人、家（夹）、家们、那、那门、这模儿、这门者、只、只们、兀丨吾丨五、兀会儿、吾里、这搭搭、是啥丨什啥、吾个、曹、人家（他指）、卬、人家人、人家们、闹丨脑、呕丨欧丨噢、欧会儿、欧么了、阿（那）、阿达啊塔阿打阿塔（哪里）、阿达些、阿达者、阿达儿、阿里、阿哈、阿呀、阿达（什么时候）、阿会、阿锅、阿么、哪达、阿呢、阿门家（阿门价）、阿一门、阿个丨啊个、啊呢、几时家丨几时价、哪搭、哪达些、哪塔些、哪是（哪语尾助词，是句末疑问词）、哪丨啦、哪些些、那搭儿、那下丨那哈、啥时节、多会、多大会、多会儿、什么人、咋呢、阿谁、谁一个、啥会、兀会儿、阿扎扎、阿扎等。

3. 躯体器官类

花儿取材远取周边景象，近取周身躯体器官。这些器官名称有表示人体的，有表示动物的，有些是二者兼可表示的。

面面儿、脸脸儿、面皮、板骨、脸老、鸭子毛、重眼皮、层眼皮、麻子、模样、模样子、窠兒、窝窝嘴、脑壳、牛牛、脖子、脖蛋、慷子、腔子、膛、膛子、浑身、心坎、咽咽｜咽眼、腰窝、腰子、背叶儿、脚板、脚底板子、心肠、嗓子、心系、吃系、嘴脸、牙帮、牙花子、牙叉、坐臀、泡蛋、脬子、尿泡、藏肉｜脂肉｜紫肉｜纸肉、肋巴、脚把骨｜脚巴骨、净脚片｜精脚片、精身、筋甲、槌头｜捶头、肚浪、肚娃、骨尸、端堂、耳瓜｜耳挂、肝子、肺子、肝花、干腿、耳门、尸身子、脸皮子、头脑子、模样子、模样、嘴皮子、嘴皮、四骨、四梢、枯彩、鬓间、板颈、板掌、项、脖项、巴掌、身段、身量、身套、朵脑、胛骨、胛子、奶头、奶头蛋蛋、喉咙眼眼、枯彩蛋蛋、二两半、环环眼睛、眼睛角角、眼睛扇扇、眼睛牙儿、眼睛仁仁、脸势、葱指手、鼻子窟窿、鼻子疙瘩、耳朵垂垂、脑壳盖子、麻眼窟窿、肋巴扇子、乌乌、皱皱、脚踪、影响、脸色、含水、唾沫渣子、干堑、黑肉、各叉、骨铆、铆窍、铆节、毛骨、朵脑等。

4. 表日常用具及材料的词语

棒棰｜棒槌、火柱、门担、门闩、羊心卦、井篦、飞刃、镗、空心子、针扎｜针插、灯草、枪子儿、铺柜、掸子、柳囤、板柜、抽抽、麻纸、板镢、索珠、席篇、火煤子、漆裤、口歌子、炕柜、口琴子、锅煤、码簧、窗亮子、亮子、碗盏、笭｜罗、马尾笭儿｜马尾罗儿、萋、线香、供桌、烟筒、背斗｜背笼、揩斗、铡刀、长香、矛子、纸捻、碓窝｜对窝、姜窝｜臼窝、铩刀、帮、烟包、烟荷包、烟锅、茶窝、搅棍、净板炕、油单纸｜油粘纸、锯沫、烙铁、眉纤儿、门扣、米心钢｜密心钢、绵沙、门扇、立柜、笼床｜笼窗、漏勺、透水、铁牛、铁泥壁、拉拉车、拉拉（木桶藏语）、黑盖锅、拐耙棍、炭、桶担、鞭杆、调羹、托笼坨笼、瓦盆、瓦罐、瓦锅、瓦刀、拨人棒、墨锭、鞍装、鞍桥｜鞍鞒、八抬轿、车撑、梅花镫、臭棍、行程、香蜡、鄂博（农具）、图辘、轱辘（圆形木墩、车轮胎）、野船、扯绳、抽匣、尕把桶、海灯、虎台、火棍、火绳、火塘、鸡罩、家什、架（承重支架、鸡窝）、马刀、马勺、陪房、腔花、慷花、瓢、切刀、圈、什样锦、十样锦、鼻尖｜鼻桊｜鼻圈｜鼻桊、隔子、轭脖、铧、认头、烧柴、作仗、材、架子车、笸子、毛蛋、磨扇、转转槽、圆槽、弹弓、等子、锣锅｜罗锅、火盆、铡刀、火壶、片子、炕、生铁、镔铁、青铜、红铜、高丽铜、熟铜、白铜、水铁、毛铁、炭、石炭等。

5. 表示饮食的词语

焜锅、馍馍、砖包城、油花、油馍馍、油包子、油馓把、馓子、油香、纸烟、珍子、糁子、水烟、香片茶、头肉、饱子、卷子、素盘、扁粉、清茶、奶茶、滚水、滚油、安水、冰水、清茶、滚锅、麦蓁儿、磨物、盘缠、烟火、清油、卤、蜡、黄蜡、旱烟、干粉、冬面、杂合面、合田面、黑面、蜜糖、芽面、大卤面、拌汤、搅团、散饭、散面饭、疙瘩（面条、饺子）、菜碟儿、扁食、茶饭、饭页｜饭叶、瓜瓜 1｜粑粑、焦巴、卷、面叶、酪馏、酪醯、烧酒、甜醅、起面、汤、细叶儿汤、黄仁｜黄瓢、黄烟、泼茶、奶茶、细叶子茶、细面、白面、黑面、芽面、雪花粉、羊角葱、红葱、黑饭、夜饭、杂面、长饭、洋烟、洋糖、拉条子、烧酒、试刀面、巴洛尔、炕炕、炕子、焜锅、发子、献子、刀把子、糌粑、糖茶、贴馍馍、贴饼子、盘缠、拉面、扯面、加工面、馍馍、头茬面、下菜、咸盐、窖水、煎水、下馍、宽刀面、罐罐茶、琪花、拌汤、盘缠、酥油、奶茶、曲拉、糌粑、调货、苦豆、拌面、羊干头、羊肉稍子、臊子面、打卤面、凉粉、粉、扁粉、烩面、牛筋面、加工面、玉麦疙瘩、杂合面疙瘩、手抓、米汤等。

6. 表示服饰的词语

系子、系、帮子、鞋面、笼、笼子、朝靴、登云鞋、登云靴、缠子、包头、料子、绫子、对襟子、围腰子、后根子、衫子、绊子、记手、三环子、镏子、箍子、纂纂、膝裤、套裤、分头、二毛子、金丝连、单衫、溜跟、领豁、钮门儿、纽襟系、府绸、媒鞋、齐胸、头绳、转带、钱汊、兜肚、手钏、对儿、耳坠、条绒、撩襟、面油、芜荽（草帽）、袜垫、衬垫儿、建线｜缣线、顶针、一口钟、银圈子、窝、棋眼儿鞋、八眼鞋、八眼洋鞋、绑腿、包脚布、麻鞋、被儿、布索、褐衫、青洋索、月兰索、粗大布、凉圈儿、白大布、大白布、大茶｜搭袄、银子项圈、手巾、兜巾、二蓝布、裹肚、汗褐、主袄、主腰、主衣、兜兜、夹夹｜袯袯、号帽、花鞋、卡卡袖｜咔咔袖、扎花针、夹夹袖、扣线、裤鞘儿、被鞘、凉篷、麻鞋、毛鞋、襻｜袢｜泮、氆氇、纱稠、双梁鞋、围肚儿、系腰、雪花膏、沿条、曳巴｜曳靶｜叶把、盖头、绣鞋、卧龙袋、战带、膝裤、花鞋、花花帽、大裆裤、主腰丨主袄等。

7. 表示动植物的词。动植物择地而生，其地域特征十分明显

A. 植物

肇、苦地蔓丨苦子蔃丨箍枝蔓丨股枝蔓、毛冉冉、菜水、指甲花、打泡儿丨打炮儿、扁柏、桑子树、苴苴树、扶条、水浪柴、麻捻、麻秆、麻籽、弄柿、竹棍、蒲踢、护林、蓁、荞皮、站林丨占林、花檎1丨花青、林柏丨轮柏丨龙柏丨灵柏、黄萝卜、红萝卜、脆瓜、桃杏、刀豆、卧龙头、烟桃子、洋梗丨洋根丨圆梗、添坑、填坑1丨林禾丨林棵丨林阔、刺棵、茄莲丨切莲丨芪连、啤特果、酸巴梨、长把、冬果、毛桃、当归虎头、独独蒜丨秃秃蒜、红皮蒜、羊角葱、墩墩儿草、发菜、灰菜、疙瘩菜、番瓜、包包菜、葛条、根糖丨根塔丨根沓、甜根儿、苦根儿、苦苦菜、芫荽、香菜、打破碗丨大碗花、串子连、藏红花、金丝莲、楸子、凌青、红擒、苦豆、香豆、馒头花、边叶、红麻丨胡麻、黄田、藻儿丨缥儿丨瓢儿丨飘儿、地瓢儿、蕉子、猛子丨檬子、桦儿子、罂花、大丽花、海纳、凤仙花、指甲花、洋玫瑰、菜子、菜子花、蒌、茹蒌丨榆蒌、小燕麦、大燕麦、马莲丨马兰、马银、木香、草蛋丨草旦、刺桠、尖杨柳、节节草、席芨、敦敦草、盖杈丨克杈丨柯杈丨格杈丨各叉丨棵杈、接杏、洋芋、地软、地蔲、地软软、谎花、羊枇杷、马枇杷、然然子、马兰、马莲、野槐子、颗子、朵子、梢子、脯子、股子1、毛桃、樱桃、圆圆、麻圆圆、冰豆、苦豆、扁豆、大豆、豌豆、大豌豆、红颗子谷子、糜子、黄谷子等。

B. 动物

雀雀子、板凶子、强马、鸡娃子、蛇扁獠儿、香子丨麈子、骚狐子、恨吼、仓老鼠、蜜虫、金鸡丨锦鸡、谷谷秀、末子、头狗、头鸡儿、乳牛、瞎瞎、瞎老、哈喇宝儿、瞎老鼠、瞎缝子、鸪鸪等丨咕咕等丨姑姑等丨咕咕咚、巴勾虫儿、旋鸡、麻子蜂、马蜜蜂、呱啦鸡、草驴、儿马、骡马、骒骒、地麻雀、虼蚤丨个蚤、黄鹈子、黄瓜鸟、黄羊、麻了、马燕儿、毛老鼠、狼鹰、毛老鹰、咕噜雁丨骨磪雁、舟舟丨驹驹丨蛛蛛丨蜩蜩、寒呷老鸦丨寒家老鸦、扑鸽、青狼、七寸、青庄、蛐蟮、鸡公、鸡婆、叫驴、羯羊、堂鹁鸽、崖鹁鸽、狠狠丨哼哼、瞎猫、旋黄鸟、夜鳖虎、长高鸟、长高虫、长高、长谷虫、长够虫、黄鹈子、蛆儿、雀儿

大马、加拉皮、蚂蚂蛐蛐、蚂蚁虫儿、豹花骡子、炮花马｜豹花马、屎爬牛｜屎扒牛、癞呱呱｜癞肚呱｜癞犊儿、鸪鸪咪儿、饿老扑｜饿老豹｜饿老鹰｜饿老婆｜落落扑、大豆蛾｜打灯蛾儿｜大灯蛾、扑灯蛾、黑髓、项圈、猡猡豹、走马、鬃刚｜鬃岗、肚浪、夜猫子、鹿哥儿、野狐子等。

8. 建筑农田方位

溜溜地｜绺绺儿地、荒地、敞地、吊地、粪场、界子、基子｜墼子｜脊子、角子、沿子、窗格、楼子、井合院、泥壁、灶火2（厨房）、厅房｜庭房、吊庄、卧房、睡房、场院、上房、大房、耳房、椽、窖、门首、拉檐、拉檐台、撩檐、檩｜岭｜领、粪坑、舍里、滴溜沟、水肠眼｜水畅眼、水槽眼、闪马坑｜陷马坑｜散马坑、阳沟、阴阳瓦、坟茔、庄窠｜庄廓｜庄颗｜庄空｜桩廓、高庙、四外、满间炕、炕、烙炕、平坦里、胡基｜胡地、核垍、巷道、巷堂、歇台、三间｜山间、连间、梁间、圈、上地、下地、薄地、上磨、水险｜水弦｜水线、油坊、酒坊、面店子、堂门、堂屋、仰窗｜仰尘、仰棚、天窗、窑、窑洞、窜堂墓、庙台、庙观、庙堂、庙宇、木料、拐格、两檐水、仓房、场、方｜枋、方板｜枋板、捷路、闪断桥、闪闪桥、盖塄｜格塄｜隔塄｜圪塄、塄坎、塄干、盘盘路、崖坎、拐拐路、黑路、路径、蚰蜒路、门套、门道1（院门通到房屋的道路）、心（中心位置）、外前、后里、外先、卡卡、一处儿、阴子里、阳山、旮里旮晃、繁处、炕眼、冰炕、炕棱｜炕塄、圪、旮晃、合1｜何、候兜｜后头｜合头｜吼头、何头、根儿里｜跟儿里、跟里、跟呢、跟、眼跟前、跟先、傍隔｜半个｜拌个｜畔个｜傍格｜旁格｜旁个｜帮个儿、头儿、背心地里、当、十字当街、当心、当中眼｜当住眼、当中间、当中里、间、河南、那哈、后窍、伙里、伙儿里、伙子里、伙、两下哩｜两下里｜两下呢｜两哈呢、瓢物、内里、旁处｜旁出、高头、四梢、四山八沟、四外、四下、四山、四路、四下里、四周八下、头里、老里｜垴里｜脑里、跟下等。

9. 自然现象

霖子雨、雪倒坝、星宿、冰溜儿、毛雪、稠水、绵风、好雨、宵｜烧｜绍｜梢、烟瘴、热头、冰凌、火闪、干电儿、天气（天、太阳）天心、天爷、老天、透雨、秋里雨、扫雨、白雨（冰雹、雷阵雨）、黄风、黑云、冷子、冷蛋、冻冰、硬冰、青冰、寒冰、滴漏水、滴流、滴漏儿、廊檐水、地动、电光儿、过雨、雷火、凌霜、扫帚云、夏晴天、断根天、伴月星、七星、亮星、全卯星丨穿帽星丨攒毛星丨攒冒星丨攒麦星、亮明星、亮星、北斗七星、天河、天火；生坡、梁梁子、撇坡、趄趄坡、泥巴、涧沟、窝窠丨窝坑、倒堆山丨倒对山丨到对山丨刀对山、嘴、豁落、豁岘壑岘、豁落山、岈豁丨垭豁丨崖豁丨牙合丨牙壑、豁牙丨豁垭丨壑牙、薄土丨坡土丨抛土、塘土、列石、土圪垯、瓦等。

二　包含词语较少的概念域

按阶层划分的人物词语：大老爷，二老爷、保甲长、财东、上等人、富汉、有钱汉、道台、土司、司令、人主、上户、穷寒人、穷汉、出门人等。

神佛类称谓较少，花儿中神佛类的称谓综合了佛道以及地方神灵的名称。娘娘、花娘娘、送子太太、家神、小神、马王、牛王、马王爷、蓬头王、掌世佛、佛爷、祖师、地奶奶、毛鬼神、魔鬼神、骚毛鬼、毛鬼、旱魔、白兰观音、鄂博（山神）、胡大、阎君、老爷、大罗仙等。

按性情、人品、面相划分的人物词语较少：

夸奖类：条梢子、人梢子、梢子、梢子货、行家、君子人等。

贬斥类：麻子、顶缸、半鹉汉丨半年汉、洋混子、尕尕、花子、离家、劣巴、料片、马六神、谝匠、嘴子匠、四害、贼娃子、二流子等。

按民族得名的称谓语：汉儿、番子、鞑子、西番家、家西番、黑西番、缠头回子等。

交通工具类：马、骡、筏子、排子、大链瓦车子、"铁牛"、摩托车、班车、桑塔纳、十轮卡、尕（小）卧车、卡车、三轮、蛋蛋儿车、长途车、自行车、四轮、夏利车、青海湖（品牌）等。

疾病：热病、寒病（热病、寒病一般引申指相思病）、百病、桑黄（嗓子长疮）、黄水疮、疥疮、秃疮等。

药品：鹿茸丸，灵宝丹、灵宝如意丸、二益丹、丹药、丸药等。

按疾病得名的人物词语：病汉等。

通过名物词不同概念域的词语分布数量对比，我们可以看出：表农田方位建筑的、表器具农具的、表称谓的、表动植物的等概念的词语都在 100 个以上，称谓类的甚至在 200 个以上。而表疾病、药品、病患名称的词语，都不到 20 个。直指病名的只有"桑黄、疥疮、黄水疮"等词，"寒病、热病、内里病、心病、相思症"等病类词，语义指向爱，是内心感受，与平常的疾病关系不大。至于出现的"丹、丸"之类的药品名称词，大多是把对方比作这些药品，渴望得到爱情救治。此外，药品词都是中药名称词，花儿歌词中尚未见有西药名称词语。

在同一个概念域如称谓语中，也有分布不均匀的特点，表"爱人"概念的下位词语特别多，记有 84 个，而按疾病得名的称谓词语只有 1 个。这是花儿主题以及避讳疾病的文化心理对花儿用词的限制。

在传统花儿中，高频出现的词语还有指称农田庄稼的词语、指称各种小手工业者"匠类词"、指称"马"的名称词、指称农用工具材料铜铁类词等，这与花儿主要传唱在农村地区有关。

动植物类词语，集中体现了在不同的地域，同实异名的情况。如共同语中"乌鸦"一词，就有呱老哇、浪老鸦（狼老鸦、狼老娃）、狼老鹄、黑老鸦、鸦老哇、黑鸦、老娃（老洼）、黑老鹄、寒呷老鸦（寒家老鸦）、黑鸦老哇、水老鹄、嘎哇、老鸦等诸多指称，分别出自不同的民歌集，这些称谓来自不同的地方。如寒呷老鸦（寒家老鸦），仅存在于岷县花儿中。

称代指示词语数量较多与花儿自娱，以及两人对唱、多人接唱的现场语境有关。

饮食类的词语主要是面食类，出现稻米类的只有一个词——米汤，反映了西北以面食为主的饮食文化特征。

第二节 花儿词汇历史层次明晰

汉语史的阶段分期总有争议，现代汉语的上限期亦不例外。我们以王力先生《汉语史稿》的分期为准，"二十世纪（五四运动以后）为现代"[①]。现代汉语的发展已有百年的历史。为了更深入地研究现代汉语，刁晏斌把现代汉语的发展演变划分为四个阶段：第一阶段：1919—1949

---

① 王力：《汉语史稿》，中华书局 2004 年版，第 35 页。

年；第二阶段：1949—1966 年"文化大革命"开始；第三阶段：1966—1976 年；第四阶段：1978 年至今①。并指出二三阶段可以合并。十年"文化大革命"，花儿被禁，这一时期花儿的数量非常少，因此我们研究花儿词语也把这两个阶段合并。1978 年至今，我们又以 2000 年为界划分为两个阶段，因为，2000 年之后，手机、电脑的普及，信息技术的发展，改变了人们的生活方式，相应产生了大量的表示这些社会新生事物的词语。

此外，花儿词汇中保存了很多在普通话中已消失的古词语。因此我们将按五个部分——古语词、1919—1949 年词语、1949—1978 年词语、改革开放至 20 世纪 90 年代末期词语、2000 年之后词语来探讨花儿词汇的历史层次。

一 古语词（上古至清代末年的词语）

本节讨论的是保存在花儿中的但在普通话中已消失的古、近代汉语词语。

（一）单音节词语

寻：找。

> 敬着阿里好酒呢？寻着寻着丢丑呢。《莲花山与莲花山花儿》557 | 娃家阿姨明白人，我有婆娘时再不寻你。《岷州花儿》7 | 上下庄子寻个遍，马五阿哥没寻见。《青海民歌选》161

《牡丹亭·第三十五出·回生》："绣带重寻，袅袅藤花夜合；罗裙欲认，青青蔓草春长。"《狄公案》第五十七回："当时众人有欲拔刀自刎的，有欲向金殿铁柱上撞死的，把个金銮殿前，当作个寻死的地府。"

决 | 嚼 | 嘛：骂。

> 一天里挨的者三顿打，一晚夕决的者亮了。《河州花儿研究》62 | 毛红鞋的底底儿薄，想你三天没做活，叫屋里外头挨了嚼。《岷州

---

① 刁晏斌：《论现代汉语史》，《辽宁师范大学学报》（社会科学版）2000 年第 6 期。

爱情花儿精选》16 | 噘着心疼打着爱，不噘不打才是害。《舟曲花儿》42

"决"在近代汉语中有多个词形，《韵会小补》："诀，怒词也。"顾起元《客座赘语》卷一："凭怒而语诟詈之也曰攫。"元秦简夫《晋陶母剪发待宾》第二折："妾身韩夫人；自从陶侃当下这个信字拿钱到家中，被他母亲痛决了一场，今日早间，陶侃将信字赎将去了。"明西周生《醒世姻缘传》第六十四回："我就只说了这两句，没说完，他就秃淫秃［］的撅了我一顿好的。"甘肃武都（非花儿区）方言中读音又有不同，"决"的声母读为送气音。

经：系。

烟雾拤了界子了，花没经的带子了。《舟曲花儿》99

"经"即古词"衿"。《礼·内则》："衿缨、綦屦。"李善注："衿犹结也。"

踏1 | 蹋1：用杵在石臼里砸。

石碓窝里踏姜黄，庄稼就是头一行。《叠藏河》第16期28 | 手踏的辣子手踏的蒜。郭正清《河州花儿》65 | 生铁俩倒哈的茶窝儿，花椒我蹋哈了两斤。《百度文库》

本字当为"碏"。《说文·石部》"舂已，复捣之曰碏。"段玉裁《说文解字注》："碏之言沓也。取重沓之意。"《正字通·石部》："今俗设臼，以脚踏碓舂米曰碏。"方言中，用手抓起石杵在臼窝里砸各类调料谷物叫"碏"，用脚踩动滚轮碾细调料叫"碾"。

弯 | 迢 | 吊4：远。

越想日子越弯了，叫我没处依靠了。《舟曲花儿》54 | 庄又大来路又弯，我像黄鹰盘不到。《岷州花儿选集》137 | 园里栽了葡萄了，走的路远山迢了。《洮州花儿散论》224 | 好看的花儿路吊了。《湟中

资料本》135 | 路又远，没见者日子儿吊了。《新编大传花儿》4

《说文·穴部》："鸴，鸴窅，深也。从穴，鸟声。"徐锴《系传》："深远貌也。"

攮：推、撞。

  我连香头儿顶门时，你来了还直攮呢。《岷州花儿选集》144 | 攮开庙门墙倒了，羊羔压死鸡跑了。戚晓萍《阿欧怜儿的程式和主题》

明梅膺祚《字汇·手部》："乃党切，音曩。推攮也。"黄仁寿《蜀语校注》32 页："推人曰攮。攮音朗。"

装：缝制被子或棉衣棉裤时，往里塞棉花的动作叫装。

  好棉花装了个主腰了，弱棉花装了个被了。《河州花儿卷》127 | 扎花枕头棉花装。《岷州花儿》15 | 绿布主袄装棉花，棉花装上了压下《西北花儿精选》126

本字当为"著"。《仪礼·士丧礼》："幎目用缁，方尺二寸，赪里著组系。"郑玄注："著，充之以絮也。"

行：走。

  一帮姑娘眼前行，阿开是我心上人？《舟曲花儿》1 | 行进薛门的吴子成，闪坏了薛家的满门。张亚雄《花儿集》213 | 走不成时叫娃拖，行到一搭儿晒阳婆。《岷州爱情花儿精选》135

"行音 heng。"[①] 方言读音与古音同。《正字通》："何能切，音衡。"《说文·行部》："人之步趋也。"《释名》："行，伉也。伉足而前也。"《韵会》："从彳，左步。从亍，右步也。左右步俱举，而后为行者也。"

[①] 政协舟曲县文史资料委员会：《舟曲花儿》，内部资料，2016 年，第 1 页。

隔 2 | 该：欠账。

　　尕妹的账哈谁隔来？见我时红者个脸来。《河州花儿卷》265 |
该下你的给你给，该下我的算哒了。《莲花山与莲花山花儿》33

《儒林外史》52 回："人家该咱们的，咱们该人家的，算一算"。
溜：偷。

　　大门道拴的是尕狗娃，恐害怕溜门的贼来。《春风吹动花千树》41

明顾起元《客座赘语》卷一《诠俗》："有所避而倏遁曰溜。不告其人而私取其有，若盗焉，异曰溜。"甘肃武都方言小偷叫"溜娃子"。
有 1：有钱，富裕。

　　见钱起意的是小人，穷有不分是君子。张亚雄《花儿集》195

《通俗编》："《诗·大雅》'爰众爰有'，笺曰，'有财足也'。"① 《列子·说符篇》："'孟氏窭于贫，羡施氏之有。'注曰'有，犹富也。'"
毕：完成，结束。

　　吃饭已毕备马鞍，收拾行李把路行。《甘肃卷》215

唐《北里志·王团儿》："及题毕，以未满壁，请更作一两篇，且见戒无艳。"宋《北梦琐言》卷十二："祭毕回舟，而见空中云务有一女子，容质甚丽，俯就杨公呼为杨郎。"
攘：平定。

　　杨家六郎者攘六国，杨五郎保的柴魁。《花儿春秋》63

---

① （清）翟灏：《通俗编》，东方出版社 2012 年版，第 433 页。

《说文·手部》:"攘,推也。"段玉裁注:"凡退让用此字。引申之使人退让亦用此字。如攘寇、攘夷狄是也。"

断:审判。

> 进去衙门往里看,衙役站,大老爷断案着哩。《湟中资料本》45

唐刘肃《大唐新语》卷三:"户部员外魏克己断案,多为仁轨所异同。"清《狄公案》第二十三回:"究竟那毒物是怎样下入,方令他信服。从来本县断案,不肯冤屈于人,若不彻底根究,岂得谓民之父母!"

瓦:泥土。

> 脚户哥回家铃铛响,松州的茶,瓦做的茶罐里熬上。《湟中资料本》15 | 我把你当成玉石了,你把我当成瓦了。《宁夏花儿精粹》210

《说文·瓦部》:"土器已烧之总名。"清初《日知录》卷十五《厚葬》:"治霸皆以瓦器,不得以金银铜锡为饰。"

鹐 | 錾 | 钻:啄。

> 跛脚鸡公鹐白菜,一朵黄花刚开开。《舟曲花儿》5 | 跑上看去没有的,啄木鸟儿錾树哩。《临洮花儿》38 | 洮河沿上棒棰响,我当是花儿洗衣裳,唉,不是的,啄木鸟儿鑽〔钻〕树的。1940年版《花儿集》3

明梅膺祚《字汇》:"鸟啄食曰鹐。"

引:繁殖。

> 尕妹子抱了个小孩子,这就是我引下的种子。董克义《积石山》150

本字当为"胤"。《说文·肉部》"子孙相承续也。从肉；从八，象其长也；从幺，象重累也。"

翻：第二个"翻"应该为"番"。动量词，次。

　　翻天覆地闹一翻，催老了一层的少年。《花儿集》204

"六朝时引申为量词，动量词'番'相当于回、次。"①

遭｜早："唐代引申为动量词，表示动作发生的次数。相当于'次，回'。"②

　　千错万错我的错，这一遭你容让过。《岷州花儿选集》99｜尕妹的怀里睡一遭，死了是不要纸烧。张亚雄《花儿集》211｜心上的尕妹俩好一早，死掉了叕埋了撩掉。《百度文库·青海花儿歌词100首》

噙：口含。

　　你噙下的我不嫌，唾沫和水比蜜甜。《岷州爱情花儿精选》34｜红雀噙的一颗米，下到锅里澄到底。《叠藏河》第16期5

明凌濛初《二刻拍案惊奇》卷三十八："郁盛挨在身边同坐了，将着一杯酒，你呷半口，我呷半口，又噙了一口够着脖子度将过去。"清琅嬛山樵《补红楼梦》第十九回："说着，便噙了一口酒，走过东边来，把那面貌相熟的妓女抱在怀里，不容分说，搬过脸来嘴对嘴儿喂了下去。"

蒙｜鞔｜缦：用皮子绷紧覆盖鼓面。

　　剥下皮了蒙鼓哩，鼓打烂了可补哩。《西北花儿精选》60｜一张皮子鞔两张鼓，高山上打锣者哩。郭正清《河州花儿》55｜一张皮

---

① 向熹：《简明汉语史》下册，商务印书馆2010年版，第349页。
② 向熹：《简明汉语史》下册，商务印书馆2010年版，第346页。

子缦两张鼓,高山上打锣者哩。张亚雄《花儿集》

《说文·革部》:"履空也。从革免声。"段玉裁注:"'鞔、覆也。'《考工记》注:'饰车、谓革鞔舆也。'此鞔引申之义。凡鞔皆如缀帮于底。"这里指出"鞔"本义是用布或革覆盖制作鞋帮,后引申为覆盖制作其他的器具。

铡丨扎:劈、砍、切。

出了大门入林呢,拿的斧头儿铡柴呢。《岷州花儿选集》63丨刹白杨吗扎桦柴,你想我着谁见来。《舟曲花儿》63

梅膺祚《字汇》:"士戛切,音札。铡草也。"黄仁寿《蜀语校注》:"碎切曰铡。"①

拉3:磨碎。

豆草粉了个荞花了,黑燕麦拉了料了。《天祝花儿选》214丨小豆拉了黄子了,看着花的房子了,活断我的肠子了。张亚雄《花儿集》205

"拉"当为"擎"。《集韵》:"郎达切,音辣。"《博雅》:"研也。"《陇右方言》"今谓磨青稞曰拉珍子。"②

项:脖子。

廖化上前跪地下,马项底里拴的啥。《临洮花儿》120丨项上架着个催命刀。《宁夏花儿精粹》396丨山里的野马红棕项,架鹰的鞍装备上。朱仲禄《花儿选》80

《广韵》:"胡讲切。"方言读音与此同。《史记·孔子世家》:"郑人

---

① 黄仁寿:《蜀语校注》,巴蜀书社1990年版,第100页。
② 李鼎超:《陇右方言》,兰州大学出版社1988年版,第43页。

或谓子贡曰：'东门有人，其颡似尧，其项类皋陶，其肩类子产，然自要以下不及禹三寸，累累若丧家之狗。'"

翠：鲜艳、明亮。

山里的野鸡红冠子，绿尾巴惹人爱哩，给尕妹子买了个银簪子，别上是分外翠哩。《六盘山》42丨越看尕妹越翠了，脸上淡了粉了。纪叶《青海民歌选》45

黄仁寿《蜀语校注》："苏轼《和述古冬日牡丹四首》之一'一朵妖红翠欲流。'宋陆游《老学庵笔记》卷八东坡《牡丹》诗云：'一朵妖红翠欲流，'初不晓'翠欲流'为何语。及游成都，过木行街，有大署市肆曰郭家鲜翠红紫铺，问土人，乃知蜀语鲜翠，犹言鲜明也。东坡盖用乡语云。'"清李实《蜀语》"凡颜色鲜明曰翠"。[1]《陇右方言发微》80页"皋兰谓服饰鲜美曰翠"。[2]

养：生孩子。

你瞭今年迟了我俩明年走，给你养上一个娃了走。《岷州花儿选集》79丨没嫁的女子把娃养了，嫁不成你娘老子守着。《六盘山》171丨养下的娃娃像妈妈，没有个像姨娘的。《湟中资料本》11丨我是娘养下的怕老婆，人前人后话不多。《莲花山与莲花山花儿》96

清·翟灏《通俗编·妇女》引董斯张《吹景录》："生子曰养，语亦有本。《韩诗外传》：'王季立而养文王。'"明·西周生《醒世姻缘传》第九十一回："京师女人，那不贤惠，降老爸，好吃嘴，怕做活，一千一万，倒像一个娘肚里养的，越发看了不好的样式。"清·金松岑、曾朴《孽海花》第八回："只听金大人说，我们先生的面貌，活脱像金大人的旧相好。又说那旧相好，为金大人死了。死的那一年，正是我们先生养的那一年。"

---

[1] 黄仁寿：《蜀语校注》，巴蜀书社1990年版，第172页。
[2] 李恭：《陇右方言发微》，兰州大学出版社1988年版，第80页。

（二）双音节及多音节词语

搭茶｜打茶：煮茶。

红铜的罗锅里搭茶哩。《河州花儿》242｜挣扎几步到山顶，搭壶清茶再叙情。雪犁《花儿选集》156｜红铜的锣锅里打茶哩。朱仲禄《花儿选》53

"搭｜打"，应是"燂"。《说文》："炊也，丛火单声。"《陇右方言发微》48 页："陇右至今通谓烹茶曰燂茶。"① 燂记为搭，是语流中音素 n 脱落的结果。

跌拌｜跌绊：精心准备，精心做某事。

诚心哈诚意地跌拌哩，吃两碗可心的饭哩。《春风吹动花千树》94｜杏木儿推下的案板，头茬面做下的细长面，为你者跌绊了三天。《宁夏花儿精粹》207｜枣骝公鸡的毛大了，干跌绊，毛大着上不去架了。《青海花儿大典》131

无名氏《全元杂剧·雁门关存孝打虎》："只为俺衣饭难迭办，不得已在他人眉睫间。"《陇右方言发微》："甘谷武山一带，谓尽力于事，难易无所避曰'颠覆'。颠读跌，颠跌双声。覆读班，变为重唇音矣。"②

抄过：翻地，耕耘。

抄过园子种白菜，两面种西瓜哩。达玉川《青海花儿选》48

明梅膺祚《字汇》："俗谓耕田曰耖田。音钞。"《集韵》："覆耕曰耖。耖音抄。"

伙种：合作耕种庄稼。

---

① 李恭：《陇右方言发微》，兰州大学出版社 1988 年版，第 48 页。
② 李恭：《陇右方言发微》，兰州大学出版社 1988 年版，第 156 页。

有话和你好商量，咱俩把庄稼伙种上。《临洮花儿选》92

清代《西和县新志》："或已业或当地招人耕种，业户与种地人按亩各出籽种一半，至收获是业主与种地人均分，称曰伙种。"① 这种种植方法源于保安族。"保安人早期农业经营方式。保安人早期主要从事农业生产……在劳力和牲畜严重不足的情况下，农业经营采用'伙种'的形式，有的农民互相伙种，有的与寺院或者官商伙种，农民大都只出劳力……一般的农户，除负担籽种外，所得收入均不足百分之四十。"②

临了：最后，最终。

临了落在谁跟前，落在谁前谁心宽。《岷州爱情花儿精选》77｜你这会儿把心昧下了，临了得个气者淘。《莲花山花儿选粹》48

《全元杂剧》无名氏《罗李郎大闹相国寺》："老爹头里打小哥时，打了他几下，倒也罢了。临了说上两句：'儿要自养，谷要自种。'"

后晌：下午。

说下的话儿透心凉，早晨嘛活不到后晌。《六盘山》152｜从早唱者到后晌，唱了心里才亮堂。《甘肃卷》153｜后晌到了天阴了，越看是越阴的重了。《湟中资料本》15｜明天的后晌里我来下，不来时我心里想哩。《河州花儿》267

《醒世姻缘传》第62回："智姐的母亲说道：'后晌还是晴天，半夜里骤然下这等大雨。'"清代《蓝田乡土志》："日晡曰后晌。"③

怨怅｜怨畅：抱怨。

---

① 莫超：《西北方言文献研究》，北京大学出版社2014年版，第113页。
② 铁木尔·达瓦买提：《中国少数民族文化大辞典·西北地区卷》，民族出版社1999年版，第154页。
③ 莫超：《西北方言文献研究》，北京大学出版社2014年版，第108页。

为了穷日子变小康，苦一点也不要怨怅。《临洮花儿》204 | 难心着把自己怨畅。《花儿词话》295

《初刻拍案惊奇》卷三十八："磕头撞脑，拿差了柱拐互喧哗；摸壁扶墙，踹错了阴沟相怨怅。"

叫唤1：喊叫，叫。

布谷鸟叫唤立夏呢，我四月怀抱锄把。《宁夏花儿精粹》120 | 月亮上来镰刀弯，把你约到鸡叫唤。《洮州花儿散论》194 | 人哭鬼嚎的马叫唤，好花儿听见是心酸。《爱情花儿》196 | 花猫它不抓老鼠干叫唤，可老选它当状元。《莲花山与莲花山花儿》635

《醒世姻缘传》第十九回："那日连李成名媳妇也要算计在里边宿歇，恰好到晚上李成名被蝎子螫了一口，痛得杀狠地动的叫唤。"

呻唤：呻吟。

我想你时一身汗，不由人者干呻唤。《甘肃卷》166

《百喻经》卷第一《人说王纵暴喻》："夜中呻唤甚大苦恼。王闻其声问言。何以苦恼取汝百两。十倍与汝。意不足耶。何故苦恼。傍人答言。大王如截子头。虽得千头不免子死。虽十倍得肉。不免苦痛。愚人亦尔。"颜之推《匡谬正俗》："今痛而呻者，江南俗谓之呻唤。"

头狗 | 头口：郭正清注：头狗指农家对使役的大牲畜如马牛驴骡等的称呼。

你挡上头狗我跟上走，西大路说一会话走。《河州花儿》220 | 防盗的大铁门我开开，料拌者头口哈喂上。《河州花儿卷》116

头狗、头口为一词异形，《青海花儿词典》363页，《花儿民俗辞典》164页都记做"头口"。《宛署杂记》卷十七《民风二》："驴骡曰头口。"

此义五代已见①。《歧路灯》第四十四回"若说绍闻此时既寻不着母舅，幸而腰中尚有盘缠，若央周小川觅个头口，依旧回到开封，还可以不误宗师考试。"

生活：活计。

> 心里的话儿说出来，生活上添了个劲儿了。《花儿词话》5

明《初刻拍案惊奇》卷三十五："又不会做什么营生，则是与人家挑土筑墙，和泥托坯，担水运柴，做坌工生活度日。"清《狄公案》第五回："向着狄公说道：'你这郎中先生也太走时了，乡镇无人买药，来到这鬼门关做生意么？老汉正在田内做生活，被你这伙计胡缠了一会，说你有话问我，你且说来，究为何事？'"

洋烟：鸦片烟。

> 刀刀切了羊肉了，你把洋烟曷逗了！洋烟把你吃瘦了！张亚雄《花儿集》118

清徐珂《清稗类钞·饮食类》："鸦片，药名，即罂粟，其名称至多，而曰阿片，曰阿扁，曰阿芙蓉，曰芙蓉，曰苍玉粟，曰藕宾，曰乌香，曰乌烟，曰药烟，曰亚荣，曰合甫融，曰洋药膏，曰洋药土，曰膏土，曰公班烟，曰公烟，曰公膏，曰菰烟，曰大土，曰白皮，曰红皮，曰小土，曰洋药，曰洋烟者皆是也。"

烧酒：白酒。周巍峙《中国节日志·莲花山花儿会》："康乐县莲花山地区有着酿造青稞酒的传统习俗，早年，不论逢年过节，红白喜事，或是朝山，莲花山花儿会前，差不多夹夹都要酿酒。……那时的蒸馏器被称作烧锅，生产作坊被称为烧坊，所制的蒸馏酒被称作烧酒。"②

> 黑大麦煮下的好烧酒，七星儿八卦地摆下。《天祝花儿选》41

---

① 黄宜凤：《明代笔记小说俗语词研究》，巴蜀书社2013年版，第81页。
② 周巍峙：《中国节日志·莲花山花儿会》，光明日报出版社2014年版，第113页。

烧酒又好味又香,就像竹叶青一样。《莲花山花儿选粹》91 | 狼尾巴谷子啦烧黄酒,红青稞要煮个烧酒。《临夏花儿选》第二集 97

明末清初《醒世姻缘传》第十九回:"那日是他姐姐的生日,小鸦儿买了四个鳘鱼、两大枝藕、一瓶烧酒,起了个黎明,去与他姐姐做生日。"

土盐:盐碱地带产的盐,质量较差。

买盐了你买加碘盐,再要买青海的土盐。《临洮花儿》203

宋司马光《涑水记闻》卷四:"唯御膳及宫中盐善耳,外间皆是土盐。"

冰凌:冰。

冰凌常冻满着呢。《莲花山与莲花山花儿》565

东汉应劭《风俗通》:"积冰曰凌。"《广韵·麦部》:"凌,冰凌。"

麻纸:没漂白的纸,颜色泛黄。

大麻纸要包个冰糖哩,小麻纸要包个肉哩。《河州花儿卷》44

《东观汉记·蔡伦》:"故麻造者谓之麻纸,用木皮名穀纸,用故鱼网名网纸。"

烙铁1:熨斗。

就像烙铁烙上了。《莲花山花儿卷》39 | 落实政策就是好,心里头熨斗熨了。《青海卷》743

《儿女英雄传》第二十四回:"便叫他跟在一旁,不是给烧烧烙铁,便是替刮刮浆子,混着他都算一桩事。"

烙铁2:原指刑具。今指烧红的铁制器具。

叫你把我夓列撒，三铲不够一烙铁，我把你按不腾腾一拔脚。《莲花山》47

《明史·志·刑法》二："酷吏辄用挺棍、夹棍、脑箍、烙铁及一封书、鼠弹筝、拦马棍、燕儿飞，或灌鼻、钉指，用径寸嫩杆、不去棱节竹片，或鞭脊背、两踝致伤以上者，俱奏请，罪至充军。"

帮子2：

柏木的帮子柳木的档，就把棺材做停当。《叠藏河》第1期55

元戴侗《六书故》："帮，裨帖也。省作帮。凡事物旁取者皆曰帮。"清陈少海《红楼复梦》第五十七回："只见茗烟一头冒起来，正在金凤们窗口，看着又要沉了下去。金凤着急，大叫道：'快些抓住船帮子！'"

材：棺材。

死了装上一副材，亲戚朋友验棺来，谁还知道我俩个。《岷州花儿选集》133｜变成阴魂缠着来。要埋埋在一副材。《莲花山与莲花山花儿》592

清梁同书《直语补证》"今人呼凶具曰材。"

档：棺木前后两边称为档。

柏木的帮子柳木的档，就把棺材做停当。《叠藏河》第1期55

清王念孙《广雅疏证》："当，谓棺前后蔽也。"

阳沟：水渠。《青海卷》编者注："阳沟上面敞无盖板的水沟，上面有盖板的则称阴沟。"

妹妹是阳沟者阿哥是水，长流水不断的淌给。《青海卷》767

"阳沟"在历史上有不同的来源，晋崔豹《古今注》云："长安御沟谓之杨沟，植杨柳于其上也。一曰羊沟，谓羊喜触垣墙，作沟以隔之，故曰羊沟。"崔豹《古今注》："有以屋下者阴沟，檐前者为阳沟，甚显。"明郎瑛《七修类稿》卷四十六事物类："凡沟有露见其明者，有以土填其上者，土填其上者谓之阴沟，露见其明者谓之阳沟。言阳以对阴，无他说也。"唐末马缟《中华古今注》谓："羊喜牴触垣墙，为沟以隔之，故曰羊沟。予以今人暗者为阴沟，则明者为阳沟矣，明白简易。"清刘献廷《广阳杂记》："盖潜行地中者曰阴沟，则显行与地面者为阳沟矣。"

圈1：给牲畜盖的栖息处。

东方发白天亮了，牛羊赶出圈了。达玉川《青海花儿选》49

《说文》："养畜之闲也。从口卷声。"《陇右方言发微》："陇南甘谷武山一带谓人厕、马厩、豕圂皆曰圂，读若券。"①

升子：称量粮食的器具。

我家的银子要用升子挖，斗斗里头装不下。《莲花山花儿卷》51

《太平广记》卷471《集异记》："元佐至明，忽觉其身卧在田中，傍有一螺，大如升子。"

羊角葱：头年秋天种下的葱。经历了冬天，叶枯根活，在春天重新发芽，露出地面形似羊角。也叫红葱。

你就好比羊角葱一根。《莲花山花儿卷》33

《金瓶梅方言俗语汇释》："一碟羊角葱佥炒的核桃肉，一碟细切样子肉。"②

班房：监狱。

---

① 李恭：《陇右方言发微》，兰州大学出版社1988年版，第118页。
② 李申：《金瓶梅方言俗语注释》，北京师范学院出版社1992年版，第268页。

抓者班房里给圈下。父母心思白费下，望子成龙没是啥。《莲花山花儿卷》209

清《补红楼梦》第18回："才刚喊冤的女孩子，押在那里去了？"冯渊道："发给女禁子押到班房里去了。我只略问了他几句，他说被人打破婚姻，夫妇双亡的事。"清李绿园《歧路灯》第30回："狗忘八肏的，少要撒野！今晚老爷还回不来哩。我给你一个地方儿，黑底里休要叫爷叫奶奶聒人。小姚兄弟，先把这两个费油盐的押到班房去。"

蒲蓝：圆形小箩筐。用来装缝纫用品。

月亮上来蒲蓝大，亮明星上来碗大。《花儿集》85

元《包待制陈州粜米》："我如今到那里呵。敢着他收了蒲蓝罢了斗。"

班辈：辈分。

阎王门上从商量，商量寻上一个娘，我当哥，你当妹，有了旁人论班辈，没了旁人同床睡。《岷州花儿选集》179

元《孟德耀举案齐眉》："咱与你甚班辈？自来不相会，走将来磕牙料嘴。"明代洪楩《清平山堂话本·快嘴李翠莲记》"爹先睡，娘先睡，爹娘不比我班辈。哥哥、嫂嫂相傍我，前后收拾自理会。"明罗懋登《三宝太监西洋记》第四十二回：穿红的道："我们这里有个规矩，彼此是我的祖师的班辈，往来具一个柬帖。下一辈的往来，具一个禀贴。再下一辈的，不敢具贴，当面口禀。"

脸脑丨脸老：脸。

兔儿跑给了九架山，它为了尕兔儿了，身在外面心牵心，尕脸脑因此上害了。达玉川《青海花儿选》58丨好脸哈不给者心回哩，尕脸老不由得害哩。李富《春风吹动花千树》99

元《走苏卿》："别字儿半晌痴呆，离字儿一时拆散，苦字儿两下里堆叠。他那里鞍儿马儿身子儿劣怯，我这里眉儿眼儿脸脑儿乜斜。"元《黑旋风双献功》："嫂嫂休怪，恕生面少拜识。呸，脸脑儿恰似个贼。"

嗓黄：嗓子生的病。

他穿我媒鞋害脚疮，喝我媒茶害嗓黄。《张家川花儿》160

《聊斋俚曲·墙头记》第四回："你好似长嗓黄。"

官身子：做官的人。

号响上三声了出营门，清眼泪，官身子由不得我了。张亚雄《花儿集》187｜言下的日子上来不下，官身子由不下自家。郭正清《河州花儿》221

《续红楼梦》第三十回："你姑老爷已经朝见了上帝，这会子只怕也回了衙门了。你老爷也是官身子，如何能够尽自等着咱们呢。"。

阿家阿公：公公婆婆。

阿家要吃个浆水哩，阿公要吃个醋哩，难辛者阿么做哩。《张家川花儿》158

清《甘肃新通志》："阿家俗读如字，不读姑。"①

师公：也称阴阳先生。

想你奶奶头儿疼呢，疼者咋么疗诊呢，请个师公儿跳神呢。《甘肃卷》168｜庙里师公打的鼓，我给城隍来诉苦。柯杨、武文《洮岷花儿与西北民族民俗文化研究》67

明陆粲《庚巳编》卷八《楚巫》："楚俗好鬼，最多妖巫，变幻不

---

① 莫超：《西北方言文献研究》，北京大学出版社2014年版，第109页。

一，人称曰师公，敬畏之甚。师即觋。"《陇右方言发微》："觋本音檄，而读作师，一声之转也。（靖远镇原一带读檄、西等音皆如师。）"①

外家：妻子或母亲一脉家族人员的统称。

   针一根的四根针，多谢外家众亲朋。《莲花山与莲花山花儿》314

《尔雅·释亲》："异姓故言外。渭水流域至今称舅家曰外家。"朱正义《关中方言古词论稿》："外家就是普通话所说的外婆家，北方地区或称为姥姥家，关中通称外家，外公外婆叫做外家爷，外家奶。其中外音wei44。"② 现在的家庭并非过去的大家族，"外家"不仅指舅舅家，也指外婆家。

缘法：缘分。

   多人的伙儿里看下了，我俩的缘法儿重了。《湟中资料本》5

明青溪道人《禅真逸史》第六回："赵婆拍着手道：'这个天杀的和尚，好不富贵，好不受用。不知怎地结得当今皇帝的缘法，钦赐他许多金银宝贝，封做天下都法主，四海闻名。'"清《补红楼梦》第四十五回："谢慈悲剃度在莲台下，没缘法转眼分离乍。赤条条，来去无牵挂。"

人定：对应亥时，晚上9—11点。

   人定时刻到门上，小姊妹出来了领上。《八宝川花儿》181

明末《日知录》卷二十："《左氏传》：卜楚丘曰：'日之数十，故有十时。'而杜元凯注则以为十二时，虽不立十二支之目，然其日夜半者即今之所谓子也，鸡鸣者丑也，平旦者寅也，日出者卯也，食时者辰也，隅中者巳也，日中者午也，日昳者未也，晡时者申也，日入者酉也，黄

---

① 李鼎超：《陇右方言发微》，兰州大学出版社1988年版，第109页。
② 朱正义：《关中方言古词论稿》，上海古籍出版社2011年版，第127页。

昏者戌也，人定者亥也。一日分为十二，始见于此。"

行客：旅客。

  阿哥是行客就走哩，啥时候回来者见哩。《原生态》82

  《二十年目睹之怪现状》第二十一："这里上海专有一班人靠赌行骗的，或租了房子冒称公馆，或冒称什么洋货字号，排场阔得很，专门引诱那些过路行客或者年轻子弟。"

车户：古代以帮人驮运货物作为职业的人。

  车户的鞭子是蛇抱蛋，车轱辘碾坏了牡丹。《河州花儿》214 |
车户哥你把车吆转，水手哥你把个桨搬。雪犁《花儿选集》21

  《宋史·食货志》："陆运既差帖头，又役车户，贫人惧役，连岁逋逃，今悉罢之，二利也。"《二刻拍案惊奇》卷二十一："计较已定，去雇起一辆车来，车户唤名李旺，车上载着棺木，满贮着行李，自己与王惠，短拨着牲口骑了，相傍而行。"

团勇：士兵。

  六月里到了者热难当，集合团勇上战场。《青海民歌选》25

  清李岳瑞《春冰室野乘》卷中："团勇皆桂林城中无赖子，惟张绅能统驭之。张绅既去，军无统率，诸军士日为暴闾市，官吏不敢诘。"《曾国藩日记》咸丰九年八月初七日："黎明开船，逆风逆水。以十除人曳牵而上，未刻至隆平。团首胡玉堂来接，团勇沿江岸迎送。"

军门：明清时期武官名称。

  有名望的何军门，我把你合敬德月下访白袍，我专门寻着你来了。《西羌文化与洮岷花儿》217

  《二十年目睹之怪现状》第八十四回："这件事，到底被他诈了三万银子,方才把那封信取回。然而叶军门到底不免于罪。他却拿了三万银子到京里去,用了几吊,弄了一个道台,居然观察大人了。"清徐宗亮《归庐谭往录》:"以予所见,庚申而后,诸帅谋勇,究推多忠武公第一,鲍军门次之。"

协台:清代武官名称。

洮州洋梗岷州种,兰州总督谁挂印,洮州协台嘛河州镇?李璘《乡音》65

清梁章钜《称谓录·副将》:"《皇朝通考》:'副将为提镇,分守险要者曰协标。'案,今人称副将为协台。"《官场现形记》第六回:"抚院来的三月个头里,这协台得了文书,就是心下一个疙瘩。"

牙将:武官名称,始于唐代。

牙将孟垣耍杆子,要给关公施绊呢。《西北花儿精选》68

唐李休烈《嘲刘文树》:"安西牙将刘文树,口辨,善奏对,明皇每嘉之。"清吴璿《飞龙全传》第四十九回:"牙将刘武献策道:'主将勿忧。某有一计,要擒匡胤易如反掌。'"

官长:官员的尊称。

连叫三声头没抬,你是个官长么秀才。朱仲禄《花儿选》44

明安遇时《包龙图判百家公案》第一卷:"包公怒道:'此是鬼话,安敢对官长乱谈!'"

官家:过去对官府的称呼。中华人民共和国成立后称为"公家"。

住的这山里怕豺狼,在家里,纳不起官家的皇粮。朱仲禄《花儿选》117 | 苦死苦活整一年,不够交官家的粮款。《手搭》54

明《包龙图判百家公案》第三卷:"妾又虑彼官家之子,又有势力,没奈何他，自今只是不理睬他便了。"

牙子2：边沿。

　　大红嘛桌子的柳牙子，油漆是谁油下的？《大西北之魂——中国花儿》4

"柳"是"绿"的西北方言音。
《红楼梦》第十四回："李纨道：'好生着，别慌慌张张鬼赶来似的，仔细碰了牙子。'"

骟马｜骕马：被阉割的马。

　　白马白么骟马青，你是唱家站下听，那我给你唱两声。《叠藏河》第一期48｜不是骟马腿子软者拉动哪？《莲花山花儿》85｜土黄骡子青骕马，丹尕里拉石条哩，这一回来了留恋下，一月里来几趟哩。朱仲禄《花儿选》51

《清史稿·兵志》："凡马牧曰儿，牝曰骒，不及三岁曰驹，及壮择割其牧曰骟。"蜀语也有此说。黄仁寿《蜀语校注》24页："割牛马势曰骟。骟音扇。""明朱权《臞仙肘后经》：骟马、宦牛、羯羊、阉猪，镦鸡、善狗、净猫。骟亦做扇。陇上阉猪曰㓤。"[①]

骒马：母马。

　　阿哥是阳山的枣骝马，尕妹是阴山的骒马。滕晓天《花儿春秋》91

翟灏《通俗编·课马》："孔平仲《谈苑》俗呼牝马曰课马，出《唐六典》。凡牝四游而课，谓四岁课一驹也。"《正字通》："骒，苦卧切，音课。俗呼牝马，即草马。"

草驴：母驴。

[①] 莫超：《西北方言文献研究》，北京大学出版社2014年版，第69页。

细毛羊的各叉是弯各叉，黑山羊下了白脸，尕雌牛下了个西蒙达，尕草驴下了个骡娃。王沛《花儿曲令》308

草当为"骉"。骉，《集韵》："采早切，音草。"《玉篇·马部》"骉。牝马。"骉指雌性动物，有几种说法：①唐·颜师古《匡谬正俗》卷七："牝马谓之草马，何也？答曰：本以牡马壮健堪驾乘及军戎者，皆伏皁枥，刍而养之。其牝马唯充蕃字，不暇服役，常牧于草，故称草马耳。"②《淮南子》曰："夫马之为草驹之时，跳跃扬蹄翘足而走，人不能制。"高诱曰："五尺已下为驹，放在草中，故曰草驹。是知草之得名，主于草泽矣。"③黄仁寿《蜀语校注》44页："畜之雌者于产子前藉草为蓐之本能，故雌畜多于通名前冠以草字，因而又谓雌发情曰起草或走草。"① 清翟灏《通俗编》："今草马之称，不甚着，草驴则人人称之。"

鞍桥丨鞍鞒：马鞍。

你扳鞍桥我上马，你去庄里我回家。《莲花山与莲花山花儿》598丨白鬃白尾的白龙马，手搭住鞍桥了站下。《甘肃卷》54

北魏已有鞍桥一词。《齐民要术》卷第五："欲作鞍桥者，生枝长三尺许，以绳系旁枝，木橛钉著地中，令曲如桥。十年之後，便是浑成柘桥。"《齐民要术》校释："马鞍像桥形，故称'鞍桥'。"

黄表纸：敬鬼神或者上坟用的黄纸。

黄表纸贴下的对子。《六盘山》156

《施公案》第一百二十回："先生，可知道净宅除鬼，用些什么东西？好叫庆儿与你打点预备。"贤臣说："不用别的物件，你把黄表纸找半张，舀点水来。"《续红楼梦》第十八回："揭去盖儿，大家仔细一看，只见装着许多黄表纸条儿，上面画着朱砂篆字，形如蝌蚪。"

---

① 黄仁寿：《蜀语校注》，巴蜀书社1990年版，第44页。

长虫：蛇。

热头儿跌了实跌了，长虫在石崖上过了。《青海卷》39

《歧路灯》第五十六回："相公心回意转，想是咱这家该好了。还有一句话，总是夏鼎这样人，大相公见他，就如见了长虫、见了蝎子、见了老虎一般，方才保得咱家无事。"《三侠剑》第三回："有一宗鸟名仙鹤，专吃五毒长虫、蝎子等，蝎子、长虫苦钻在窝里，它能用嘴刨出来食之。"

行粮：拨给士兵的粮。坐粮：给士兵家人的粮。

拿的镰刀割柳呢，宝钏孽障者合哈的，魏虎奸臣得了呢，行粮坐粮都抢去。《莲花山花儿卷》252

明《二刻拍案惊奇》卷三十七："且道如何是大同军变？大同参将贾鉴，不给军士行粮；军士鼓噪，杀了贾鉴。"明《欢喜冤家》第二回："当时别了父母，随了主帅出征，得胜还家，十分之喜。他便收收拾拾，行粮坐粮，犒赏衣甲等银也有数十两。"

官粮：向官府缴纳的粮食。

青稞大麦上官粮，你走了丢下些口粮。朱仲禄《花儿选》86

《大唐新语》卷四："张玄素为侍御史，弹乐蟠令叱奴骘盗官粮。太宗大怒，特令处斩。"《二刻拍案惊奇》卷十五："话说湖州府安吉州地浦滩有一居民，家道贫窘，因欠官粮银二两，监禁在狱。难存，现今官粮紧急，将何办纳！"

扁食：类似饺子的一种面食。一般认为扁食即饺子，但在甘肃，扁食和饺子有区分，制做程序上，扁食用的是方形小面片，较薄，馅少。要另作臊子汤配合食用。饺子制作时用的圆形小面片，较厚，馅多，食时用油烫蒜调以醋酱油等作蘸料，蘸料被称"蒜水水子"。甘肃武都，扁食等同于馄饨。

大麦面烙下的干饼子，杂和面捏下的扁食，来了娘家的大嫂子，黄萝卜包下的饺子。《爱情花儿》96

《歧路灯》第五十回："巴氏叫送了元宵、扁食、面条、鸡蛋荷包儿，好几遍点心。巫翠姐与巴庚、钱可仰都是中表姊妹，也就到前边看了几回，方才歇息。"

皇粮：公粮。

住的这山里怕豺狼，在家里，纳不起官家的皇粮。朱仲禄《花儿选》118

元《包待制陈州粜米》："听说罢气的我心头颤，好着我半晌家气堵住口内言。直将那仓库里皇粮痛作践。"

黄杠｜皇损｜皇纲：地方政府机构给皇家的贡品。

夜打登州的小罗成，程咬金打黄杠哩。《河州花儿与陕北信天游文化内涵的比较研究》106｜夜打登州小罗成，程咬金打皇损哩。达玉川《青海花儿选》32｜夜打登州的小罗成，程咬金打皇纲哩。《花儿词话》20

清《五美缘》第七十九回："但咱家昔日一人一骑，劫了皇家八十三万皇杠，身犯大罪。"

杠箱："装有贡品的箱子。"

材头上没有个杠箱。《花儿词话》97

清《续红楼梦》第十二回："凤姐刚坐下要茶吃，只见焦大带了许多人，抬着楼库杠箱上来回话。"

栲栳：柳条编的篮子。

拿的栲栳装核桃，金合按下米者呢。《临洮花儿》47

北魏贾思勰《齐民要术·作酢法》："量饭着盆中或栲栳中，然后写饭着瓮中。"

楦头：木制，撑鞋器具。布鞋做好后，需要撑开成型。楦头即为此而作。

大门上拴下的西番狗，柏木啦楦下的楦头。《河州花儿卷》36

《今古奇观》第六十四卷："冉大，又来了，这只靴又不是一件稀奇作怪，眼中少见的东西，只无过皮儿染皂的，线儿扣缝的，蓝布吊里的，加上楦头，喷口水儿，弄得紧绷绷好看的。"《蜀语校注》："明焦竑《俗书刊误·俗用杂字》'鞋履模范曰楦。此具系木制，入履中使之定型，俗称楦头。'"①

枷棒：刑具。

大老爷调到公案上，枷棒的板子上上。达玉川《青海花儿选》63

《朝野佥载》卷二："左右皆不见，惟弘称'叩头死罪'，如受枷棒之声，夜半而卒。"

羞脸｜羞脸儿：害羞。

青稞地里的燕麦草，露水大的者没割，我把你看中的比谁都早，羞脸大的没说。《青海民歌选》56｜羞脸儿一抹我问哩。《宁夏花儿精粹》187｜这个尕妹哈瞅下的早，羞脸儿大了着没说。滕晓天《花儿春秋》41

元关汉卿《杜蕊娘智赏金线池》："他若是好好的依旧要嫁我，一些

---

① 黄仁寿：《蜀语校注》，巴蜀书社1991年版，第67页。

儿不怪我，便受尽这虔婆的气，何忍负之。今日打听得虔婆和他一班儿老姊妹在茶房中吃茶，只得将我羞脸儿揣在怀里，再到蕊娘家去走一遭。"清唐芸洲《七剑十三侠》第五十三回："酒保道：'嗳，就是这个不好。'正要说下去，只见那柜台里坐着个老者，喝住道：'你不去照顾生意，只管罗嗦什么？'那酒保含着羞脸走了。"

净脸：洗脸。

> 洪水漫了河滩了，清水儿净了脸了。《西北花儿精选》112

明《警世通言·杜十娘怒沉百宝箱》："却说柳遇春在京坐监完满，束装回乡，停舟瓜步。偶临江净脸，失坠铜盆于水，觅渔人打捞。"清《红楼复梦》十四回"众人听了大笑，梦玉也觉着好笑。正到一个河边，这些人都去洗手净脸。梦玉也洗手，擦了一擦脸。"

回门：新媳妇和新女婿婚后第一次回娘家。不同的地方回门有不同的时间段，有的习俗是新婚三日后回娘家，有的是一月后回娘家。

> 将来的媳妇回门走，女婿娃跟在后头。《花儿集》169

《歧路灯》第一零八回："三日，新郎新妇，本家庙见，又与合家行礼。已毕，往见岳母，礼谓之'反马'，俗谓之'回门'，新夫妇顺便就与抚台大人磕头。"明洪楩《清平山堂话本》卷四《合同文字记》："哥嫂倘有失礼处，父母分上休计较。待我满月回门来，亲自上门叫聒噪。"

出票：指官方出具的文书。

> 四班的衙役出了票，马五哥是着忙了。《青海民歌选》163

明《初刻拍案惊奇》卷十七："随出票唤西山观黄妙修的本房道众来领尸棺。"清《海公大红袍传》第三十五回："一路出京而来，就闻得这位刘东雄是本县大大一个富豪，故此到任就出票拿他，却欲弄他三五千两。"

烟墩：指烽火台。

唐太宗困在木羊城，四山的烟墩嘛煨了，这两天没见小阿哥，烟吸着活像个鬼了。滕晓天《花儿春秋》24

明末褚人获《隋唐演义》第九十一回："唐朝制度，各边镇每三十里设立一烟墩，每日黄昏时分，放烟一炬，接递至京，以报平安，谓之平安火。"

朝歌：都城。

蒌两条，四条蒌，儿女它是活财宝，养儿盼戴乌纱帽，养女要进朝歌了。《莲花山与莲花山花儿》313

《春秋左氏传·哀公》："冬，十一月，晋赵鞅伐朝歌。"《东周列国志》第六十四回："齐兵也不攻城，遂望帝邱而北，直犯晋界，围朝歌，三日取之。庄公登朝阳山犒军。"

公案：刑事案件。

海里的鱼儿翻三翻，翻得个龙王爷不安；闹给者老爷的公案翻，死了也要叫他零干。雪犁《花儿选集》123

明《初刻拍案惊奇》卷二十六："都传说林公精明，能通天上，辨出无头公案，至今蜀中以为美谈。"

花案：男女情事案件。

胆子放大人维上，花案问不到罪上。《花儿选》321 老爷把花案定成了罪。《爱情花儿》184

清魏秀仁《花月痕》第六回："荷生知道这些都是花案上及第的，便也世故起来，搀住碧桃的手道：'都非凡艳。'"

端月：正月。

孟春端月庆新年。《莲花山与莲花山花儿》617

《史记·表》第四"端月",《索隐》:"二世二年正月也。秦讳正,谓之端。"宋曹勋《花心动太母庆七十》:"椒柏称觞,抚寰瀛佳辰,正临端月。瑞应屡臻,宫御多祥,气候暖回微洌。"

端阳:端午。

五月端阳亲了个嘴,九月重阳还在香。朱仲禄《花儿选》20丨五月里到了端阳节,要吃个雄黄的酒哩。《湟中资料本》1

唐殷尧藩《同州端午》:"鹤发垂肩尺许长,离家三十五端阳。"《包龙图判百家公案》第一卷:"杰不深信,至端阳日请先生庆赏佳节。"

皇天丨黄天:天。

你我哈说下的一辈子,半路里闪,口儿里喊皇天哩。《临夏花儿选》第二集68丨缴粮签来缴粮签,逼得家家哭皇天。《青海民歌选》17

《楚辞·离骚》:"皇天无私阿兮,览民德焉错辅。"汉许慎《五经异义·天号》:"天有五号,各用所宜称之:尊而君之,则曰皇天。"

家道:家庭条件。

我家道贫穷手头紧,我把光阴熬成冷冰冰。《莲花山花儿选粹》65

《补红楼梦》第十回:"这孩子将来总有出息的,家道虽然平常,饭总有得吃就是了。"王夫人道:"姥姥,你听见了没有?这是我本家的一个孙子,家道平常些,孩子倒很好。"

马站:古时的驿站。养马备用,以便传递文书者换马前行。

想起花儿加马站,马蹄子登云着哩。朱仲禄《爱情花儿》72丨

十八马站的三座店，那一座店口里站哩。郭正清《河州花儿》239

《新元史卷·兵志》："站赤，译言驿传也，立于太宗元年，敕：诸马站、牛铺，每一百户置车十，各站有米仓，站户十，岁纳米一石，使百户一人掌之。"《元史·地理志》："甘肃等处行中书省。为路七、州二，属州五。本省马站六处。"

店口：旅店。

十八马站三座店，哪一个店口里站哩。雪犁《花儿选集》93

《彭公案》第八十四回"李老爷回衙，立刻把苏永福、苏永禄二人叫进书房之内，说：'你二人领本县票，在大小店口，庵观寺院之内，访查形迹可疑之人，或绰号叫采花蜂者，拿来有赏。'"

快班：捕头、警察。

大路上来的穿青的，我当是兰州的快班。你这个阿哥年青的，为什么不唱个少年？郭正清《河州花儿》｜兰州的快班到来了，猫抓老鼠的拿来了。雪犁《花儿选集》203

清代郭小亭《济公全传》第二百十九回："哪知道贼人的下落，手下的快班都是凡夫俗子，也拿不了他。我现在要出告示张贴四门，只要有人能拿邵华风，必有重赏。"《儒林外史》第二回："你又不知道了。今日的酒是快班李老爹请。李老爹家房子褊窄，所以把席摆在黄老爹家大厅上。"

事主：犯了案子的人家。

刀刀要切芫荽呢，事主全家下跪呢，儿孙多者排队呢，老的长命百岁呢。《甘肃卷》

《儿女英雄传》第三十二回："大家起先还只认作他也是个事主，及至听他自己道出字号来，才知他是个出来打抱不平儿的，这桩事通共与他无干。"

皂旗：黑色的旗子，多用于军中。

  杨大郎领兵到阵上，手拿了一杆皂旗，想起了尕妹者到命上，得胜了是见面的日子。《花儿集》185

元施惠《幽闺记》："（净引众上）喊杀漫山漫野，招飐着皂旗儿，万点寒鸦。见千户万户每领雄兵，围绕中都城下。"

癫惶｜颠狂｜偵慌｜颠慌｜点晃：慌乱，不稳重。

  这一个尕妹耍癫惶，令［今］儿俩显你的手段。《花儿大通》185｜五莘的路儿上耍颠狂，放稳当，耍上者坏人的当上。《新编大传花儿》53｜贼心里有了耍偵慌，慢慢儿来下得稳当。《新编大传花儿》168｜裤底儿纳了九行，心儿里有了耍颠慌。《湟中资料本》30｜进了个厨房者耍点慌。《河州花儿卷》12｜点晃把你杀过呢。《临洮花儿》131

《儿女英雄传》第二十二回："'你怎么一年老似一年，还是这样忙叨叨疯婆儿似的？'舅太太道：'老要颠狂少要稳'，我不像你们小人儿家，那么不出绣房大闺女似的！"

杀场：古代斩杀犯人的地方。

  阿哥哈绑在个杀场上，尕妹哈急死者路上。《松鸣岩原生态花儿》31

《西游记》第四十六回："那昏君信他言语，即传旨，教设杀场。"

打店｜搭尖｜打尖：住店。

  孙二娘梁山上卖酒哩，武二郎要打个店哩。《原生态花儿》82｜武松他要搭个尖哩，阿哥是行客者就走哩。《湟中资料本》108｜蒋家湾打了个尖了。《花儿词话》187

《补红楼梦》第十九回："于是，二人过了界牌坊，便见阴风惨惨，旭日无光，又走了一个时辰，看见路旁有个饭店。二人便进去打尖，以便问。"清刘鹗《老残游记》第七回："老残告诉了原委，就说：'你应该打尖了，就到我住的店里去坐坐谈谈罢。你从那里来？往那里去？'"

十三省：明代行政区划。

  身子苗条心肠儿好，十三省不好选了。《新编擂台花儿》15

《二刻拍案惊奇》卷三十九："自小就会着了靴在壁上走，又会说十三省乡谈，夜间可以连宵不睡，日间可以连睡几日，不茶不饭，象陈抟一般。"《日知录》卷二十八："十三布政使司，今人谓之十三省者，沿元之旧而误称之也。"

望子1：商贩悬挂起来的标识。

  黑驴儿驮的酒来了，酒房门上的望子。郭正清《河州花儿》299

元郑廷玉《看钱奴买冤家债主》："不是自家没主顾，争奈酒酸长似醋。这回若是又酸香，不如放倒望竿做豆腐。自家店小二的便是。开开门面，挑起望子，看有甚么人来。"《今古奇观》第六十六卷："初到拜府县，往府前经过，偶见一个酒望子，上写清香皮酒。"

望子2：军旗。

  夜打登州的小罗成，城头上没挂个望子。《花儿词话》20

项圈2：类似现在的项链。

  尕兜兜里装冰糖，银子项圈亮晃晃。你像活娘娘一样。马列《岷州花儿》162

《红楼梦》第八回："我听这两句话，倒像和姑娘的项圈上的两句话是一对儿。"《儿女英雄转》第二十七回:"套上四合如意云肩,然后才带上璎珞项圈,金镯玉钏。"

膝裤｜漆裤:"它是明代江南妇女的一种胫上着物,多用各色布、缎之类制成,饰以花边,系以银铃,走路时发出悦耳的响声。此物原先大约是为了便于劳动,用来束扎裤管用的,后来则变成了一种装饰品。洮岷一带移民之中妇女在明清时代普遍用它,甚至一直延续到了民国十四五年。"①

三寸金莲的尕膝裤,尕嘴里漫的少年。《新编花儿擂台》29｜红漆裤裤儿绿带子,你是阿个朝代的,瞭着你时人爱呢?砂罐上的红带子,这个娘娘人爱呢,红漆裤儿绿带子。鲁剑《西北民歌与花儿集》241

《西游记》第四十七回:"腰间系一条大红花绢裙,脚下踏一双虾蟆头浅红醮丝鞋,腿上系两只绡金膝裤儿,也袖着果子吃哩。"《儿女英雄传》第二十七回:"姑娘一看,原来里面小袄、中衣、汗衫儿、汗巾儿,以至抹胸、膝裤、裹脚、襻带一分都有,连舅太太亲自给他作的那双凤头鞋也在里头。"

添箱:给出嫁的姑娘赠送礼物。

园子的旮旯里务瓜哩,瓜蔓子往哪里长哩?十八的尕妹哈打发哩,阿哥们添箱个啥哩?陇崖《河州花儿卷》143

《歧路灯》第七十三回:"王大哥十月里嫁闺女,他们有公约,大家要与他添箱。"《儿女英雄传》第二十六回:"当日承姐姐当着我的面儿,指和尚那堆银子,重换重儿,合人家换了一百金,给我添箱。"

涧沟:水沟。

---

① 柯杨、武文:《洮岷花儿与西北民族民俗文化研究》,人民出版社2012年版,第9—10页。

上山的老虎下山来，涧沟里吃一趟水来，我好比蜜蜂采花来，你好比牡丹将开。贾文清《关于花儿三》

《济公全传》第二百零七回："见眼前有一道涧沟，沟里的水澄清，石成瑞爬前喝了两口水，就觉着喝下去神清气爽。"《彭公案第》五十一回："东有峭壁之雄，西有涧沟之险，北有荷花滩，其深无底，东北有寒泉亭、冷泉穴、逆水潭，道路崎岖。"《儒林外史》第九回："又一条小路转到前门，门前一条涧沟，上面小小板桥。"

滴漏：房檐水。

吃罢个晌午了下大雨，滴漏儿淌者院里。《宁河花儿缀集》48

元宋梅洞《娇红记》第十二出："冷清清独对残檠，闷腾腾展转无眠。潺潺小窗滴漏穿，潇潇变做心窝怨。"

营盘：兵营。

小阿哥营盘里把兵练，遇不下尕妹的可怜。《青海民族民间文学资料——花儿专集》17

《狄公案》第五十七回："但见贼兵渐走渐近，离城十里，扎下营盘。"

背花：明清时候打脊背的杖刑。

出不去杂款挨背花，血点儿溅到地下。达玉川《青海花儿选》19

《三国演义》第十九回："众将又哀告，打了五十背花，然后放归。众将无不丧气。"

烟锅：抽烟用的工具。

白铜烟锅四楞子，妹把白铜当银子，妹把高山当河坝，妹把阿哥当娃娃。雪犁《花儿选集》136丨黄铜烟锅墙上挂，烟荷包底下吊

着呢,去了给我花带话,我三魂出七窍着呢。《莲花山与莲花山花儿》161

《二十年目睹之怪现状》第六十八回:"不料烟筒杆子短了,格外力大,那铜烟锅儿(粤人谓之烟斗,苏、沪间谓之烟筒头),恰恰打在头上,把头打破了,流出血来,直向脸上淌下去。"

火镰:在火柴出现之前,取火用的工具。

花儿中白铜烟锅乌木杆,一打一闪的火镰,搁不下的花儿精神短。蔡国英《宁夏花儿精粹》213

元《沙门岛张生煮海》:"小生张伯腾,早到海岸也。家僮,将火镰、火石引起火来,用三角石头把锅儿放上。"《三侠剑》第二回:"大掌柜的脑袋一沾枕头就着,就好似火绒子碰上火镰似的。

长毛:土匪。

萋两条的一条萋,蒋委员长心黑了,苛捐杂税如牛毛,娃娃抓走房也烧,逼着老子当长毛。周巍峙《中国节日志·莲花山花儿会》86

《曾国藩文集·修身篇》:"昨有一牍,言主考房后添造十八房住屋,须将长毛所造仓屋拆去另造,即不欲草率之意。"

热头丨热头儿:太阳。

看者看者热头落,想你者害成病了。张亚雄《花儿集》169丨热头钻者个云里了,停给会可出来。陇崖《河州花儿》185丨八更的热头儿晌午了。《湟中资料本》5丨热头儿跌了实跌了,长虫在石崖上过了。《青海卷》39

莫超《西北方言文献研究》116 页引清张国常《重修皋兰县志》:"日,热也。邑语呼太阳为热头,即日头也。头则为语助词。"同书第 118

页引清陈如平《岷州续志采访初稿》"呼日曰热音。"

夹夹｜夹夹儿：不论棉、单，无袖者都叫夹夹。也叫马夹。

> 大腰裤子白汗褂，身上套的蓝夹夹。《舟曲花儿》7｜大红段子的花主袄，紫红的夹夹儿套上。《湟中资料本》21

《字汇》："袷，同袷，古洽切，音夹，衣无絮也。"《青海花儿词典》186页释为"夹层的背心，马甲。"不妥，西北有的地方把贴身穿的吊带、背心等也叫夹夹。

套裤：套在裤子外面的简易裤子，无裆。

> 褂子裁成套裤了，搅团打成浆糊了。《爱情花儿》316｜毛布的衫子毛布的裤，细毛布缝下的套裤。贾文清《关于花儿四》《群文天地》

《说文·系部》："绔，胫衣也，从系，夸声。"段玉裁注："今所谓套裤也。左右各一，分衣两胫，古之所谓绔，亦谓之褰，亦谓之襗。别者也。"张生寅《中国土族》："即穿套在裤子上面的一种不连裆套筒，用布带系在裤带上，主要有美观和保护衣物两种作用。"① 贾文清《关于花儿四》："有两条裤腿，但没有裤腰和裆，说白了，就是没有屁股这一块。前面是一块像围裙一样的布，缝上带子，裤腿套上去后，就把带子拦腰系紧。"②

等子：即戥子。秤的一种，用来称小克数的东西，如金银、药草等。

> 大山的根里挖金子，没有个称金的等子。《宁河花儿缀集》46

《聊斋日用俗字》："秤锤戥子较低昂。"《陇右方言》86页："今谓度长短曰等，衡轻重者曰等子。俗制戥字。"

---

① 张生寅：《中国土族》，宁夏人民出版社2012年版，第58页。
② 贾文清：《关于花儿一》，《群文天地》2011年第9期。

南学：学校。

　　南学里读书为功名。《湟中资料本》84｜来了南学二先生。《原生态》125｜要问我想的谁，他在南学把书读。《张家川》120

　　《汉书贾谊传》："帝入东学，上亲而贵仁，则亲疏有序而恩相及矣；帝入南学，上齿而贵信，则长幼有差而民不诬矣；帝入西学，上贤而贵德，则圣智在位而功不遗矣；帝入北学，上贵而尊爵，则贵贱有等而下不踰矣。"《宋书·何尚之传》："立宅南郭外，置玄学，聚生徒，东海徐秀、庐江何昙、黄回、颍川荀子华、太原孙宗昌、王延秀、鲁郡孔惠宣，并慕道来游，谓之南学。"《清史稿·选举志》："'乞给监南官房，令助教等官及肄业生居住。岁给银六千两为讲课、桌饭、衣服、赈助之费。'允之。是为南学。"

典地：出租土地。

　　嫌穷我把地典了，嫌远我把庄转了。《莲花山与莲花山花儿》157｜房卖了，地典了，吃饭没有饭碗了。《西北民歌与花儿集》216

　　莫超《西北方言文献研究》113 页引清代《西和县新志》："原业户逃亡丁绝，本土里长将所遗之地招人耕种，岁交典钱输课，有不愿耕者退地，交还里长，称曰典地。"

魂影儿：魂、灵魂。

　　月亮出来镰刀弯，宣统二年把你缠，一缠缠了一百年，魂影儿常到你跟前。《西羌文化与洮岷花儿》167

　　明《牡丹亭》："风灭了香，月到廊。闪闪尸尸魂影儿凉。"

头脑子：脑袋。

　　亮时眼睛肿膨膨，头脑子里晕昏昏。《莲花山花儿卷》3

《警世通言》第四十回:"头脑子虽不曾破,却失了项下这一颗明珠,再也上天不得。"

脚板:脚掌。

> 铁脚板把千山踏开。《手搭》105

《警世通言》第三十七卷:"三个好汉,三条朴刀,唬得五个人顶门上荡了三魂,脚板下走了七魄,两个使马的都走了,只留下万秀娘、万小员外、当直周吉三人。"

火煤子:用粗纸搓成的点火用的东西。

> 左手里拿的是火煤子,右手里拿的是刀子。《西北花儿精选》122

《官场现形记》第四十一回:"说着,拿簿子往桌上一推,取了一根火煤子就灯上点着了火,两只手拜着了水烟袋,坐在那里呼噜呼噜吃个不了。"

不中应:不中用。

> 黄梨刺的縻马桩,拉你我把命舍上,你舍身子我舍命,离了两舍不中应。《岷州爱情花儿精选》54

元陶宗仪《南村辍耕录》卷十不中用:"不中用,不可用。"民国焦国理《重修镇原县志》十九卷"不中用,谓才不称职也。"

鞋帮子:鞋面。

> 青鞋帮子白布底,我虽然做活牵的你。《莲花山与莲花山花儿》574

《集韵》:"帮,治履边也。"《红楼梦补》第四十四回:"来找雪雁。因雪雁刚才正在做鞋帮子,黛玉叫他跟出门去,将未做完的活计随手撂在炕上走了。"

包脚布：包脚用的布片，走长路保护脚，不使脚磨烂。

> 出去大门回来了，麻布的包脚布忘了。朱仲禄《花儿选》55

《官场现形记》第五十六回："这条绳子上，裤子也有，短衫也有、袜子也有，裹脚条子也有，还有四四方方的包脚布，色也有蓝的，也有白的，同使馆上面天天挂的龙旗一般的迎风招展。"

花儿中的古词语比较多，除了上述，花儿中还有不少来自古、近汉语的词语。如：蚰蜒路、五内、家眷、家小、财帛、脚户、车户、御妹、宣统、郎、奴、绫子、绫罗、望子、剐、元宝、三魂、谁人、伞、梟、脚户、邮差、镫、榨、货郎、娃娃亲、太师椅、金銮殿、八仙桌、得便、火绳子、火镰、连枷、行粮、坐粮、官粮、兵站、马站、番王、保驾、保驾官、驸马、天朝、婚缘、北国、女将、问安、勒马、城壕、八抬轿、招文带、兵书、护心镜、赎、娘娘、皇上、招亲、顶岗、车辕、坐堂、烟墩、塘房、营盘、救驾、禅让、降香、斗法、乞食、撵端、充军、阵营、丞相、和番、中军、冷宫、西凉、挂帅、扎营、县令、皇爷、保驾、都督、司徒、结义、嚼、招兵、起兵、虎头铡、滑车、举人、招安、发配、太尉、衙内、登基、铜镜、军棍、沙场、辕门、家法、青铜镜、拜天地、都督、朝廷、花轿、金莲（脚）、官人、媒、做媒、说媒、媒人、墨锭、牌坊、班辈、囚车、乌纱、午门、下人、校场｜教场、休书、修仙、袖箭、袍袖、须（胡子）、丫环、衙门、衙役、簪花枪、冤家（恋人）、州官、状子、奠酒、班房、班辈、班房、皇娘、总兵、参将、道台、自尽、廊檐、廊檐水、花亭、清茶、薄酒、茶饭、互市、纲常、绣球、绣房、锣锅等。

二 反映 1919—1949 年社会生活词语

这一时期，花儿歌词中出现了较多的反映战争的词语：三八（枪）、盒子枪、日本鬼子、东洋、抗日、东洋鬼、日寇、七七事变、汉奸、北平、马匪（马步芳军队）、马步芳、匪军、拔兵、磨民、长官、兵款儿、匪帮、民伕、抓兵、壮丁、整训、财东、保甲长、苛捐杂税、官家、反动派、膏药旗、东家、掌柜的、团课、皇粮、长工、雇身汉、庄头、租子、蒋匪帮、刮民党、蒋介石、杀民主义、蒋干头、老蒋等。

三 反映 1949—1978 年社会生活词语

解放军、美国鬼子、毛主席、救星、毛泽东、工农、反动派、公粮、资本主义、工农联盟、杜鲁门、李承晚、过渡时期、总路线、社会主义、中朝、金日成、三八线、原子弹、民兵、投诚、农会、反革命、新式婚姻、封建婚姻、少爷兵、旧社会、土改团、互助合作、工农兵、后方、军鞋、抗美援朝、美国狼、五星旗、旧社会、合作化、农业社、托儿所、社员、罗盛教、石油、大炼钢铁、突击队、大锅饭、社员、扫盲运动、信用社、自留地、高级社、农业纲要四十条、新宪法、重工业、光荣花、红五星、民校、扫盲、识字、婚姻法、反革命、右派、反动派、工分、工农兵、贫下中农、贫下中牧、互助组、畜牧社、合作社、脱盲证、社员、土改、下放、工分、四人帮、四害、棒棒队、尖尖帽、样板戏、大批判、帝修反、文化大革命、知识青年、亚非拉人民、上山下乡、"六·二六"指示、插队、大寨、苏修、备战备荒、林贼、跃进、副业、"四人帮"等。

四 反映 1978 年至 20 世纪 90 年代末期社会生活词语

回销粮、购布证、邓爷（邓小平）、富民政策、"四化"、互助组、合作化、三中全会、包产到户、包干到户、专业户、识字班、计划生育、优生优育、上环、铁牛、东方红铁牛、现代化、承包到户、农业机械化、万元户、钢磨、电磨、电视、摩托、收音机、vcd、天线、班车、彩电、录像、压面机、温室、地膜、大棚、钢丝床、摩的、明信片、霓虹灯、海湾战争、美国兵、罗曼提克、摩豆儿（模特）、泡泡糖、翻斗三轮、大哥大等。

五 反映 2000 年之后社会生活词语

手机、波导手机（品牌名）、网络、网吧、宽带、打骚扰、漫游、电话费、电脑、斑竹、斑斑们（版主）、发帖子、短信、电褥子、脑白金、电信局、兑奖、充电器、充电、移动、联通、铝合金、瓷砖、近光、远光、刹车等随新事物而产生的新词语，在花儿中比比皆是。

在 2014 年出版的《新编花儿擂台卷》中，仅这一本书出现的反映热潮事物的词语就有达人、小蜜、打工、青藏铁路、同性恋、pk、光盘、公益、文化下乡、科学发展观、建材市场、奥运会、欧元、美元、社区、楼盘、购房、房地产、物业、新区、代言、话语权、坐台、矿泉水、娃哈哈、高速路等。

蒋绍愚在《唐诗语言研究》一书中说："这些口语词汇（唐诗中的），有的到现代汉语还在使用，所以我们觉得好懂，从阅读的角度来说，似乎不需要对他们进行研究，但从汉语史研究的角度来说，它们是当时新出现的词语，是很值得注意的。"① 我们列出 1919—2000 年以来反映社会生活文化的新词语，它们距今未远，词义好理解。但这些词语有的进入了基本词汇，有的在生活中已经消失，有的换了名称，反映了现代汉语词汇的发展演变，我们从花儿中析出这些词语，目的就是对现代汉语史的研究提供一些新的材料。

第三节　花儿词汇的口语风格

郭在贻说："方言词有时也就是口头语词，二者不宜截然分开。"② 从词语使用上来说，口语词亦有典雅和通俗两个方面。蒋绍愚根据交际的对象、场所和内容（包括说话者的目的和意图）以及说者和听者的社会角色、文化背景提出了语言表达"五体"说——"俚俗体""直白体""平正体""文饰体""古雅体"。花儿是"民间性情之响"，是"田夫野竖矢口寄兴所为"之词，花儿词汇集中体现了直白俚俗的特点。"直白"指"日常的说话和应用文字（如便笺、书札、日记之类），言辞不加文饰，属于'辞达而已矣'一类。""俚俗"指说话者社会地位较低，或者是给社会地位较低的对象听或看的，因此言辞不登大雅之堂。③

花儿是民间歌谣，歌者和受众皆是贫苦大众，笔录文献也保持了原

---

① 蒋绍愚：《唐诗语言研究》，中州古籍出版社 1990 年版，第 113 页。
② 郭在贻：《训诂学》修订版，中华书局 2005 年版，第 109 页。
③ 蒋绍愚：《汉语史的研究和汉语史的语料》，《语文研究》2019 年第 3 期。

生态的特征。其用词风格直白俚俗，突出表现在喻体所用词语通俗、表达民俗意义和专指意义的词语语义透明度高以及赤裸裸的詈骂词上。

一 喻体词语通俗

花儿中比喻极多，喻体用到的词语都是表达农村常见事物景象的词语，通俗易懂，完全体现了比喻"以具体比抽象，以简单比深奥"的特点。

1. 明喻

一般形式为"事物 + 比喻词"。

（1）西宁的萝卜罐子大，当天闪出个虹来。《岷县花儿》19
（2）月亮上来蒲蓝大，亮明星上来碗大。《花儿集》85
（3）头上的磨扇搬过了。《甘肃卷》27
（4）月亮出来镰刀弯，你是没婆娘的光棍汉，我不照看谁照看。《岷州爱情花儿精选》93
（5）打在酸刺颗颗儿上，酸刺颗颗儿辣椒红。《岷州爱情花儿精选》110

除上述之外，喻体词还有月亮、罐子、蒲蓝、镰刀、磨扇、辣椒、白馍馍、萝卜等词语，凡是日常生活所见、农村生活常用，皆可相比。

2. 缩喻

缩喻一般由偏正式构成，正位是被比喻词，偏位是喻体词语。花儿中的喻体词语通俗易懂、鲜明生动。

雪花拉条：指用精白粉拉出来的长面条。20世纪80年代，人们把最白的面粉叫雪花粉。

要吃雪花拉条哩。《梨都花儿》84

骨都杆杆：光枝杆没枝叶。方言"骨头"读为骨都。

孔雀牡丹哈吸干了，垂下骨都杆杆了。张亚雄《花儿集》83

瓜子模样：瓜子脸。

  白汗褐青夹夹，瓜子模样，憨墩墩的大眼睛哈想了呀。《青海卷》84

麦子颜色：肤色黄黑，像小麦的颜色。

  麦子颜色的尕新姐，大门的台子上照者。张亚雄《花儿集》170

麦子面皮：肤色像麦子色，面皮指脸面。

  麦子的面皮儿大眼睛，小哥哥见你着晕了。《青海花儿大典》134

花青脸：像花青颜色一样的脸蛋，即脸蛋红红的，西北常称"高原红"，或称"红二团"。花青即林檎，西北常见的一种水果，成熟后，表皮颜色红。

  花青脸上洋鼻梁，观众看，有么的稀罕在嘴上。《梨都花儿》59

花檎脸蛋丨花青脸蛋丨花红脸蛋：比喻三陇女性的脸蛋像花檎圆而红。花檎即林檎。

  花檎脸蛋红丢丢、大眼睛赛灯盏哩。朱仲禄《爱情花儿》78丨花青的模样大眼睛，来不成，活活的想死你了。张亚雄《花儿集》156丨花红脸蛋瓢儿嘴，说话是心动弹哩。达玉川《青海花儿选》28

另记作"花檎模样"。贾文清解释："花檎模样"，花檎学名叫林檎，是一种水果，产于青海乐都一带，果实成熟后呈深红色，特别像高原上妇女因紫外线强烈而晒红的脸蛋,所以叫"花檎模样"。①

火箭鞋:尖头皮鞋,形似火箭的模样。

紧身上衣超短裙儿,肉色筒袜火箭鞋儿。《莲花山花儿卷》192

鸡大腿裤:哈伦裤,形似鸡大腿。

火箭头皮鞋鸡大腿裤,尕脸们憨笑者。《河州花儿卷》100

破布衫面饭:用玉米面、荞面、黄豆面等杂粮面混合白面擀成,揪成形状不齐整的面片。

野蘑菇香,破布衫面饭的味长。《花儿大通》12

豆儿心:心像小豌豆一样小,比喻小心眼。也叫小豆心。

你身上安的是豆儿心,谁知道想谁着哩。《新编花儿擂台卷》65

背锅儿地:形容地面不平。方言中把驼背叫背锅儿。

背锅儿地多平整地少,脊背倒比腔子高。《岷县民间歌谣》268

飘儿嘴:嘴小像野草莓。

花红脸蛋飘儿嘴,说话是心动弹哩。达玉川《青海花儿选》28

深眼窝锣锅:形容较深的锅。

深眼窝锣锅里煮了。滕晓天《传统花儿精选》79

---

① 贾文清:《关于花儿一》,《群文天地》2011年第6期。

叫花子炉儿：节煤炉。

叫花子炉儿哈你架上，开水哈电壶里罐上。《河州花儿卷》262

妖婆天：形容天气变化快，阴晴不定。

二八月的天气是妖婆天，马家娃高胜率长官。《青海民族民间文学资料》152

还有黄金路、箭杆身材、瓜子金、猪瞌睡、桦尖子地头、死羊脸、露水夫妻等都是缩喻式词语，喻体皆取农村常见事物。

3. 暗喻

词语的意义与字面意义无关，通过字面意义转义喻指。

上了房：比喻行事放肆大胆。

婆婆娘去把阎王见，媳妇子上了房了。《六盘山》197

气死泥：雨鞋。

气死泥撒者门背后，尕卧车一开了浪走。《花儿大通》172

东方发白：天亮。

东方发白没有了，吃罢夜饭可透了。《临洮花儿》44

洋芋蛋：比喻吃洋芋长大的人。

谈五丑的雇身寒，身穿破烂旧布衫，肚子半饱洋芋蛋。《西羌文化》193

磨镰水：本意指过去做农活时磨镰刀用的水。喻指关中地区外爷、舅舅对外孙、外甥的称呼。① 这里指恋人之间辈分不同。

维了个朋友是磨镰水，班辈不同者后悔。《六盘山》170

二指宽：两手指并拢在一起的宽度。喻窄小。

穷尕妹活人顶难寒，心上没有二指宽。马有仲《回族民间文学》197

打迥迥子 | 打回回子：心里谋算。

你心里打了个迥迥子，我没心肠把你看去。《湟中资料本》150 | 你心里甭打回回子，我俩儿比不得再的。西宁市文艺界联合会《花儿卷》169

咂老虎：亲嘴。

抱住个尕妹了咂老虎，尕脸脑烧红者哩。《青海花儿大典》133

吃老虎：亲嘴。

吃一个老虎者比肉香，尕嘴哈一张了咽上。《春风吹动花千树·正歌》6

气管肠肠：打气筒的橡皮管。

把你打气打了一身汗，气管肠肠还拿带带缠。《莲花山花儿卷》36

---

① 魏渊平：《也说"磨镰水"》，华商论坛·西安论坛，2019年6月17日。

没有眉眼：事情没办好。

  再唱没有眉眼了。《莲花山花儿选粹》99

眼睛小：心胸狭窄，或者目光短浅。

  你的那个掌柜子眼睛小，恐怕他法院里告了。《新编花儿擂台卷》158

棺材瓢瓢：已死之人。

  你当我是棺材瓢瓢了。滕晓天《传统花儿精选》132

佛爷相：面相福气。

  你把眼睛要擦亮，我的佛爷相。《岷州花儿选集》186

五花心：花心。

  背过了我的你五花心，你要怪阿哥的心黑。陇崖《河州花儿》56

断根天：下雨天。

  没良心的断根天，把我新花儿的路淌断。《岷州爱情花儿精选》16

二两半：心。

  看不上是看不上，我把你没到二两半上放。《莲花山花儿选粹》90

脸一抹：指变脸。由原来的神情变为另一种相反神情。

你尕脸一抹者回家去，顶说是我的尕炕上睡了。陇崖《河州花儿》23

闪人桥：摇摇晃晃的桥。

尕妹妹修下的闪人桥，我当了长走的路了。《六盘山》155

靸靸步儿：行走缓慢。

扯心越大越好走，靸靸步儿手拖手。《六盘山》166

靸跋拉鞋鞋：鞋没有穿好，踩踏着行走。

靸跋拉鞋鞋净脚片，垢痂脸。《新编花儿擂台卷》143

二 具有民俗意义和专指意义的多音节词语

"还应注意词的民族特点。近代汉语中很多三音词，是本民族特有的地域风貌、民俗风情、文化积淀、审美取向、伦理道德、商贸经济、宗教信仰的结晶……这些词可能在其他语言里根本找不到对应词，是汉民族特有的，也不能断章取义，判之为短语。"[①] 这段话是对三音节词语而言的，花儿中有些多音节词语，民族特征、地域特征十分明显，是其他地方、其他民族没有的，词义具有整体性，相当于词。而且词语通俗易懂，口语特征突出。

出官的府：宅基地风水好，后代子孙能当官。

阴阳要端上针盘走，要看个出官的府哩。《六盘山》165

[①] 杨爱姣：《近代汉语三音词研究》，武汉大学出版社2005年版，第9页。

第五章 花儿词汇的基本特征 / 417

背上个萱麻的口袋："俗称，青海地方小吃。萱麻风干后捣成碎末和面散成糊状摊在面饼中烙热，卷成口袋状吃，也叫背口袋。"①

美不过青山的农家园，轮子秋转，要背上个萱麻的口袋。《花儿大通》71

砖包城② | 砖包城油花儿：青海一种特制花卷。也叫砖包城油花。

托笼里蒸下的砖包城，掰着看，白面和杂面俩缠紧。《青海花儿大典》118 | 砖包城油花儿三转儿，泡不到粗泥的碗里。《花儿春秋》48

浪时光：消磨时间。

我连我阿哥浪时光。《宁夏花儿精粹》167

净脚两片：光脚丫。

净脚两片冰上站，几个年头不离然。《莲花山与莲花山花儿》635

转亲戚：拜访亲戚。

来时瞒过个娘老子，就说是转亲戚哩。《花儿词话》17

心放长：眼光放长远。

---

① 花儿大通编委会：《花儿大通》，陕西人民教育出版社2011年版，第5页。
② 贾文清《关于花儿二》注："砖包城的油花，就是用一层白面，再用一层青稞面或玉米面卷起来蒸的花卷，通常把白面的一层放在最外面，显得好看。就像西宁古城的城墙一样，里面是用土夯的，外面砌了一层青砖，因此叫砖包城油花。"

远路的花儿心放长。《花儿词话》19

心窄下：指心眼小，想不开事。

莲花山上绿枇杷，为想你着心窄下《岷州花儿选集》93

没转个眼睛：不搭理。

抓住手儿把尕妹问，尕妹妹没转个眼睛。《花儿词话》21

打私交｜打时交：恋爱，偷情。《青海花儿词典》记为"打私交"。《花儿民俗词典》23页"搭世交"释为"河湟方言，应酬"。以下洮岷花儿例。

把花来的没知道，我连旁人打私交。《舟曲花儿》35｜琉璃瓦上晒花椒，早想连你打私交。《叠藏河》第一期62｜蒌一条的一条蒌，来你这是头一遭，唱花儿来你打时交。《洮州花儿散论》168

打乱话：说不相干的话。

把花来的没看下，我连旁人打乱话，把花来的没知道，我连旁人打私交。《舟曲花儿》35｜

肥追了：施肥过度。

种下的柴胡哈肥追了，药效们不如个草了。陇崖《河州花儿卷》175

喂舌头：亲嘴。

我又勒了娃，又勒了你，还叫我喂舌头哩。陇崖《河州花儿》141

花瓢子：花蕊。

　　我们是花海的花瓢子。《新编花儿擂台卷》112

铡肉的墩墩：切肉用的案板，比较厚。也叫肉墩子。

　　你肥大扁胖的不匀称，长成了铡肉的墩墩。《新编花儿擂台卷》183

捅钱儿：谋算人家的钱。

　　这一个尕妹野心大，叶子麻，光谋者捅钱儿哩。《新编花儿擂台卷》143

被筒筒：被窝。

　　你秉性好者心上来，花被的筒筒里睡给。《河州花儿卷》166

月亮影子：月光。

　　月亮影子里浪来。《张家川》158

药筒筒儿：打农药的背筒。

　　新媳妇背的是药筒筒儿，去看个庄稼的病哩。《河州花儿卷》305

知道啥了：懂事了，通情达理了。

　　不是我的心野了，心大了知道啥了。《六盘山》75

着气儿害脑：生气、伤神。

　　着气儿害脑的咋哩?《新编大传花儿》8

白皮亮肉：皮肤白。

　　白皮亮肉的尕妹子，把我的连手像哩。《新编花儿擂台卷》149

十字大街：十字街。

　　十字大街放三炮，兰州城当成了信号。《湟中资料本》21

太阳儿冒花：太阳初升。

　　太阳儿冒花者出山来，大嫂子下到个地来。《春风吹动花千树》74

多半夏：指夏天已过去了一大半。

　　走哩么不走说实话，盼你这多半夏了。朱仲禄《花儿选》100

细条儿身子：身材苗条。

　　细条儿身子者白麻子，心痛者好像个果子。《春风吹动花千树·正歌》

马尾箩｜马尾罗儿：最好的箩网用马尾编制，叫马尾箩儿。

　　磨坊里磨哈的细白面，马尾箩箩给了两遍。《临洮花儿》186｜马尾罗儿罗黄香，咣当咣当响着呢。《莲花山与莲花山花儿》544

豁嘴｜豁豁嘴：兔唇。

　　气死那豁嘴女婿霸地草。《六盘山》218｜你看他豁豁嘴偏会吹大风。《六盘山》211

打眯眼：打瞌睡。

　　把你好比水葡萄，一打眯眼就叫人揪了。《莲花山与莲花山花儿》167

拉皮条：给男女情事牵线。

　　你把谁看下了耍急躁，我给你拉给个皮条。《新编花儿擂台卷》144

光阴大了：钱多了。

　　光阴大了气粗了，耍大的恩情哈忘了。《青海花儿大典》170

发急躁：着急。

　　你尽想阿姐者不睡觉，发急躁，店门口你买了票了。《新编花儿擂台卷》144

焦巴洋芋：外皮烤得焦黄的洋芋，外脆里嫩。

　　焦巴洋芋实话香，香味儿，飘在了十里的路上。《青海花儿大典》239

指甲面片：指甲盖大小的面片。

群科的指甲面片昂思多牌矿泉水。《新编花儿擂台卷》94

一顺白：全是白色。

小豌豆开花一顺白。《莲花山花儿选粹》88

明心秤 | 明星秤：公平秤。

戥子就像明心秤。《莲花山花儿选粹》57 | 戥子连的明星称，钢二两的四两钢。《莲花山与莲花山花儿》549

挎格子亲戚：出了五服的亲戚。甘肃武都方言也叫挂拉子亲戚、挂格子亲戚。

斧头要剁酸刺呢，问来的还是挎格子亲呢。《莲花山花儿卷》210

髑髅盖子：头。

想你髑髅盖子疼，帽子有呢戴不成。《叠藏河》第 16 期 15

脑瓜盖子：头。

想得我脑瓜盖子疼。《六盘山》93

股子柴：指较细的柴，股子指树枝。

车上曳的股子柴，唱下花儿的补者来，补者一百五十来。《洮州花儿散论》167

椽子柴：椽，盖房所用。比木头略细，意为较粗的柴。

　　车上曳的椽子柴，唱下花儿的还者来，还者原打原的来。《洮州花儿散论167》

耍的圆：过日子阔气，排场。

　　这二年你过的好来耍的圆。《莲花山花儿选粹》96

金喉银嗓：唱歌响亮好听。

　　金喉银嗓头一伙，不唱一个说不过。《莲花山花儿选粹》7

儿女亲家：亲家。

　　娃们结婚成亲哩，儿女亲家担心哩，老叫驴他要尝新哩。景生魁215

裹脚缠：裹脚布。

　　我不是上二年的小金莲，大脚婆娘走得欢，不要二尺裹脚缠，三步就到你跟前。《莲花山与莲花山花儿》97

嘴片片：嘴唇。

　　甜不过尕妹的嘴片片，美不过你阿妈给你世给的脸蛋。《新编花儿擂台卷》46

热身子：身体。

　　上来下去的眼睛里见，热身子没挨者可怜。《花儿集》215

铜条马棒：赶马赶骡子的鞭子。

  一人一马一杆枪，手儿里提的铜条马棒，月明刀挎到马上。《宁夏花儿选粹》132

"马棒比鞭杆要粗要长，虽然是硬木做成的，但富有弹性，通常桐条是最好的马棒。"① 桐是"铜"的记音字。

乖嘴嘴丨乖嘴儿：樱桃小口。

  弯弯的胳膊你枕上，乖嘴嘴沓在个脸上。《中国回族文学通史·民间文学卷》534丨乖嘴儿呲开者笑哩。《六盘山》34

沙雁儿：燕子。燕子经常落在沙滩，故名。

  红嘴鸦子一河滩，沙雁儿落在草滩。《青海民歌选》41

水葡萄：葡萄。

  水葡萄搭架者颗颗连。《手搭》96

尖杨柳：柳树。

  清水的河儿里浑水绕，尖杨柳雕下的磨槽。《青海卷》42。

打展展丨打颤颤1：伸懒腰，也叫"打懒展"。

  叫你象牙床上打展展。《岷州爱情花儿精选》13丨我把你五尺身子不主贱，叫你到象牙床上打颤颤。《岷州花儿》38

---

① 马福元：《中国东乡族》，宁夏人民出版社2012年版，第89页。

打颤颤 2：打寒颤。

  太阳当头不温暖，不由人直打颤颤。《青海花儿大典》

打懒展：打展展。

  打了个懒展翻了个身，醒来是怀空着哩。达玉川《青海花儿选》54

双手满碗｜双手儿圆碗｜双手二端碗：一种礼仪，双手端上满碗的茶水待客，表示对客人的尊敬。

  双手满碗不接了，阿达儿得罪了你了。刘凯《积淀于"花儿"中的青海饮食习俗》｜双手儿圆碗者不接了，阿么价得罪你了。纪叶《青海民歌选》116｜双手儿端碗的没吃个饭，这一回我端着喂上。《花儿词话》25

什样锦｜十样锦①：保安族腰刀的名称。保安腰刀是保安族传统的手工艺制品，十样锦腰刀是保安腰刀中最漂亮的一种。

  什样锦把子的尕刀子，银子镶下的鞘子。《甘肃卷》21

  "以双刀和双垒刀最为著名，刀把由护口、平罗、弯罗、盖子组成。用黄铜、红铜、牛骨垒叠而成。上面镶嵌着梅花点。并配有白铁做底、加红铜、黄铜条的木制刀鞘或牛皮刀鞘。"② "其中最漂亮的要算十样

---

① 《花儿民俗词典》149 页记录十样锦为"凡物有十件合成一组，或十种花样装雕成一物，皆可称为十样锦"。《青海花儿词典》335 页记录了三个意义：十种花卉，十样绸缎，多样乐曲。
② 铁木尔·达瓦买提：《中国少数民族文化大辞典·西北地区卷》，民族出版社 1999 年版，第 306 页。

锦。""堪称保安腰刀的象征。"十样锦巴子主要指腰刀的刀柄"用银、铜、石、珠在牦牛角上镶嵌铆出梅花一条龙等云纹水波及抽象图案，装饰效果及璀璨夺目又华丽柔媚"①。

羊粪豆：羊粪，形似小豌豆。

屎爬牛滚的是羊粪豆，阿哥的肉。《中国花儿新论》208

洋鼻梁 | 羊鼻梁儿：高鼻梁。洋人鼻梁高，故叫高鼻梁为洋鼻梁。

花青脸上洋鼻梁，观众看，有么的稀罕在嘴上。《梨都花儿》59 | 羊鼻梁儿糯米牙，脸蛋儿活像海纳。《新编花儿擂台卷》165

毛毛钱：指一角两角的钱，言钱少。

身上装的毛毛儿钱，腰里贬了十五天。《岷县民间歌谣》261

阳间世上：人世间。

难道阳间世上把人完了，还由下他们胡编了。《甘肃卷》

有一可：说得过去，能理解。

大汉知道有一可，娃们知道满路喊。季绪才《岷州爱情花儿精选》129

气灭过：不生气了。

儿子女子给一个，亲房人等气灭过。柯杨武文《洮岷花儿与西北民族民俗文化研究》15

---

① 马少青：《中国保安族》，宁夏人民出版社2012年版，第123页。

碰了个端：迎面遇见。

把你男人碰了个端，差点把我的气吓断。陇崖《莲花山花儿卷》36

四斗大地："按旧制算，每斗耕地约为四亩，四斗地共计十六亩。"①

四斗大地丢荒了，有牛的没人种了。《花儿集》205

张亚雄注："西北有些地方，以下种子的多少，计算田目。"或者收获物的多少来计算田亩。如，纪叶《青海民歌选》5页"马海种地者50石"注为"五十石约三百亩"。

宽大路：平整宽阔好走之路。

尕妹的庄子是刀枪林，你有了心，闯一条宽大路走哩。雪犁《花儿选集》86

麦黄天：一年中麦子黄的那一段时间。

麦黄天，给阿妈帮着擀饭。《新编花儿擂台卷》34

四六毡：宽四尺长六尺的毛毡。

白马上搭的四六毡，三道翎毛的箭杆。郭正清《河州花儿》231

金环耳坠：圆形的金子耳环。

青丝就像油墨染、金环耳坠明灿灿。《莲花山花儿选粹》69

---

① 罗耀南：《花儿词话》，青海人民出版社2001年版，第135页。

睡不倒：睡不着。

黑了叫你想的睡不倒，我们媳妇问我我咋搞，我给三岁大的牛添草。《岷州花儿选集》131

黄沙云彩：沙尘暴。

黄沙云彩大点子雨，黑云彩山尖上跑哩。《青海卷》64

心上来：吻合心意。

制定了包产到户新政策，各族人民心上来。《甘肃传统节日》86

土棚房房儿：改革开放前，西北农村常见的住宅屋宇，用土筑造而成。也叫土坯房。

托挨打工发展了，土棚房房儿挖掉了。戚晓萍《阿欧怜儿的程式和主题》

《隐居诗话》："秦人呼土窟为土空。"① "东乡族民居形式之一。以木头为屋架，屋顶以草泥抹裹，屋墙以土坯或者墙板筑成，是十分简陋的居民住宅。"②

气死猫儿 | 气死猫灯 | 气死猫灯盏：一种灯盏，瓶颈细长，猫难以偷油吃而得名。

气死猫儿的油干了，搓捻子没棉花。张亚雄《花儿集》211 | 气

---

① 莫超：《西北方言文献研究》，北京大学出版社2014年版，第45页。
② 铁木尔·达瓦买提：《中国少数民族文化大辞典·西北地区卷》，民族出版社1999年版，第344页。

死猫灯里的油干了，搓捻子没棉花了。郭正清《河州花儿》212 | 气死猫灯盏里油完了，搓捻子时没棉花了。朱仲禄《花儿选》39

老鸦儿子：乌鸦幼雏。

老鸦儿子沟里飞，我先把穷难日子推。周巍峙《中国节日志·莲花山花儿会》84

花花打灯蛾儿：颜色斑斓的蛾子。

我瞭是你连花花打灯蛾儿一样，下巴谁好落到谁身上。《岷州花儿选集》186

日头担山：太阳落在两山间，代指夕阳西下。

日头担山了你雯急，阿哥是翻山的鹞子。《临夏花儿选》第一集199

索落拌汤：拌汤的面要做成絮状或者小疙瘩。故名。

你喝索落拌汤哩。张亚雄《花儿集》66

罐罐茶：用泥制的小罐子熬茶喝。西北多地有此风俗。一般把较大的带把瓦罐，置于火盆上熬茶，熬好后，倒在小小的瓦杯里饮用。火盆不常用后，也用煤炉子。可自喝，可待客。有不放面的清茶，也叫调货茶，仅放大叶茶、盐，也可随口味的喜好添加其他调料，如大葱、荆芥、生姜等。还有一种是茶汤里放炒制的熟面粉，加盐等，也叫面茶。

油饼腊肉罐罐茶，填好热炕你睡下。《甘肃卷》7

宽刀面：宽面。

  我想吃一碗浆水饭、新媳妇擀下的宽刀面。陇崖《莲花山花儿》198

狼尾巴谷子｜狼尾巴：因穗子大，形状与狼尾巴相近而得名。

  狼尾巴谷子啦烧黄酒，红青稞要煮个烧酒。《临夏花儿选》97｜谷穗活像狼尾巴，洋芋赛过大葫芦。《甘肃歌谣》154

细叶儿汤｜细叶汤：细面条。

  切刀切了细叶儿汤，你像天上圆月亮。《甘肃卷》154｜面柜一打空声响，常没喝过细叶汤。《叠藏河》第 1 期 47

鸡蛋黄仁｜鸡蛋黄瓤儿：蛋黄。

  鸡蛋黄仁鸭蛋粉，把你如比孙悟空。《岷县花儿》28｜鸡蛋黄瓤儿鸭蛋粉。季绪才《岷州爱情花儿精选》54

菜角儿包子：菜馅包子。

  羊肉包子真包子，菜角儿包子是假的。姚含珠《花儿好唱头难抬》《人民音乐》1995 年第 9 期

麻洋芋：洋芋。

  苞谷面圪垯哈糖拌上，麻洋芋圪垯哈下上。陇崖《河州花儿》74

麻浮饺子①：用麻浮水洗菜做的饺子。张永鹤《河湟"花儿"里的岁时节日风俗》记载："农历十月，河湟地区隆冬将至，河流凝滞。此时的河水，被冻成颗粒状的冰凌，流淌不畅，俗称'麻浮'。河湟农妇用'麻浮'水清洗萝卜，切成细丝，拌以肉末或清油，做成'麻浮饺子'。"

十月里到了者寒气来，尕妹妹，麻浮的饺子哈送来。滕晓天《传统花儿精选》

很没说：说得少。方言也有"很没做"，即做得少。

你把你心上的实话很没说，我把你的毛病脾气摸不着。《岷州花儿精选》112

心病上的人：心上人。

十二把洋伞九顶轿，全是佛爷不热闹，心病上的人没到，燕窝海参我没瞭。《岷州花儿选集》128

清眼泪：眼泪。

清眼泪不由得淌哩。达玉川《青海花儿选》50

苦杏儿：指杏核是苦的。杏子的核分为两种，一种是苦的不能直接食用的，会中毒；另一种杏核是甜的，可敲开直接食用。

院子里栽的苦杏儿，杏儿苦，苦杏核熬汤着哩。《爱情花儿》355

水拨轮儿：水磨。

---

① 张永鹤：《河湟"花儿"里的岁时节日风俗》，《中国土族》2012年冬季号。

上河里安下的水拨轮儿，水小者它阿么转哩？《河州花儿卷》19

蜜蜜筒：马缨花，打碗花。

牛鼻子杆杆荞麦花儿，蜜蜜筒开成个喇叭。《河州花儿卷》67

蛋蛋儿车：又叫面包车，外形像面包，车型较小，可载人载货。2000年前后盛行，目前已基本不见这种车。

汽车三轮的蛋蛋儿车，相遇者交叉的路上。《河州花儿卷》277

蕨罗扇：指长老了的蕨菜散开了，铺开在地面，形似棕扇。

上山者打了个蕨菜了，下山里成蕨罗扇了。《河州花儿卷》26

瞌睡包：爱打瞌睡之人。

瞌睡包阿哥睡着了，没知道大天亮的。朱仲禄《爱情花儿》222

甘肃一带对小孩常用此语。带"包"的词语，都含有既责备又疼爱。诸如"淘气包、猪包子（爱生气），气包子（生气的时间长）"等。

光面子话：没有实际帮助的甜言蜜语。

光面子话儿要说了，隔肚子把人心见了。《甘肃卷》65

面丹儿：山楂。取"圆"的特征。

上埂塄长的是红樱桃儿，下埂塄长的是面丹儿。陇崖《河州花儿》26

眼睛仁儿｜眼睛檐儿｜眼睛牙儿｜眼睛仁仁：眼珠。

眼睛仁儿瓣得麻沙沙，拐棍拄上还不罢。《岷州爱情花儿精选》88｜眼睛檐儿割得麻沙沙，拐棍注上还不罢。《叠藏河》第 16 期 36｜我连你黑头发辫成白头发，把眼睛牙儿瓣得蓝花花。《岷州花儿集》115｜把你照了一天了，眼睛仁仁照酸了。《舟曲花儿》51

松娃娃：松树苗。

上去个高山望下看，松娃娃罩严者哩。《天祝花儿选》72

旮旯菜：蒲公英。

旮旯菜开的花还黄、好像给农民帮个忙，旮旯菜的钱也旺。陇崖《莲花山花儿》63

花花儿菜：蒲公英。西北有些地方读为"黄黄儿菜"或者"黄黄"。

心牵成花花儿菜了。《花儿词话》96

团转儿旋：转圈。

我花上功夫把你缠，就像蜜蜂团转儿旋。陇崖《莲花山花儿卷》18

鸪鸪咪儿：猫头鹰。

鸪鸪咪儿蹲者个树尖里，半晚夕不停地喊哩。陇崖《河州花儿》323

唾沫渣子：唾沫。也叫唾沫星子。

你抬下凉水我不嫌，唾沫渣子可比蜜甜。《岷州花儿选集》67

红脸老爷：特指关公。

红脸老爷的三须胡，葡萄花盅，要喝个糯米酒哩。《甘肃卷》45

桦儿子｜红桦儿子：桦树的幼苗。

阳坡湾里桦儿子。《莲花山与莲花山花儿》55｜红桦儿子紫桦材，你把你的舍不得，只想万算我的来。《洮州花儿散论》224

肋巴扇子：肋骨。

想你肋巴扇子疼，睡到炕上转不成。《叠藏河》第1期58

盘盘路：沿着山势盘旋而上的山路。

高高山上的盘盘路，一盘么一盘的上哩。《宁河花儿缀集》第二集111

拐拐路：盘盘路。

多会当上两口呢，天爷指的拐拐路，等不住者想死呢。《莲花山与莲花山花儿》554

蚂蚂蛐蛐：蚂蚁。

蚂蚂蛐蛐两头大、中间细成线着呢。《莲花山与莲花山花儿》549

蚂蚁虫儿：蚂蚁。

　　蚂蚁虫儿过石山，路过儿滑了个溜儿。《新编花儿擂台卷》155

长大路：宽阔平整的路。

　　前前后后的你思量，长大路和谁走哩？《甘肃卷》42

环环眼睛：杏眼。

　　想你把我想狠了，我的环环眼睛哭肿了，昏天晕地不稳了。《甘肃卷》168

喜鹊花犏牛：指牛角短小而稍弯曲，尾巴短小的牛。多为花牛，颜色黑白相间。

　　尕角义犏牛喜鹊花，转槽的根儿里卧下。达玉川《青海花儿选》35 | 九九尽了拿桄种，赶的是喜鹊花犏牛。《八宝川花儿》252

马尾松犏牛：尾巴大，牛角长而弯曲的牛，大多为黑色，性情暴躁。

　　马尾松犏牛野雀花，转槽的跟前卧下。《甘肃卷》81

扫帚云：云形像扫帚。

　　天爷发雨扫帚云，想你手把灶户门。《岷州爱情花儿精选》15

白疙瘩云彩：大块的白云。

　　白疙瘩云彩豆大的雨，房檐水淌给在院里。《甘肃卷》62

圆盆盆儿脸势：圆脸。

开开院门割韭菜，你是圆盆盆儿脸势红骨彩。《岷州爱情花儿精选》11

心疼儿脸势：漂亮脸蛋。

心疼儿脸势给我转，就合锦鸡戏牡丹。《岷州花儿》37

二细子草帽：像韭菜一样的宽度叫二细。这里指草帽上一圈一圈的纹路，不宽不细，类似韭菜的宽度。

脚穿上麻鞋图轻巧，头戴上二细子草帽。《河州花儿与陕北信天游文化内涵的比较研究》95

氽笼笼儿：小篮子。

氽笼笼儿里提鸡蛋，叫包爷就往明里断。《岷州花儿选集》84

洋怜儿：对情人的美称。洋指洋气、时尚。

白纸糊了仰尘了，洋怜儿三十挂零了。《岷州爱情花儿精选》65

撇撇角：方言中两脚八字分开为撇。这里指牛角往两边分开。

氽犍牛的撇撇角，缰绳抓住手丢脱。《莲花山与莲花山花儿》599

叉叉燕：燕子，尾巴分叉，故名。

黄鹰展翅飞得高，高高飞，叉叉燕天空里叫了。《甘肃卷》18

圪垯银子：银锭。

　　圪垯银子砸墙根，碎碎银子养穷人。《莲花山花儿卷》120

对河两岸：河岸两边。

　　对河两岸你打听，维人（着）没想过歪心。《湟中资料本》2

狙狸猫儿｜狙狸猫：松鼠。

　　狙狸猫儿的尾巴花尾巴，娃娃们争抢者抓它。《河州花儿卷》150｜尕磨上磨的是红麦子，狙狸猫要耍个怪哩。《河州花儿卷》81

胳膊弯弯：胳膊肘。

　　胳膊弯弯里搂搂上，红白的肉，阿哥的黑肉合上。《青海民间文学资料——传统花儿专集》32

大肚子臭虫：臭虫。

　　大肚子臭虫吸血哩，吃饱了满炕上滚哩。达玉川《青海花儿选》24

豹花骡子：豹黄骡子。"花"是黄的音转。

　　豹花骡子走洛门，骡驹驮下炭着呢。《莲花山与莲花山花儿》551

白菜疙瘩：卷心白菜，包得很紧，菜形簇拢像疙瘩。

　　白菜疙瘩我爱呢。还要放些咸菜呢，望想心上的花儿不摆呢。

《莲花山花儿卷》10

红谷儿米汤：小米粥。

十一腊月占房屋哩，要吃个红谷儿米汤哩。《花儿集》163

偷油壶壶儿：小油壶。

偷油壶壶儿装奶呢，想人头晕身摆呢。《岷州花儿选集》136

寸刀子：小刀。

寸刀子割，除不尽心头的愤恨。《甘肃卷》36

梢梢儿柴：灌木丛中折下来的小树枝，易燃。

镰刀割了梢梢儿柴，你有朝心到这儿来，给我宽心闹眼儿来。《岷州花儿》41

挨肉的汗褟：贴身穿的衬衣。

我们屋里不由我，由我给你吃烟火，你有冤枉给我说，我把挨肉的汗褟儿给你脱。《岷州花儿选集》106

挨肉的衣裳：贴身穿的衣服。

将是我人穷穿得单，不是我把挨肉的衣裳给你脱两件。《岷州花儿》13

白雨蛋蛋儿：冰雹。

红心柳，四张杈，老人家你把善心发，蔓叫白雨蛋蛋儿下。《岷州花儿选集》139

绑个口儿：亲个嘴。

阳山梨儿么阴山杏儿，杏儿把林檎望着呢，有心连你绑个口儿，鼻子把嘴挡着呢。《岷州花儿选集》101

包黑炭：包公。

包黑炭判了个铡美案，把诸葛亮请了三回。悦兰《青海"花儿"中的文字游戏》

狗脚儿蹴：像狗一样蹲着。

磨轮窝里麻石头，我来到你们院里狗脚儿蹴，蹴着院里数星星。《岷州花儿选集》189

挖光阴：挣钱。

不能光顾个人挖光阴。《莲花山与莲花山花儿》626｜阿哥们挖下的好光阴，尕妹妹心宽者俊了。《河州花儿》133

眼睛角角：眼角。

我死了变成花喜鹊，眼睛角角把你瞧。《莲花山花儿选粹》29

眼睛扇扇：眼皮。

我想你眼睛扇扇疼。《莲花山与莲花山花儿》570

眼睛珠子：眼珠。也叫眼儿珠子。

镢头挖了芝麻根，想你眼睛珠子疼。《岷州爱情花儿精选》155

鼻疙瘩｜鼻子疙瘩：鼻子。

你砂锅肚子罗圈腿，鼻疙瘩就像砸煤的大锤。《新编花儿擂台卷》155｜想你鼻子疙瘩疼，鼻烟有呢吸不成。《岷州爱情花儿精选》155｜我想你着你不信，鼻子疙瘩是干证。《舟曲花儿》61

耳朵垂垂：耳垂。

耳朵垂垂没肉了，数肋巴是不够了。柯杨《民间歌谣》27

脑壳盖子：头顶。

想你脑壳盖子疼，二系草帽戴不成。《岷州爱情花儿精选》155

麻核桃：核桃。因表皮颜色褐色得名。

提的锄锄儿打药照，我给你揣下一怀麻核桃。《岷州花儿选集150》｜肠子哈想成皮条了，心想成麻核桃了。《新编花儿擂台卷》21

麦颗子：麦粒。

共产党的政策好，麦颗子赛鸡蛋哩。《甘肃卷》27

爬腰子树｜爬叶儿树｜爬腰儿树｜爬腰树：树干弯曲向一侧倾斜，不朝上长的树。

大峡的跟儿里斧头响。脚踩者爬腰子树上。《河州花儿卷》35 | 他到爬腰子树底儿赳下了。《莲花山花儿卷》149 | 二郎山上爬叶儿树，爬叶儿树上起烟雾。《叠藏河》第 1 期 63 | 二郎山上爬腰儿树，爬腰儿树上起烟雾。《岷州爱情花儿精选》58 | 二郎山上爬腰树，你将绸子我将布，布把绸子配不住。《岷县花儿》49

农二哥：农民。以前把工人称为老大哥。

为人处事靠得住，这就是农二哥的长处。《新编花儿擂台卷》57

两不见天：早出晚归，不见白天。

山高么路远者上学难，两不见天，早晚把尕腿腿跑断。《新编花儿擂台卷》86

犟板颈：脾气倔。

我阿大他是个老脑筋，犟板颈，婚姻自由不懂。《新编花儿擂台卷》125

精肚子浪：光肚皮。

马没有鞍子精肚子浪。李富《春风吹动花千树》130

大链盒车子：也叫加重车子。车形大，能承重，可在后座上带人。

大链盒车子我骑上，路过了把你哈带上。《原生态花儿》34

丝光袜子：薄、透明的袜子。

丝光的袜子胶皮鞋。《六盘山》171

董公柳：清末著名将领董福祥所种的柳树。

> 董公柳栽倒新疆了，穷百姓落了难了。《六盘山》119

此外还有：炸雷、满尺、转槽、转转（转一圈）、灰菜、灰灰菜、瓦蓝、厚冰、清冰、硬冰、冷冰、清冰、苦苦菜、明月亮、北斗七星、红皮蒜、苦苦菜、红骚葱（红葱，皮色红，味道辣）、板板桥、宽肚肠（宽宏大量之人）、山神爷、欢欢笑（爱笑之人）、老疙瘩（排行最小的孩子）、冰凌水、阴阳水（冷热相兑的水）、棚子车、飞毛腿、双毛辫子、大裆裤、没裆裤、老大大、土窑窑、木车、皮轱辘车、麻糊子月亮、门墩窝、热身子、热怀、热病、清眼泪、明月亮、连心肉、护心油、细商量、快刀子、乌溜黑、糯米牙齿、樱桃口、心叶子、满腰转（腰带）、大豌豆、黄土崖、烂木头、红公鸡、麻母鸡、腰里没钱、麻子碗碗儿、虎斑猫儿、猡猡豹、黑老鼠、泥菩萨、迷魂鬼、亮明星、空心子、空腔子、席芨草、鹁鸽鸟、悔心话、清眼泪、水莲花、羊油蜡、苜蓿草、羊皮筏、红胶土、花鹿儿、石大门、盘盘路、拐拐路、福身子、皮筏子、窗亮子、红土瓦、鼓硬腔、八仙桌、水烟锅、洋菊花、青钢木、燕麦草（燕麦科的一种，不能食用。只能当饲料）、粉壁墙、白铜烟锅、烧酒坊、呱啦鸡、指甲花、凤仙花、婆婆娘、毛辫子、双毛辫子、热身子、绸绸花、乖嘴嘴、水白杨、大豌豆（蚕豆）、冬果梨、麻鸡婆、野狐子、拉拉车、黑云彩、白云彩、沙草地、护心镜、娃娃兵、缎小帽子、好欢乐、护心符、护心镜、护心油、红嘴骡子、红嘴鸦儿、花花被儿、高粱笤帚、水地里萝卜、大红洋缎、青石头崖、红石头峡、南大山、白大布、大白布、剜肠抽肚、鸡蛋头镜儿、甘草困困［捆］儿、镔铁葫芦、鸳鸯鸟、绣花鞋、清泉水 八棱子碌碡、白蒿子火绳儿、三说儿二笑、丝光袜子、白市布、胶皮鞋、牛皮窝干、滑石猴耳勺、牙签子、玉石耳勺、东方红铁牛等词语。

这些词语特点：（1）造词理据明显，语义透明度高，理解起来不困难。（2）词语的词形长，大多数是前加修饰语，突出了事物的主要特征，区别度高，形象鲜明。（3）词语中有些成分是羡余成分，如腰里没钱

（没钱）、儿女亲家（亲家）等，体现了口语的随意性。（4）语言浅近，通过字面意义就能推测出整个词语的意义。

三　詈词

在方言俗语的研究中，雷汉卿说："普通方俗词中最值得注意的是一些原汁原味的土话，有些甚至是粗话。"[①] 花儿虽是歌谣，有一定的避讳特点（如疾病、药品词很少出现在花儿中），但詈词并不少，复现率也高，詈词是活生生的口语词，在汉语词汇的研究中，很有价值。王力先生曾说：无论怎样俗的一个字，只要在社会上占了势力，也值得我们追求它的历史。[②] 詈词的研究历史较为短暂，从20世纪90年代开始，骂詈语才逐渐成为关注对象，文孟君最早写了骂詈语研究的专著，江结宝、刘福根等从骂詈语的类型、成因、功能、历史渊源及其他方面对骂詈语进行了研究[③]。骂詈语有"文骂""武骂"之分，花儿中的詈词是典型的"武骂"。从生理缺点、道德品质、性格特征直斥对方，字面意义即是内涵意义，绝不拐弯抹角。

（一）指斥生理缺点

污水台脸脑：指凹脸，方言也叫凹坑脸。

　　污水台脸脑哈我不维，我维个满脸儿笑哩。《新编大传花儿》137

屄头：懦弱无能。

　　脚没有鞋袜者净脚片跑，这就是维人的屄头。《河州花儿卷》36

磁皮老脸：粗皮老脸。

[①] 雷汉卿：《近代方俗词丛考》，巴蜀书社2006年版，第253页。
[②] 王力：《龙虫并雕斋文集》，中华书局1980年版，第321页。
[③] 文孟君：《骂詈语》，新华出版社1998年版；江结宝：《骂詈语言研究》，人民日报出版社2005年版；刘福根：《汉语詈词研究——汉语詈骂小史》，浙江人民出版社2008年版。

你把那洋伞收了吵,把那磁皮老脸抹一把,你像娃们着还羞呢吵?《岷州花儿选集》134

死羊脸:脸不舒展,阴沉。

掌柜的死羊脸吊下来。《春风吹动花千树》67

瘸倒拉:瘸子。

你上街里维下的瘸倒拉,下街里维下的哑巴。《新编花儿擂台卷》136

长舌头:多嘴多舌。

长舌头把事情吵红了,坏良心把名声扬了。《新编花儿擂台卷》138

(二)指斥做事态度及道德品质
毛日鬼:胡乱做事,不认真、不严谨的人。

你逮这个毛日鬼耍搭话,我两人还没有罢下。《新编花儿擂台卷》152

乱人:众人。带有贬斥义。

三爱了你身后再没有乱人。《新编大传花儿》66

烂人:有些地方读音为"乱人"。

一口锅,七口锅,去给想烂人的说。《岷州花儿选集》58

死懒病：懒病。

死懒病害到个肉里。《六盘山》100

烂干：烂货。

这些个婆娘们没皮脸，乱人儿压下的烂干。《新编花儿擂台卷》129

拐夫：骗子。

我当上拐夫你跟上走，外省外县里浪走。《六盘山》167

懒干：懒惰的人。

他把我骂了二十四个没皮脸，又懒又馋大懒干。《梨都花儿》119 | 你俩儿好了时到处喧，拉倒时就成了懒干。《天祝花儿选》221

瞎人：坏人，主要指品德败坏之人。也可指性格懦弱之人。

早知道你把良心坏，我不落瞎人的名声。《六盘山》145

赖皮脸：厚脸皮的人。

癞肚呱想吃天鹅肉，大张口，赖皮脸世下的不羞。《爱情花儿》360

二流子：不务正业之人。

二流子懒汉我不爱，要嫁个劳动的汉哩。《甘肃卷》118

无意汉：人品差的人。

交人要交个无意汉，无意汉心高者义短。《松鸣岩花儿曲令》52

赖皮脸：厚脸皮的人。

癞肚呱想吃天鹅肉，大张口，赖皮脸世下的不差。《爱情花儿》360

婊子：古时对娼妓的称谓。农村多指作风不正的女子。

嫁汉的婊子你死掉，阳世上人多者哩。张亚雄《花儿集》210

嫁汉：骂语，指要男人，偷情。

捶头子大的尕媳妇，嫁汉者养不住了。董克义《积石山》138 | 脚大蹬得江山稳，脚小那是嫁汉种。《舟曲花儿》134 | 你青天白日嫁汉哩，还嫌我把你管哩。《六盘山》185

嫖风：男子嫖娼行为。

娶不上婆娘嫖不上风，立逼者当和尚哩。张亚雄《花儿集》202 | 你的兜兜里没一分钱，还谋着嫖风者哩。《新编花儿擂台卷》143

（三）指斥性格特征

瞎账 | 瞎障：骂语。窝囊，没出息。

洮河哥哥要拦挡，趴洮河的人瞎账。《岷州花儿选集》204 | 洮河哥哥要拦挡，爬洮河的人瞎障。《岷州爱情花儿精选》123

碎嘴：爱说闲话、爱唠叨之人。

张家短来李家长，由你着浪，活像个碎嘴的婆娘。《新编花儿擂台卷》35

白瞪眼：傻兮兮的人。

七寸碟子舀剩饭，娘老子养下的白瞪眼，油缸倒着不动弹，拉给一把乱叫唤。《莲花山与莲花山花儿》627

瓜腾腾：傻乎乎。

叫你使唤上尽害人，你把我就看了个瓜腾腾。《岷州花儿选集》149

二不楞：傻子。

边里价冒出个二不楞，两句话尻下得恶心。《新编花儿擂台卷》145

愣症包：傻子。

你拿上西红柿硬抟哩，愣怔包上你的当哩。《新编花儿擂台卷》151

龟头男人：窝囊没出息的人。

龟头男人半脸汉，刀刀儿磨了三天半。《岷州花儿选集》189

瓜子：傻子。

我这里想你成瓜子，你那里咋知道呢。《六盘山》141

迷混子：头脑不清之人。

苦肉计尖子哄楞子，把曹操变成迷混子。《西羌文化与洮岷花儿》233

半吊子：对业务一知半解之人。也指称不明理的人。

我是庄稼行里的半吊子，请你多多个的提点呢。《莲花山与莲花山花儿》587

《青海花儿词典》："我维的连手是半吊子，半吊子把人哈气死。"《汉语大词典》："旧时钱串一千叫一吊，半吊为五百，不能满串。因用以形容知识不丰富或技艺不熟练的人。"《兰州方言词典》：行为鲁莽乖戾之人。

半瓶子咣啷：知识不足爱炫耀之人。

把个家老揿成诸葛亮，口号们响，其实是半瓶子咣啷。《新编花儿擂台卷》37

老颠动：头脑不清楚，做事有悖常理的老年人。

你年轻人跟下的老颠动，罪孽哈我担者哩。《原生态》8

《南充方言词语考释》63页："其本字当作心旁东，《集韵·东韵》愚貌。"[①] 颠也是愚蠢义，二字同义连用。《陇右方言》153页："《淮南子要略》：'终身颠顿乎混溟之中'。今谓老而昏聩曰颠顿。"

军犯：明代流传下来的骂语。

[①] 杨小平：《南充方言词语考释》，巴蜀书社2010年版，第63页。

铁打驴驴儿驮炭呢，男人就合军犯呢，一天要打三黪呢，打得心肠愁烂呢。戚晓萍《阿欧怜儿的程式和主题》｜针插儿上一根针，军犯家娃们不调陈，给我怜儿给难心。《叠藏河》第1期55｜我们婆娘把我骂着呢：把你军犯有啥事着奈不过。《岷州花儿选集》189

据柯杨《花儿溯源》："明初法严，边塞地区的汉民'多由罪戍'。时至今日，岷县老年妇女有时还骂男人'你这个军犯！'骂自己的孩子是'军犯娃'，大约也同明初的罪戍有着密切的关系。"[①]

（四）詈词成为构词语素

如瓜、怂、囊、婊子等词语成为构词语素。

1. 瓜：傻。组成词语瓜子、瓜瓜、瓜怂、瓜不腾腾、瓜不兮兮等。

我你的跟前多即溜，离你者成瓜子了。《八宝川花儿》197｜叫你使唤上尽害人，你把我就看了个瓜腾腾。《岷州花儿选集》149

2. 囊：不好、没出息。常见于青海花儿和宁夏花儿。构成囊怂、囊蛋、囊疙瘩等词，也写成"孬怂"。

攒劲的阿哥有一个，顶你那囊怂两个。《六盘山》122｜要了个女婿是囊蛋。《六盘山》121｜维了个朋友是囊疙瘩。《六盘山》122｜我连耍了四个麻利哥，连你个孬怂四个。《六盘山》150

3. 皮：组成皮脸、皮嘴、皮脖脖、皮脸脑、皮谎、拌屁（拌屁：说空话、假话。方言中骂人时，把嘴骂为"屁"）等词语。如：

这是谁家的没皮脸，快快起来了走开。《湟中资料本》147｜走路能着摇摇儿呢，皮嘴馋着撩撩儿呢，想吃嫩把条条儿呢。《莲花山与莲花山花儿》219｜皮脖脖甭掉脸甭迈，小阿哥大跟不着你

---

① 柯杨：《花儿溯源》，《兰州大学学报》（社会科学版）1981年第2期。

来。《八宝川花儿》191｜你皮脸脑活像个丑八怪，嘴大着活像个口袋。《新编花儿擂台卷》136｜拉家常，没提防，原来是尽编的屁谎。《岷县花儿》53｜你那是开拌屁话，一夜粘都粘不下。《舟曲花儿》39

4. 鬼：指斥人的不良习性时所用的词缀。

砸碎骨头熬油哩，啬皮鬼，寒毛里抽筋着哩。《爱情花儿》355｜瘦瘦鬼，你不是维人的下家。朱仲禄《花儿选》37｜一大麻钱掰两大，抠抠鬼，你不是维人的下家。《花儿卷》229｜贪色如命的马老三，大烟鬼，糟蹋了花骨朵了。《爱情花儿》361｜娘骂女孩没脸鬼，我给你找下个讨吃鬼。《六盘山》202｜你跟上这些逛鬼没情况，还是我这个乡里人土包子稳当。《新编花儿擂台卷》134｜娘叫一声女儿没脸的鬼，给你寻上一个浪荡鬼。《张家川花儿》215

啬皮鬼、瘦瘦鬼、抠抠鬼都指称小气的人。还有大烟鬼、没脸鬼、讨吃鬼、胡日鬼、鬼精子、逛鬼等。分别指人的不良行为。

5. 婊子。
组成黄婊子、小婊子、贼婊子、黄脸婊子等词。

男人骂我黄婊子。《莲花山花儿卷》204｜早知你小婊子没良心，我少落旁人的骂名。《六盘山》159｜坏了良心的贼婊子，阳世上人多着哩。《六盘山》122｜黄脸婊子嘴不要犟，麻五昨晚巷道里浪。《临洮花儿》243

6. 松｜㞞。
实义词"松"：指窝囊。如：人松了要受人的气哩（《六盘山》198页）。《方言》："陇右人名懒曰㞞。" "㞞"在西北方言是个常见的詈词，作构词语素组成"尿、松汉、哄孙、杂㞞、囊㞞、狗㞞、㞞样子、哈㞞"等词。

蜈蚣的嘴巴妖婆的心，马步芳他是个坏骨泉。《甘肃卷》33 | 来了要在小路上来，把那些坏（厸）们避开。董克义《积石山》151 | 白肚银鬃的白龙马，骑的松汉么好汉？《六盘山》70 | 硬汉倒是自倒呢，松汉到是搡到呢。《爱情花儿》298 | 马瘦毛长尻子松，马驹子也是个囊（厸）《宁夏花儿精粹》284 | 攒劲的阿哥一个，顶你那馕俅两个。曹强《论固原花儿的押韵》 | 维人要维个君子人，甭逗个外旁人哄孙。《湟中资料本》54 | 《新编花儿擂台卷》135 | 六月入伏割青禾，屋里杂怂趴洮河，《岷州花儿选集》204 | 六月入伏割青禾，屋里杂松爬洮河。《岷州爱情花儿精选》123 | 二骂个老财主老狗厸，朋友的女儿啦糊混。李富《春风吹动花千树》45 | 你那个厸样子太怪了，尕阿姐看不上了。《新编花儿擂台卷》146

甘肃武都话还有迷怂（傻子）、洋怂（傻子）、坏怂、哈怂、死怂、怂样儿、怂性样儿等词。

（五）用动植物名称词喻指骂人

王八吃了秤砣了，身轻着心肠重了。《六盘山》71 | 娃们结婚成亲哩，儿女亲家担心哩，老叫驴他要尝新哩。《西羌文化与洮岷花儿》215

此外还有狗地主、老狐狸、恶狼疯狗、王八、刺蓬、驴、草鸡、癞皮狗等喻指骂人。

花儿中还有诅咒之语，如：

得上个瘟病者死下。《六盘山》158 | 良心昧了天报下，万箭穿心着死下。《六盘山》158

第四节　花儿词汇一词多形与一形多词

语言是音义结合的听觉符号，文字为记录语言而产生。书面文献通过文字来表达语言的音义关系。方言没有文字，记录方言文献，需借助为记录通语而造的文字。花儿本是口头文学，记录下来，就会产生用字问题。花儿歌词因记录问题出现大量的同词异形和异词同形现象，这虽然是书写问题，但和词汇研究息息相关，在花儿词汇研究中，值得关注。真大成在《谈当前汉语常用词演变研究的四个问题》一文中说"有些常用词具有多种书写形式。书写形式虽然是词的用字问题，但实际上牵涉词语研究的诸多方面，因此对常用词研究而言，准确、充分把握书写形式具有重要意义；忽视书写形式，则会给研究带来缺失，甚至错误。"①

一 一词多形的类型及特点分析

方言用字，大多考虑的是假借音的问题，花儿中的一词多形情况，并非仅由假借语音形成。还涉及其他因素。可分为五类，第一类按语音记录，只求同音或谐音，不理词语的意义。第二类按词义记录，寻求与普通话词义一致的汉字，完全不管方言音，造成花儿文献原生态滋味的丧失。第一类和第二类是产生同词异形最多的情况。

如"解渴"这个词，花儿中记为两个词形"解渴""改渴"。

> 一解渴来二解乏，三解大家心上沙。戚晓萍《阿欧怜儿的程式和主题》｜尕妹妹好比是井底的水，多嗒者解我的渴哩。郭正清《河州花儿》203｜歇凉来，改渴的清泉儿有哩。《湟中资料本》61

"解渴"的"解"是按照词义记录的，与方言读音不同。"改渴"是按照方言音记录的，西北方言中"解"读为"改"。如解板、解枋也记作改板、改枋。

> 把你截成图辕改成方［枋］，钉者我什仰尘上，我侧楞睡下仰头望。《莲花山花儿卷》130｜哥哥是椰木者解成板，尕妹是细板的腰子。李富《春风吹动花千树》32

---

① 真大成：《谈当前汉语常用词演变研究的四个问题》，《中国语文》2018 年第 5 期。

第三类记录者找一个自己认为合适的字形，来记录方言词。第四类由音译词的书写形式不同而形成；第五类由异体字、繁体字、二简字等字体的变化形成。

以下我们将按这五类分别论述。

（一）按方言音记录

寻求普通话中同音谐音的字来记录方言词，词形之多不可估量，只要是同音谐音字，皆可撷取。可细分为以下七种类型。

（1）声调不同的：烫土｜汤土｜蹚土｜塘土｜趟土｜荡土。（2）声母不同的：停停｜定定｜挺挺｜经经。这一组中，声母是 d｜t｜j，普通话读定定，停停｜挺挺｜经经是方言音。（3）韵母不同的，如：in｜ing 檩｜岭｜领，西北方言中，一般前后鼻音不分。（4）声韵调皆不同的：庆｜浸｜沁｜清｜凝[①]：韵母上的变化 ing｜in；声母上 j｜q｜n；声调上：阴平｜去声。（5）声韵调全相同的，如：肇｜兆｜照。（6）声母、声调有差异，而韵母一致的：哈｜下｜吓，声母 h｜x；声调，阴平｜去声。（7）韵母、声调有差异，而声母一致的：岈豁｜垭豁｜崖豁｜牙合｜牙豁，其中"豁、合"韵母 uo｜e；声调，阴平｜阳平。

（二）按语义记录

方言音和普通话音不同义同，记录时不考虑方音，只按照词义的相同记录，形成了词形的不同。如：前文中提到的"解｜改"。再如：如鸢｜迢[②]｜吊，吊｜鸢是记音字，据方言读音用音字记录；迢，编者注方言音：diao，记录成迢，是按照词义记录，表示"遥远、偏远"义。我们列表对比这两类。

表1第一栏是考虑方言音，不管词语词义的记录情况。第二栏是只考虑词义，不考虑方言音的记录情况。（仅举常见用词数例，以窥其规律。）

[①] 朱仲禄：《爱情花儿》，敦煌文艺出版社2002年版，第45页，注音 qing。
[②] 宁文焕：《洮州花儿散论》，甘肃民族出版社1992年版，第224页，注音 diao。

表 1 按方音记录与按语义记录对照

方言记音词形	与共同语词语意义一致的词形	词义
改	解	解开，分解
抱	甭、甮	不要
该、开、过	个	量词"个"
气、起	去	离开、前往
格、各、纥	角	角落，动物的角
扩	科（砍、削的意义已消失）	砍、削
溜、六	绿	绿色
寒、黑	咸	咸味
嫌	惜	可惜
撒	扯	撕扯
安	煮、熬	煮、熬
语、玉	味	味道，气味
子、仔	的	结构助词
连	和	连词
逮	和	连词
冈、杠、冒	扬	气、烟、土等往上升腾
然	攀、爬	攀登
悠	抽	往出抽
行	寻	寻找
将	刚	刚刚
从	重	重新
吊、迢	弯	距离遥远
参、缠、躔	次	量词
耀、绕、照	看	看
抬、啖	衔、含	含着
各、阁	角	角落
庆、浸、沁	凝	凝固

这两种记录都不太理想。表 1 第一栏只记音，不考虑语义，正确理

解句义有困难。第二栏，按共同语与方言词义的对应来记录，完全不考虑方言读音，改变了花儿原汁原味的特色，也打乱了歌曲的韵律。

普通话和方言语音上有差异，方言内部语音也会不同。花儿流传地域广袤，记录者在什么地方调查，就记录了什么地方的语音，也会形成一系列的同音谐音记音字，以第一人称单数为例，如：

闹丨脑：我。青海音读"我"为脑。

出来个大门难打听，你是脑阿哥仔扯心。《花儿集》75

卬：我。娄子匡于1973年影印出版《花儿集》，今甘肃天水一带，第一人称代词仍用"卬"。

花儿花儿红了没？你见卬的来了没？娄子匡《花儿集》4

呕2：我。通行于甘肃岷县一带。

所以呕活人就有了条件了。《岷州花儿选集》234

曹：我。也可复指，咱们，我们。

花儿穿上花裹肚，曹两个多时成两口？《宁夏花儿精粹》385丨
我想你三晚夕没合眼，曹两个宽地里耍哩。《张家川花儿》67

莫超《西北方言文献研究》第108页引清代《甘肃新通志》："'曹，俗谓我们，曹读如字。'焦国理《重修镇原县志》卷之五：'曹们，曹者，我也。们者就一方面多数之人而言。'案，《东观汉记》：张堪为蜀郡太守，公孙述遣击之堪有同心之士三千人。曰：'张君养我曹为今日也。'徐积诗：'我曹尽是浩歌客。'李建勋诗：'他人莫相笑未易，会吾曹镇原人去。''我字但称曰曹，不知者往往发生误会。光绪戊戌，余在京遇一同乡，素未识荆渠，突然间曰：你在曹的方圆么？意谓你我山庄近在咫尺。闻者掩口而笑，盖误以曹字为三马同槽之槽也。'"

表 2　　　　　　　　方言内部按音记词的情况

脑、闹（记音）	西宁一带	第一人称代词
卬（记音）	甘肃天水一带	第一人称代词
伛（记音）	甘肃岷县一带	第一人称代词
曹（记音）	宁夏、甘肃张家川一带	第一人称代词

花儿中另有一种记录，结合这二者的优点，是较为理想的记录方言词语的方法。如表 3：

表 3　　　　　　　　音义兼备的词语记录

文中记录用字	页尾注释读音（一般不标调）	备注
解	gai	
腔	kang	
褒	bao	
个	gei	
去	qi	
角	ge	
连	lan	
重	cong	
味	yu	
下	ha	
次	can	
惜	xian	
杏	her	he + 儿化音
会	hun	
鞋	hai	
尻	gou	
耀	rao	
仇	shou	
照	rao	

这种记录在歌词里记录的字形与意义能对应上，又加注了方言读音，

保证了文意的正确理解，也不失花儿的原汁原味，是较为理想的记录方法。

这种记录在花儿中一般采用三种办法：

（1）在字旁加脚注符号，在页尾注读音。这是常见的注音法。注音一般采用汉语拼音注音，大多数不注声调。以季绪才《岷州花儿选集》为例，此书给98个字做了注音，但注声调的只有5例。也有用直音法的。如：牅音同偏、怎读如咋等，参见《青海民间文学资料——传统花儿专集》。或者拼音+直音：藉，qie 读如茄，见《青海民间文学资料——传统花儿专集》。

（2）直接在文中的字后注音，如：西宁的论坛里转一圈，网民们围严（nian）着哩。参见西宁市文艺界联合会编《花儿卷》121。

（3）在一首花儿或者几首意义相关的花儿录完后，注出读音，并释义。如张亚雄《花儿集》第55、56首。

郭莽寺仔溜宝瓶。铁丝儿拉下子扯绳。出来个大门难打听，你是脑阿哥仔扯心。｜嘉庆爷折照草地里，尕马儿下兰州哩。一处儿坐惯了你走哩，青刀儿挖脑仔肉哩。

作者注解："这两首是西宁花儿。郭莽寺在青海。'仔'是'的'的西宁读法。'溜'是'绿'的西宁读法。'六'读如'溜'，这很普遍，'绿'读作'溜'，是仿其音。西宁人把'的''地''底'三字都读作'仔''字''紫'的音。'脑''我'字的转音。'照'，'者'字的转音。至于'折'是'损兵折将'的'折'字，甘宁青把此字读作 she。"

（三）记录者找一个合适的字形，来记录方言词

岗｜扛｜罡｜杠｜放｜烱｜（尘土、烟雾、火星等往上飞扬起来）。这一组中的"放"，是记录者找出来的替代词，音义都不接近原词。作者专门做了注："放读杠，冒烟"。[①]

[①] 汪鸿明、丁作枢：《莲花山与莲花山花儿》，甘肃人民出版社2002年版，第318页。

去了十天搭九天，想的心上岗火焰。《舟曲花儿》55｜晒上几天了下一场雨，不下时尘土们扛哩。《河州花儿卷》190｜爹妈找寻着火罡哩，焦毛儿炼蛋的臭哩。《湟中资料本》79｜斧头要刹白白杨了，下者三个大王魂杠了。《莲花山花儿卷》167｜斧头剁了白杨了，庄稼晒着火放了。《莲花山与莲花山花儿》318｜嗓子里火冒烟焖哩。《爱情花儿》279

（四）音译词书写形式不统一形成了同词异形现象

如：枯彩｜窟腮｜哭腮｜枯腮（脸蛋）、胡大｜胡达｜呼大（天）、阿乌拉｜阿乌啦｜阿吾｜阿窝（哥哥）、丹尕｜丹格尔｜丹噶尔（今青海）、赞麻｜攒麻、孽障、茶獐、褡裢、搭连、鄂博、俄博、离巴｜劣巴｜捩把、无常、乌场、冬亚｜东牙｜顿亚、烫土｜汤土｜蹚土｜塘土｜趟土｜荡土等。

（五）字体的变化造成了词语的不同词形

1. 异体字：花儿中既有本字，也有异体字。

异体字	本字	意义
㞢	洼	洼地，山洼
揹	背	背东西
菸	烟	香烟
觔	筋	筋斗云
嚥	咽	吞咽
嘎	啥	句末语气词
牠	它	指称动物
旦	蛋	鸡蛋
挍	抹	抹帽子
咀	嘴	嘴唇
嗦	嗍	吮吸
壻	婿	女婿
稜	棱	物体凸起的边
鎚	锤	铁锤
剷	铲	铲除

2. 二简字

20 世纪 70—90 年代编选的花儿集中,出现了一些二简字。二简字指新中国成立以来,官方第二次认定的被简化的汉字。1977 年由国务院颁布《第二次汉字简化方案(草案)》并使用,1986 年宣布废止。

1979 年甘肃省康乐县文化馆编印的《莲花山花儿选》记录了较多的二简字,是同词异形的一个组成部分。如:情写为忄(第 4 页,第 19 页)(以下括号内数字为页码);精写为米(42);意写为忈(18)。机器写为"叽"(24、37),干部写为干卩(31);修少偏旁(33),留写为㽞(46),嘴写为咀(50),信写为亻(57)等。

3. 繁体字

花儿中还有繁体字。中华人民共和国成立之前和 20 世纪五六十年代的花儿选集多采用繁体字。此后的版本一律改用简体字,但当今一些编选集中,会带有一些繁体字,如"伙"常被记做"夥"。

从历时角度看,形成同词异形的原因是:

(1)古代的一些词语在普通话中已消失,没有对应的文字来记录。记录采用了谐音字记录。如"盨盨子"记录为"须须子"。雷汉卿《西北花儿语言问题刍议》记录为:"大红桌子上满盨盨酒,没有了盨盨里倒上。我俩的路儿慢慢走,到时候我把你要上。"并说"这个'词'究竟采用哪个汉字来记录,在语义相同的情况下可以考虑依据古代文献中的用字,不宜随音任意造字。"①

(2)词语的意义在现代汉语共同语中消失,但对应的文字存在,记录者不清楚二者有对应关系,采用了谐音字记录。如"扩",在花儿中常见,也是西北方言的常用词,扩树、扩栽子(栽子:栽种的小树苗,光杆,无枝叶)、扩白菜等。"扩"的本字并没有消失,为"科"②。但是"科"表示"砍、削"的意义在普通话中不用了,记录者就采用了同音字"扩"来记录。

用已在发展演变中消失的本字记录,这种记录能够看出古语词在方言中的保留,能准确理解词义,能探讨语言的发展演变,对于语言、民

---

① 雷汉卿:《西北花儿语言问题刍议》,《甘肃社会科学》2015 年第 3 期。
② 曹强:《花儿语言民俗研究》,中国社会科学出版社 2016 年版,第 178 页。

俗、地域文化的研究大有益处。但是并不利于花儿的记录和传播：有些词义在普通话中已消失，只在花儿中使用，不好理解句义。有些字生僻，字形烦琐，书写困难，同样不利于花儿的记录与传播。如果用"科"记录"扩"音，意义不能对应共同语词语的意义，又不能与方言读音对应，反而加重了阅读的负担。

花儿中的一词多形有单音节一词多形，也有双音节及多音节词语的一词多形情况。双音节及多音节的一词多形存在一个词形变化，或多个词形变化的两种情况。

花儿中单音节词语的一词多形，如：庆｜浸｜沁｜清｜凝（凝固）、拉｜啦｜哪｜襻｜袢｜泮（扣眼）、然｜染｜粘（纠缠、攀爬）、搁｜隔｜觡｜格｜葛｜割｜合（聚在一起）、砖｜转｜遄（游玩）、拌｜胖｜掰（摔烂）、托｜瞪｜呆（拽）、扁｜揙｜褊｜别（别在某处）、揲｜煎｜拣｜夹（挟东西）、莫｜冇｜没（没有）、连｜拦｜恋｜来（连词"和"）、咋｜咱｜脏｜早｜遭（与"多"连用表示什么时候）、召｜照｜着｜者（动态助词"着"）、照｜绕（看）、捂｜务｜握｜焐、樏｜岭｜领（房梁）、瘫｜摊｜坦（时间慢）、饵｜尔｜而｜侕（扔）、楦｜旋｜镟（切割）、拌｜办｜扳（跺脚）、呕｜欧｜噢（那）、溜｜流｜绺（量词，表长条状）、溜｜绿｜柳（绿色）、毁｜拱｜啄（猪用嘴刨东西）、哈｜下｜吓（动态助词"下"）、断｜端｜锻｜撵（追赶）、肇｜兆｜照（菜苔）、维｜为｜唯（交朋友）、钢｜强｜犟等。

花儿中双音节词语的一词多形，如：格子｜革子｜隔子、基子｜墼子｜脊子、隙没｜稀没｜希没、地软｜地菀｜地蒇、七花｜旗花｜琪花、破烦｜泼烦｜婆烦｜颇烦、营干｜因干｜因乾、藻儿｜缥儿｜瓢儿｜飘儿、烫土｜汤土｜蹚土｜塘土｜趟土｜荡土、剜领｜弯领｜挽领、搭话｜答话｜打话、水险｜水弦｜水线、棋眼儿鞋｜砌眼儿鞋｜齐眼鞋｜气眼鞋、攀婆娘｜办婆娘｜盘婆娘、薄土｜坡土｜抛土、戴肉｜脂肉｜紫肉｜纸肉、闪马坑｜陷马坑｜散马坑、领水｜涎水｜含水、老里｜垴里｜脑里、林禾｜林棵｜林阔、托挨｜托赖｜托挨、舟舟｜驹驹｜蛛蛛｜蜩蜩｜停停｜定定｜挺挺｜经经、水衍｜水淹｜水涎、鼻尖｜鼻桊｜鼻圈、奶肝｜奶干｜奶尕、过家｜个家｜各家、水呵呵｜水合合｜水荷荷｜水活活｜水嚆嚆、多藏｜多咱｜多喀｜多遭、锅块｜锅盔｜锅魁、根糖｜根塔｜根杳、阿们｜阿门｜阿木｜阿蒙、忽闪闪｜呼闪闪｜喝闪闪｜赫闪闪｜霍闪闪｜火闪闪、阿门家｜阿们价｜阿们家｜阿么价｜阿们价、头颤｜头参｜头次、主祄｜主腰｜主衣儿、角毛｜各毛｜纥毛、干求蛋｜干毬蛋｜干尿蛋｜干球蛋｜干𤭢蛋、眼睛仁儿｜眼睛檐儿｜眼睛牙儿｜眼睛仁仁、两下哩｜两下里｜两下呢｜两哈呢、侧楞｜侧棱｜仄楞、印实｜引实｜印齿、阿达｜啊塔｜阿打｜阿塔、盖杈｜克杈｜柯杈｜格杈｜各叉｜棵杈、打骨朵｜大骨朵｜打菰都｜打骨嘟、待承｜待成｜答称、髑髅｜多罗｜朵罗｜朵脑｜多脑｜多恼、夜朝｜也者｜耶者、生活｜松活｜生货｜生豪、林柏｜轮柏｜龙柏｜灵柏｜仑柏、洋梗｜洋根｜圆梗、茄莲｜切莲｜芞连、务弄｜务老｜抚劳、揹斗｜背斗｜背笼、跷前｜窍欠｜翘千、嫌谈｜闲谈｜嫌弹｜嫌摊、大喝声｜打喝声｜打呵声、倒堆山｜倒对山｜到对山｜刀对山｜刀背山、胡达｜胡大｜呼达、候兜｜后头｜合头｜吼头｜何头、卧龙袋｜卧龙带｜活龙带、全卯星｜穿帽星｜攒毛星｜攒冒星｜攒麦星、傍隔｜半个｜拌个｜畔个｜傍格｜旁格｜旁个｜帮个儿、饿老扑｜饿老豹｜饿老鹰｜饿老婆、落落扑｜猡猡豹｜猡猡子、系手｜记手｜记首、柯膝盖｜髁膝盖｜磕膝盖、苦地蔓｜苦子莞｜箍枝蔓｜股子蔓｜苦丝蔓｜苦枝蔓｜苦子蔓、岈豁｜垭豁｜崖豁｜牙合｜牙豁、须顾｜素古｜觑顾、盖塄｜格塄｜隔楞｜圪塄｜仡佬｜旮旯｜圪土劳｜连枷｜连加｜链枷、哈馍｜下馍、瞎麻、傍隔｜半个｜拌个｜畔个｜傍格｜旁格｜旁个｜帮个儿、剜领｜弯领｜挖领｜挽领等。

二 花儿中的多词一形

花儿中的多词一形构成了同音同形异义词，这类词同音同形，意义上毫无关联，大多是由记录用词造成。如"眼"：共同语为"眼睛"之义，西北方言意义与此同，但读音和共同语不同，读为[nian]，各地声母韵母相同，但声调有所不同。方言中，这个读音又和"脸、撵"同音，因此，"眼、脸、撵"三个词被记为同一个词形"眼"，形成了多词共用一个字形的现象。

谁家姑娘真好看，叫人越看越眼馋，长的[得]好看又端正，眼上又白又酸净。《舟曲花儿》18

第一个眼为"眼睛"之"眼",第二个为脸蛋的"脸",记为"眼"字。

井里打水缸里倒,眼到怜儿家庄里瞭。《岷州爱情花儿精选》109

这首花儿中的"眼"应该是"撵",追赶的意思。"撵""眼"在西北方言中音同,眼字形又较"撵"常见、简单,因而记录者选用"眼"记录。

同一首花儿中的异词同写,最容易误读。如:

想来想去没想了,身上的肉还剩二两了。《甘肃卷》67

最后一个想,并非"思念"义,而是"希望"的合音字。
再如:哈（A 瞎、B 语气词）。

A 西番的牦牛瓣［吧］哈眼的狗,只认得跟前的人哩。《河州花儿卷》123
B 多大的名声哈我背了,你走了干散的路了。《河州花儿卷》122

第一首花儿中"哈"指"瞎",方言音读作"哈",因此记成了"哈",跟第二首的语气词"哈"构成了同形同音异义词。

瓜子 A：傻子。瓜子 B：葵花籽、西瓜籽、南瓜子的总称。

A 我你的跟前多即溜,离你者成瓜子了。《八宝川花儿》197
B 今儿个你把人要了,你把瓜子散了几把了?《莲花山花儿卷》118

后头 A：后面。后头 B：里面。

A 姊妹的后头没家小,娘老子撂下的早了。《花儿词话》17
B 三扇哈笼床的搭馍馍,肉包子搭者个后头。《河州花儿卷》15

第五节 花儿词汇中的外来成分

花儿词汇中的外来成分有两种类型，一是来自我国少数民族的词语，这类词占了大多数。花儿中我国少数民族词语的主要构成者是唱花儿的八个少数民族和相邻的其他少数民族。二是来自国外民族的词语，国外民族词语主要是英语音译词以及一些梵语音译词。如康拜因等机器的名称以及的确良、涤卡、毛哔叽、尼子等衣服料子的英语音译词。来自梵语的如海纳、麻呢、琉璃等词语。另外2000年之后，出现了byebye、OK、PK等英语字母词。国外民族外来词数量不多，且都是通过共同语的影响或是历史遗留进入西北方言，并在花儿中记录下来。

此外，花儿中的少数民族外来词和国外民族语言的外来词出现在花儿中的位置不同。国内少数民族词语出现的位置有两种，第一种直接出现在正文中；第二种在衬词衬句中出现。正文中出现的外来词大多是常用词语，已成为汉语西北方言词汇中的一分子。出现在衬句中的，大多是歌者在演唱时对少数民族词语的即兴挪用。国外民族语仅出现在花儿正文中。

花儿中大量的外来词来源于我国西北少数民族。以下就来源于我国少数民族语言的外来词加以探讨。

一 外来成分的来源分类

（一）来自藏语的音译词

哇麻（小锅）、尕斯加（死面饼子）、拉斯颗｜拉斯科（手推磨）、细毛（女孩）、曲拉（食品，酥油渣滓）、土二玛（曲拉）、歪拉（鞭子）、攒麻（漂亮）、业什匠（光棍汉）、阿吾（哥哥）、喇嘛（僧人）、沙尼（亲戚）、糌粑（炒面粉）、擦瓦（青稞酒）、氆氇（毛织品）、本康（小房子）、帮肩（差不多）、锅姆（银元）、卡码（位置）、枯彩（颧骨）、锅卡（灶）、拉伊（藏族民歌）、拉拉（小桶）、锅庄（舞蹈）、拉扎（山神）、阿卡（僧人。为安多藏语音译词）、曼巴（医生）等。

(二) 来自东乡语的词语

满克（痣）。

> 腔子里的满克看给下，满克见者认下了。《原生态》144

(三) 来自古阿拉伯语与波斯语的词语

伊麻目（领袖）、安拉（真主）①、胡达｜胡大｜呼达（真主）、塞白扑（报酬）、无常（死）、满拉（学经的学生）、阿訇（主持教务之人）、古尔邦（伊斯兰教传统节日）、圣纪（伊斯兰教传统节日）、唢呐（乐器）、拱北（原义：圆屋顶的建筑）、阿娜（母亲）、娜娜（母亲）、班克（召唤。提醒和召唤人们做礼拜的专用念词）、冬亚｜东牙｜顿亚（现世）、剎灾海（地狱）、太思达（头巾）、主麻（聚集）、耶体目（孤儿）、依玛尼（宗教信仰）、乃麻子｜乃玛孜（伊斯兰教做礼拜）、口唤（真主的许可）、馕（饼）、赛俩目（平安）、念亥请（穆斯林念经，为亡人举行的悼念活动）、克番（裹尸布）、阿娘（中年妇女，女孩）、镔铁（多数学者认同该词是波斯语 spain 的音译)②、百俩（灾难）、家怀孔（穷人）、多斯提（朋友）、达旦（许配）等。

(四) 来自撒拉语的词语

工（行政区划）、阿娜（女孩）、巴加（朋友）、美尼格（我的）、艳姑（少妇）、哎西（语助词）、刀的（朋友）、阿细毛高（语助词）、姑娅（姑娘）、街子（撒拉地名、圣地）等。

(五) 来自土族语的词语

裹络｜过络｜拨落（相伴）、司多岔（一种土族民歌的乐调）、糊涂｜胡都（特别地）、什娜姑（姑娘）、阿姑（姑娘）、达博（绣花腰带）、谷谷秀（布谷鸟）、古尔典（巫师）等。

(六) 来自蒙古语的词语

西纳哈（勺子）、褡裢｜搭连（装东西的口袋）、把式（技艺超群

---

① 安拉是阿拉伯音译，胡达是波斯语音译。在用法上，李生信《西北回族话研究》第30页指出："安拉、胡达所指对象一致，使用语境有所不同，安拉多用于正式宗教活动场合，胡达多用于日常口语交往中。"

② 杨占武：《回族语言文化》，宁夏人民出版社2010年版，第155页。

者)、塔拉 (开阔平地)、站 (驿站)、瞎老、哈喇宝儿 (田鼠)、鄂博 (山神)、丹尕丨丹格尔 (今青海湟中县)、拉拉车①、乌路丝 (俄罗斯)、把都 (勇士)、离巴丨捩把丨劣巴 (外行、技术拙劣者) 等。

(七) 来自裕固族语的词语

齐里克 (解放军)。

(八) 来自维语的词语

坎土曼 (镢头)、刀把子 (馒头)、巴依 (地主)、巴扎 (集市)、巴郎子 (男青年) 等。

(九) 来自满语词语

察利、乩咧、熬糟等。

二 花儿词汇外来成分特点分析

(一) 外来词的源流问题

(1) 来源不明：比如："孽障"一词在西北汉语方言中应用广泛，表示"可怜"义。究竟是汉语借自少数民族语，还是少数民族语借自汉语，不得而知。如：土族语 [ne：dʐɑŋ]，表示可怜②。既有可能是汉语从土族语中借入，也有可能是土族语从汉语中借入，来源并不清楚。再如：站1：蒙古语，Jˇam 的音译。元代借入汉语。

　　大马喂上了吊一吊，尕马加上些夜草，上司施恩挂给个号，好马上两站是就到。出了小峡走柳湾，乩关峡儿里过哩，想起尕妹下夜川，两站踏一站哩。朱仲禄《花儿选》130

"至于此语究竟是由蒙古人传入突厥，还是由突厥传入蒙古，若干年前颇有争论，现一般认为系由突厥传入蒙古，还有一种意见，认为突厥语 yam，乃源于汉语的'驿'。"③

---

① 顾会田：《从赤峰汉语方言词汇的成因和来源看汉、蒙、满语言的融合》(《黑龙江民族丛刊》2010 年第 6 期) 注："勒勒车，源于蒙古语，蒙古族使用的牛车。"
② 徐丹：《唐汪话研究》，民族出版社 2014 年版，第 160 页。
③ 方龄贵：《元明戏曲中的蒙古语》，汉语大词典出版社 1991 年版，第 335 页。

（2）多个来源：一些音译词会有两个来源。如"阿吾"，花儿中多处注解是藏语音译词。但是贾文清《关于花儿五》注"阿吾"，是土族语哥哥的意思。再如表达"脑袋"一词的"髑髅"，景生魁《西羌文化》第215页记作髑髅，解释为："是藏语音译"。《青海花儿词典》91页记作"多洛"，解释为"蒙古语借词"。

（3）从汉语中借出再借进如花儿中常见的"把式"一词，"是蒙古语baqšid的音译。汉代，汉语词'博士'借入蒙古语，元代又从蒙古语借入汉语。最初对译为八合失、八哈师、巴黑石等，中间'合、哈、黑'对音q，从省，遂成为把式。也记为'把势'。"① "在这一出一进之间，词的语音、字形、含义或用法都有了不同程度的变化。"②

（4）转借现象：如"乌路丝"一词。

　　乌路丝的盘子一颗印的灯，双手抱了赤红的杆子。吃烟的阿哥们往前看，鬼门关不远了。《花儿集》117

"中国元明朝时称俄罗斯为'罗斯'或'罗刹国'。当时蒙古族人用蒙语拼读俄文'ROCIA'时，在'R'前面加一个元音。因此，'ROCIA'就成了'OROCCIA'。满清政府时，蒙语的'OROCCIA'转译成汉语，就成了'俄罗斯'。"③ 因为当时我们与蒙古族接触多，跟俄罗斯接触少，因此，借用了蒙古族的音译词"俄罗斯"。

俄罗斯在中国历史典籍的记载中有多种称谓："其名作斡罗思部，又作阿罗斯，又作兀鲁思，又作乌鲁斯。《元朝秘史》作斡鲁斯，盖皆蒙语Oros者也。"④

（二）外来词的类型

花儿中外来词的构成有四种类型：音译，音译+汉语语素，意译、

---

① 方龄贵：《元明戏曲中的蒙古语》，汉语大词典出版社1991年版，第335页。
② 张永言：《语文学论集（增补版）》，语文出版社1999年版，第164页。
③ 天涯论坛：《俄罗斯为什么叫俄罗斯》之快乐的魔术师，2010—4—22，http：//bbs.tianya.cn/post-funinfo – 1753742 – 1. shtml。
④ 天涯论坛：《俄罗斯为什么叫俄罗斯》之快乐的魔术师，2010—4—22，http：//bbs.tianya.cn/post-funinfo – 1753742 – 1. shtml。

字母词。

1. 音译词

音和义都借自外民族的词语，字形只是记音符号。这是最常见最多的一类外来词。见"来源分类"的例举。

2. 半音译半汉语

可分为三类。

（1）音译+同义汉语词。词语由两部分构成，两部分之间是同义关系。如：松布香、拉花姐、拉羊皮、烫土｜汤土｜蹚土｜塘土｜趟土等。

松布香：松布是藏语"香"的意思。拉花姐：拉花是藏语"姐"的音译。

    把哥哥好比松布香。《花儿词话》289

拉羊：羊。"拉"是藏语"羊"的音译。

    过去没水的南北山，拉羊皮连草不沾。《青海花儿大典》256

烫土｜汤土｜蹚土｜塘土｜趟土｜堉土：过去的土路，因干燥而践踏起的浮土。烫是蒙语词"尘埃"的音译。

    身上的烫土脸上的汗，为的是全家的吃穿。《临洮花儿》204｜出来大门不见你，汤土里找脚印哩。达玉川《青海花儿选》52｜脊背后背的尕背笾，叉叉啦拾牛粪哩，出来家门你没有，蹚土里找脚印哩。《岷县花儿》57｜身上的塘土脸上的汗，小阿哥来下的路远。雪犁、柯杨《西北花儿精选》121｜身上的趟土脸上的汗，心窝里就像个火团。雪犁《花儿选集》34｜左脚呀踩镫上马了，堉土呀一扬不见个面了。郭正清《河州花儿》280

《陇右方言》72页："今谓践踏起之尘土曰蹋土，读如谈。""蹚（塘）"是蒙语 törosu 的音译，意为尘埃。

（2）音译+类名。如：海纳花、凤仙花。

城头上栽花花栅儿大，尕畦哩要栽个海纳花，我给你没说过伤心的话，啥情上你把我而下？纪叶《青海民歌选》124

把都公："把都"为蒙语音译"勇士"。公指称人。

把都公斩坏了吴延龙，立逼的马三宝反哩。《花儿词话》51

（3）音译词做构词语素：如"站"构成一系列的词：站口、马站、下夜站、放夜站、打过站、站店等。

站口：旅店。

前没有站口后没有店，天黑了阿达儿坐哩？《湟中资料本》198

马站：元代以来的驿站名。养马备用，以便传递文书者换马前行。

想起花儿加马站，马蹄子登云着哩。朱仲禄《爱情花儿》72

打过站：路途经过驿站，不停留，继续前行。意为赶路赶得急。

西宁的大路是十八站，碾伯哈打了个过站。郭正清《河州花儿》236

放夜站：整夜赶路。

想起尕妹放夜站，两站儿踏一站哩。雪犁《花儿选集》96

下夜站：连夜赶路。

想起阿哥下夜站，三九天冻下的可怜。《西北花儿精选》83

"下夜站"又衍生出"下夜川、拉夜川"等词。下夜指连夜,"川"应为"蹿",方言"跑"的意思。甘肃武都话:"蹿不应了。"指跑了很多趟。

想起尕妹者下夜川,三九天冻下的可怜。张亚雄《花儿集》122 | 想起尕妹拉夜川,把两站踏一站哩。《青海花儿大典》199

站店:住店。
人活着阳世上如站店,抓紧了捻,好花儿能开上几天?《新编大传花儿》37

3. 意译词

花儿中的意译词比较少。"在翻译工作中,对原典词语的处理,通常有两种手段,一是音译,二是意译。……意译在翻译中受到限制,这种限制首先来自本土人士的外语能力。"① 唱花儿的地方民众杂居相处,虽然语言上文化上互通,但是把一个少数民族词语用汉语准确表达出来,还是不太容易,尤其花儿是现场即时演唱的,音译相对来说方便。更何况,把音译词加入"花儿"中,也是一种演唱风格,比如风搅雪花儿。

无常 | 乌场:死亡。是阿拉伯语"毛特"(Mawt)或"沃法特"(Wafat)的意译。"伊斯兰教认为人生短暂而非永久,而后世则是永久的和更真实的。因此对死亡有'无常''归真'之谓。"②

你们亲房邻居把我劝,劝着叫我蚕寻无常多吃饭,好了把你慢慢儿缠。《岷州花儿选集》141③ | 我这里想你寻无常,你那里别人哈要上。《湟中资料本》148 | 家里的尕媳妇寻乌场 我外面浪了个美当。《河州花儿卷》88

---

① 俞理明、顾满林:《东汉佛道文献词汇新质研究》,商务印书馆2013年版,第3页。
② 铁木尔·达瓦买提:《中国少数民族文化大辞典》,民族出版社1999年版,第314页。
③ 《岷州花儿选集》。

无常的语源另有一种说法，"旧时迷信称阴间专门掌管勾人魂魄的皂隶是黑白无常，其形象为穿长褂、戴高帽、手持铁索，因此也用'无常'来指称死亡。"①

4. 音译词的变形使用

> 肩头上背的褡褡子，褡褡里装的是果子。《花儿词话》197

"褡褡子、褡褡"由"褡裢"一词根据口语习惯，叠音化用而来。"褡裢"（布口袋），蒙古语 daling 的音译词，在花儿中常见。

> 尕搭连里藉林檎，多不唱沙唱一声！权当给我送人情。张亚雄《花儿集》｜尕褡裢里装红檎，多不唱了唱一声，权当给我送人情。雪犁《花儿选集》132

"用粗棉、毛线手工编织的旅行袋，宽50厘米，长1米，开口在中央，两端各成一个口袋、口边留有绳扣、可以串连成锁，既结实又耐用……若步行则将褡裢搭在自己肩上，若骑毛驴或者乘马，则搭在牲畜的背上。"② 褡裢最早见于元代文献，《元明戏曲中的蒙古语》178 页③指出，它的词形还有"'搭连''褡裢''答连''褡连''縖縺''搭联'等等，已成为一个习见的汉语词。"

（三）外来词的特点

1. 几种民族语言词语并存于一首花儿中

一首花儿中，可以几种语言词语共现。如：手里拿的是西纳哈，奶子哈拉拉里舀下；腿肚子软着没办法，就活像绑给的搅把。（贾文清《关于花儿五》。"第一句'西纳哈'，是蒙古语'勺子'的意思。第二句'奶子哈拉拉里舀下'，'拉拉'是打水用的小桶，藏语音译。这句的句序与汉语不同，是宾介句，意思是'把奶子舀到小桶里'。第四句'搅把'，

---

① 林涛：《宁夏方言概要》，宁夏人民出版社 2012 年版，第 90 页。
② 铁木尔·达瓦买提：《中国少数民族文化大辞典》，民族出版社 1999 年版，第 27 页。
③ 方龄贵：《元明戏曲中的蒙古语》，汉语大词典出版社 1991 年版，第 178 页。

就是搅水用的辘轳。"这一首糅杂了汉语、蒙古语（西纳哈）、藏语（拉拉）等多种语言成分。

2. 同一个词语的音译词、意译词共现在花儿中

以"海纳｜凤仙花、拉扎｜鄂博"这两组词为例。"海纳"是梵语音译词，"凤仙花"是意译词，两个词语在花儿中共现。

麻豆儿开花一点血，白豆儿，它开了凤仙花了。朱仲禄《花儿选》78｜尕指甲包的是海纳。《湟中资料本》45

"拉扎"是藏语音译词，"鄂博"是蒙古语音译词，在花儿中共现，反倒是这两个词的汉语同义词"山神"在花儿歌词中未见。

拉扎节阿哥醉糊涂，把公公当成了姊妹。《临洮花儿》221｜红白经幡鄂博上插，手拉手佛跟前跪下。郭正清《河州花儿》232｜手拿扁柏祭俄博。《花儿词话》108

3. 音译词在方言中衍生出其他意义

音译词"站"引申出"居住"以及"非生命物体停留在某处"的意义。

站2：引申为动词，居住。

孙二娘梁山上卖酒哩，武松要站个店哩，阿哥是行客要走哩，尕妹留恋是站哩。朱仲禄《花儿选》52

站3：指称非生命物体，停住不动。

手表们站下者不走了，时间哈把不稳了。《河州花儿卷》250｜十一月冰冻磨站了，瞎好不得见面了。《叠藏河》第一期53

4. 词形不固定

一个外来词有多种词形，如：枯彩｜窟腮｜哭腮｜枯腮、胡大｜胡

达｜呼大、阿乌拉｜阿乌啦｜阿吾｜阿窝、丹尕｜丹格尔｜丹噶尔、赞麻｜攒麻、孽障、茶獐、褡裢、搭连、鄂博｜俄博、离巴｜劣巴、捩把、无常、乌场、冬亚｜东牙｜顿亚、烫土｜汤土｜蹚土｜塘土｜趟土、海纳｜海娜等。

5. 外来词地域范围、历时变化不同

在花儿中，比如"海纳、无常、胡大"等词使用地域范围很广，在河州花儿和洮岷花儿中都有，且复现率高。有些只局限于某一区域，如"馕"（饼）只用于新疆花儿、"糊涂"（特别）见于青海花儿。外来词的历时变化不同，有些词语逐渐消失，如"的确良、康拜因"等。有些词语成为西北方言的常用词语，如"大丽花、唢呐、海纳、胡大、无常"等。

6. 同一个概念，不同的构词方式并存于花儿中

如"海纳｜海纳花"，"海纳"为单纯词，"海纳花"是音译＋类名构成的合成词。

　　六棱的花盆里栽红花，园子里种的是海娜（海纳）。《河州花儿》229｜城头上栽花花栅儿大，尕畦哩要栽个海纳花，我给你没说过伤心的话，啥情上你把我而下？纪叶《青海民歌选》124

结　　语

　　花儿词汇之前的研究成果多是零散性的文章，本论述立足词汇语义学，以共时描写为基础，兼有历时考察，对花儿词汇进行了系统的描写分析，大体厘清了花儿词汇的属性、基本特征与发展规律。得出了如下结论：

　　第一，花儿语言是普通话的地域变体语言，花儿的词汇与普通话词汇有较大的差异。我们把花儿词汇按照语义进行分类，从名物、行为、性状等类别出发静态描写了花儿词汇，从宏观上把握了花儿词汇覆盖面广，词汇包罗万象又分布不均匀的情况。又从微观上透视了每一个词语的词义内涵，分类描写了花儿词汇中与普通话词汇有差异的四类词语：（1）方言特征词；（2）与共同语同形不同义的词语；（3）保留下来的在共同语中已消失的古近代汉语词语；（4）花儿中的外来词语。

　　第二，方言词也是口语词，花儿词汇口语特征十分突出。主要体现在：（1）花儿的用词。词语多为突出事物鲜明特征的词语，如形成专名、具有特定内涵意义的民俗词语，用农村常见事物词语作喻体以及不登大雅之堂的詈骂词语等。这些词语词形较长，结构松散，词义又具有整体性且指向明确，语义透明度高，呈现了更多"语"的特征。（2）花儿书面文献借助的是普通话的文字记录，这导致了花儿词语形、音、义不一致的情况，形成了花儿词汇中大量的同词异形和异词同形现象。其形成类别与生成原因，本书都做了阐释。

　　第三，花儿词汇历史层次分明。花儿保存了共同语中已消失的历史词汇。有先秦两汉的文言词语，也保留了大量宋元明清以来的白话词语。先秦两汉词语以单音节为主，宋元明清词语以双音节为主，这与汉语词语随着历史的进展由单音词走向复合词的发展是一致的。花儿的记录始于1925年,花儿词汇伴随了现代汉语词汇发展的每一个阶段,向我们展示了1919—1949年、1949—1978年、1978—2000年、2000年至今等阶段的词语的新生、消长与隐退。

第四,花儿是多民族共同传唱的民间歌曲,其来源一是来自传唱民族,二是来自花儿流传区相邻民族。从共时看,花儿流传到什么地方就有什么地方少数民族的词语进入花儿。从历时看,一些不唱花儿的少数民族,由于历史原因,其民族词语也会在花儿中出现。对外来词的不同来源以及其面貌和特点,本书皆做了探讨分析。

本书主要讨论的是花儿词汇中的实词情况和部分聚合关系。花儿词汇中的虚词、活跃的构词语素以及同义聚合关系、多义聚合关系等内容将另行论述。

参考文献

一 著作

安忠义：《陇右方言词语疏证》，人民出版社 2011 年版。

白玉良：《中国地方志民俗资料汇编 西北卷》，北京图书馆出版社 1989 年版。

包孝祖、季绪才：《岷县花儿》，甘肃文化出版社 2013 年版。

包孝祖、季绪才：《岷县花儿》（小学版），甘肃文化出版社 2015 年版。

布龙菲尔德：《语言论》，袁家骅译，商务印书馆 1980 年版。

程湘清：《汉语史专书复音词研究》，商务印书馆 2003 年版。

蔡国英：《宁夏花儿精粹》，黄河出版传媒集团阳光出版社 2013 年版。

褚福侠：《元曲词缀研究》，中国海洋大学出版社 2014 年版。

陈元龙：《中国花儿新论》，甘肃文化出版社 2004 年版。

陈赓亚：《西北视察记》，甘肃人民出版社 2002 年版。

曹强、荆兵沙：《花儿语言民俗研究》，中国社会科学出版社 2016 年版。

陈元龙、王沛：《中国花儿曲令全集》，甘肃人民出版社 2007 年版。

刁晏斌：《现代汉语史概论》，北京大学出版社 2006 年版。

董绍克等：《汉语方言词汇比较研究》，商务印书馆 2013 年版。

董秀芳：《词汇化汉语双音词的衍生和发展》，四川民族出版社 2002 年版。

方龄贵：《元明戏曲中的蒙古语》，汉语大词典出版社 1991 年版。

方一新：《东汉魏晋南北朝史书词语笺释》，黄山书社 1997 年版。

甘肃省临夏回族自治州群众艺术馆编：《花儿论谭》，内部资料，1986 年。

关丙胜：《民国时期的河湟地方社会》，知识产权出版社 2014 年版。

郭颖：《诸病源候论词语研究》，上海人民出版社 2010 年版。

郭在贻：《训诂学》，中华书局 2005 年版。

侯精一：《平遥方言民俗语汇》，语文出版社 1995 年版。

黄仁寿：《蜀语校注》，巴蜀书社 1990 年版。

黄宜凤：《明代笔记小说俗语词研究》，巴蜀书社 2013 年版。

纪国泰：《蜀方言疏证补》，巴蜀书社 2007 年版。

江蓝生：《近代汉语探源》，商务印书馆 2000 年版。

江蓝生：《汉语词汇语法论考》，中国社会科学出版社 2013 年版。

蒋绍愚：《唐诗语言研究》，中州古籍出版社 1990 年版。

江结宝：《骂詈语言研究》，人民日报出版社 2005 年版。

橘君辑注：《冯梦龙诗文》，海峡文艺出版社 1985 年版。

柯杨、武文：《洮岷花儿与西北民族民俗文化研究》，人民出版社 2012 年版。

柯杨：《民间歌谣》，中国社会出版社 2006 年版。

柯杨：《诗与歌的狂欢节——"花儿"与"花儿会"之民俗学研究》，甘肃人民出版社 2002 年版。

李荣、张成材：《西宁方言词典》，江苏教育出版社 1998 年版。

李恭：《陇右方言发微》，兰州大学出版社 1988 年版。

李鼎超：《陇右方言》，兰州大学出版社 1988 年版。

李璘：《乡音洮岷花儿散论》，甘肃人民出版社 2006 年版。

李申：《金瓶梅方言俗语汇释》，北京师范学院出版社 1992 年版。

李生信：《西北回族话研究》，社会科学文献出版社 2016 年版。

李如龙：《汉语方言学》，高等教育出版社 2001 年版。

林涛：《宁夏方言概要》，宁夏人民出版社 2012 年版。

刘福根：《汉语詈词研究——汉语詈骂小史》，浙江人民出版社 2008 年版。

刘秋芝：《西北回族口头文学研究》，中国社会科学出版社 2014 年版。

刘维新：《西北民族词典》，新疆人民出版社 1998 年版。

罗耀南：《花儿词话》，青海人民出版社 2001 年版。

刘坚、江蓝生、白维国、曹广顺：《近代汉语虚词研究》，语文出版社 1992 年版。

刘明：《中国花儿教程》，中国社会科学出版社 2013 年版。

雷汉卿：《近代方俗词丛考》，四川出版集团巴蜀书社2006年版。
雷汉卿：《禅籍方俗词研究》，四川出版集团巴蜀书社2010年版。
吕叔湘：《汉语语法分析问题》，商务印书馆1979年版。
莫超：《西北方言文献研究》，北京大学出版社2014年版。
马列：《岷州花儿》，甘肃人民出版社2008年版。
马福元：《中国东乡族》，宁夏人民出版社2012年版。
马少青：《中国保安族》，宁夏人民出版社2012年版。
马春晖：《张家川回族自治县花儿全集》，甘肃文化出版社2013年版。
马明良：《中国撒拉族》，宁夏人民出版社2012年版。
马广德：《回族口头文化览胜》，宁夏人民出版社2009年版。
宁文焕：《洮州花儿散论》，甘肃民族出版社1992年版。
钱曾怡：《汉语官话方言研究》，齐鲁书社2010年版。
屈文焜：《花儿美论》，甘肃人民出版社1989年版。
孙立新：《西安方言研究》，西安出版社2007年版。
太田辰夫：《汉语史通考》，江蓝生译，重庆出版社1991年版。
唐详：《花儿的浅释与赏析》，阳光出版社2013年版。
腾晓天、井石、颜宗成：《花儿春秋》，九州出版社2011年版。
滕晓天、井石：《青海花儿词典》，青海人民出版社2013年版。
铁木尔·达瓦买提：《中国少数民族文化大辞典》，民族出版社1999年版。
王宝红：《清代笔记小说俗语词研究》，巴蜀书社2012年版。
王力：《龙虫并雕斋文集》，中华书局1980年版。
王力：《汉语史稿》，中华书局2004年版。
王锳：《诗词曲语辞集释》，语文出版社1991年版。
王沛：《河州花儿研究》，兰州大学出版社1992年版。
王沛：《大西北之魂——中国花儿》，黑龙江人民出版社2006年版。
王启涛：《吐鲁番出土文献语言导论》，科学出版社2013年版。
汪鸿明、丁作枢：《莲花山与莲花山花儿》，甘肃人民出版社2002年版。
文孟君：《骂詈语》，新华出版社1998年版。
武宇林：《中国花儿通论》，宁夏人民出版社2008年版。
郗慧民：《西北花儿》，西北民族学院研究所内部资料，1982年。
郗慧明：《西北花儿学》，兰州大学出版社1989年版。

郗慧民：《西北民族歌谣学》，民族出版社2001年版。

郗萌：《花儿民俗辞典》，甘肃民族出版社2009年版。

向熹：《简明汉语史》，商务印书馆2010年版。

徐丹：《唐汪话研究》，民族出版社2014年版。

西宁市文学艺术界联合会：《西宁地区优秀文艺作品丛书"花儿"卷》，青海人民出版社2009年版。

萧璇：《国家视野下的民间音乐花儿音乐的人类学研究》，社会科学文献出版社2013年版。

邢向东：《神木方言研究》，中华书局2002年版。

杨爱姣：《近代汉语三音词研究》，武汉大学出版社2005年版。

元鸿仁：《方言源考与训诂新探》，甘肃人民出版社1999年版。

杨继国：《中国回族文学通史·民间文学卷》，阳光出版社2014年版。

杨希尧：《青海风土记》，载娄子匡编《民俗丛书》第43册，东方出版社1973年版。

杨小平：《南充方言词语考释》，巴蜀书社2010年版。

杨运庚：《今文〈周书〉词汇研究》，科学出版社2011年版。

杨占武：《回族语言文化》，宁夏人民出版社2010年版。

杨占武：《回族语言文化》，宁夏人民出版社2010年版。

赵红梅：《汉语方言词汇语义比较研究》，中国广播电视出版社2011年版。

俞理明、顾满林：《东汉佛道文献词汇新质研究》，商务印书馆2013年版。

翟灏：《通俗编》，东方出版社2013年版。

张生寅：《中国土族》，宁夏人民出版社2012年版。

张相：《诗词曲语词汇释》，中华书局1977年版。

张亚雄：《花儿集》（1940年版），载娄子匡《民俗丛书》（第94册），台湾：东方书局1973年版。

张亚雄：《花儿集》（1948年版），载中国西北民俗文献丛书（第138册），兰州古籍书店1990年版。

张亚雄：《花儿集》，中国文联出版公司1986年版。

张永言：《词汇学简论·训诂学简论》，复旦大学出版社2015年版。

张永言：《语文学论集》（增补版），语文出版社1999年版。

张文轩、莫超：《兰州方言词典》，中国社会科学出版社2009年版。

赵宗福：《花儿通论》，青海人民出版社 1988 年版。
钟进文：《中国裕固族》，宁夏人民出版社 2012 年版。
周红：《汉语研究方法导引》，上海教育出版社 2018 年版。
周巍峙：《中国节日志·莲花山花儿会》，光明日报出版社 2014 年版。
周作明、俞理明：《东晋南北朝道经名物词新质研究》，中国社会科学出版社 2015 年版。
周振鹤、游汝杰：《方言与中国文化》，上海人民出版社 2006 年版。
中国民间文艺研究会青海分会：《青海民族民间文学资料传统花儿专集》1979 年版。
中国社会科学院语言研究所词典编辑室：《现代汉语词典》，商务印书馆 2016 年版。
中国民间文艺研究会甘肃分会：《花儿论集》，甘肃人民出版社 1983 年版。
中国民间文艺研究会甘肃分会：《花儿论集 2》，交流本，1983 年。
朱正义：《关中方言古词论稿》，上海古籍出版社 2011 年版。

二　论文

安丽卿：《论西宁话和临夏话中的 sov 句式》，《辽东学院学报》2015 年第 2 期。
曹强：《论固原花儿的押韵》，《西北第二民族学院学报》2008 年第 3 期。
曹强：《花儿歌词注释中存在的问题》，《青海民族大学学报》2012 年第 1 期。
刁晏斌：《论现代汉语史》，《辽宁师范大学学报》2000 年第 6 期。
段平、柯杨：《花儿研究资料索引》，《图书与情报》1982 年第 3 期。
顾会田：《从赤峰汉语方言词汇的成因和来源看汉、蒙、满语言的融合》，《黑龙江民族丛刊》2010 年第 6 期。
韩华：《浅谈临夏花儿的语言特征》，《内蒙古大学艺术学院学报》2008 年第 1 期。
韩小平：《撒拉族花儿简介》，载中国民间文艺研究会甘肃分会编《花儿论集 2》，1983 年。
哈守德等：《天祝花儿选》，天祝民族印刷厂印制，2001 年。
柯杨：《花儿溯源》，《兰州大学学报》1981 年第 2 期。

柯杨：《洮岷花儿与农家生活》、载《洮岷花儿与西北民族民俗文化研究》，人民出版社2012年版。

柯杨：《洮岷花儿中的祭祀性歌谣》，载《洮岷花儿与西北民族民俗文化研究》，人民出版社2012年版。

柯杨：《花儿流布的区域及其格式》，载《洮岷花儿与西北民族民俗文化研究》，人民出版社2012年版。

李少白：《河湟花儿大全》第1卷前言，青海人民出版社2011年版。

马晓军：《花儿歌手穷尕妹》，载临夏回族自治州文化局创作研究室《临夏花儿选》第1集，1982年。

孔祥馥：《试析河湟"花儿"语言中蕴涵的民俗文化现象》，《青海民族大学学报》2012年第3期。

江蓝生：《也说"汉儿言语"》，载《汉语词汇语法论考》，中国社会科学出版社2013年版。

雷汉卿：《西北花儿语言问题刍议》，《甘肃社会科学》2015年第3期。

李如龙：《官话方言后起的特征词》，《语文研究》2001年第4期。

李智君：《西北花儿流变中的多元融会及其地域格局》，载蔡国英《宁夏花儿精粹》，黄河集团出版公司阳光出版社2013年版。

李建宗：《口头诗学：西部裕固语口头诗歌程式分析》，《河西学院学报》2012年第2期。

刘凯：《西方"套语"理论与西部"花儿"的口头创作方式》，《民族文学研究》1998年第2期。

刘凯：《西北花儿中的藏族文化基因》，《西藏艺术研究》1999年第3期。

刘凯：《风搅雪花儿与双语文化钩沉》，《青海社会科学》1999年第4期。

刘凯：《积淀于"花儿"中的青海饮食习俗》，《青海民族学院学报》2000年第1期。

卢世谟：《浅谈"保安族花儿的特色"》，载中国民间文艺研究会甘肃分会编《花儿论集2》，1983年。

鲁晋：《花儿语言结构再探》，载中国民间文艺研究会甘肃分会编《花儿论集2》，1983年。

贾文清：《关于花儿一》《关于花儿二》《关于花儿三》《关于花儿四》《关于花儿五》，《群文天地》2011年第6—10期。

荆兵沙：《试论宁夏海原花儿的押韵》，《渭南师范学院学报》2011 年第 9 期。

罗实：《青海花儿赋比兴浅谈》，《青海师范学院学报》1981 年第 4 期。

乔建中：《花儿研究第一书——张亚雄和他的〈花儿集〉》，《音乐研究》2004 年第 3 期。

戚晓萍：《洮岷南路花儿现状调查报告》，载马列《岷州花儿》，甘肃人民出版社 2008 年版。

屈文焜：《论花儿的性爱主题及文化渊源》，《民间文学论坛》1996 年第 4 期。

天涯论坛：《俄罗斯为什么叫俄罗斯》之快乐的魔术师，2010 年 4 月 22 日，http：//bbs.tianya.cn/post - funinfo - 1753742 - 1.shtml。

滕晓天：《唱词创新是重要基础》，《中国土族》2009 冬季号。

任碧生、祁永寿：《关于河湟"花儿"比兴的几个问题》，《青海师范大学学报》1994 年第 2 期。

王魁：《浅谈保安族花儿的演唱艺术》，载陈元龙编《中国花儿新论》，甘肃文化出版社 2004 年版。

王双成：《也谈藏族文化对花儿的影响》，《中国藏学》2000 年第 3 期。

汪启明、才颖：《汉语文献方言学及研究再思》，《中国社会科学报》2020 年 2 月 7 日。

王宝红：《陕西近代汉语方言词汇初探》，《咸阳师范学院学报》2011 年第 3 期。

剡自勉：《学界对民间花儿的若干误解摭谈》，《伊犁师范学院学报》2013 年第 3 期。

武宇林：《花儿民歌与北方少数民族语言》，《宁夏社会科学》2012 年第 3 期。

武宇林：《中亚民族与口传民歌花儿》，载蔡国英《宁夏花儿精粹》，阳光出版社 2013 年版。

武宇林：《新疆回族花儿王——韩生林及其花儿》，《回族研究》2015 年第 2 期。

邢向东：《西北方言重点调查研究刍议——以甘宁青新四省区为主》，《清华大学学报》2014 年第 5 期。

郗慧民：《"花儿"研究与"花儿学"》，《西北民族学院学报》2002年第4期。

杨沐：《西北花儿研究现状思考》，载王沛《大西北之魂——中国花儿》，黑龙江人民出版社2006年版。

杨生顺：《试论青海花儿的歌词艺术美》，《青海民族大学学报》2010年第6期。

杨天戈：《名词前缀阿的探源》，《中国语文》1991年第3期。

姚含珠：《花儿好唱头难抬》，《人民音乐》1995年第9期。

悦兰：《青海"花儿"中的文字游戏》，《群文天地》2012年第3期。

赵元奎：《青海花儿的取事与喻理》，《中国土族》2012年春季号。

朱刚：《河湟花儿中的花儿谚》，《青海民族研究》1992年第4期。

张文轩：《河州花儿的押韵特点》，载中国民间文艺研究会甘肃分会编《花儿论集2》，1983年。

屈文焜：《六盘山花儿集锦·序言》，黄河集团出版公司宁夏人民出版社2009年版。

魏渊平：《也说"磨镰水"》，华商论坛·陕西论坛·西安论坛，2019年6月17日。

谢润甫：《花儿集·校补序言》，载张亚雄《西北民俗文献丛书》第138册，兰州古籍书店1990年影印版。

袁复礼：《甘肃的歌谣——话儿》，载马列《岷州花儿》，甘肃人民出版社2008年版。

张永鹤：《河湟"花儿"里的岁时节日风俗》，《中国土族》2012年冬季号

真大成：《谈当前汉语常用词演变研究的四个问题》，《中国语文》2018年第5期。

三 歌集

蔡国英：《宁夏花儿精粹》，阳光出版社2012年版。

达玉川：《青海花儿选》，上海文化出版社1958年版。

董克义：《积石山爱情花儿精选2000首》，天马出版社2001年版。

甘肃文化局、甘肃文联合编：《甘肃民歌选》第3辑，内部资料，1955年。

参考文献

甘肃人民出版社编辑部编：《花儿选》，甘肃人民出版社 1952 年版。
甘肃师大艺术系革命民歌调查组收集整理、卜锡文、强克杰：《手搭凉篷望北京》，青海人民出版社 1974 年版。
甘肃省康乐县文化馆：《莲花山花儿选》，甘肃内部资料，1979 年。
甘肃省文化局编：《甘肃歌谣》，人民出版社出版 1960 年版。
郭正清：《河州花儿》，甘肃人民出版社 2007 年版。
花儿大通编委会：《花儿大通》，陕西人民教育出版社 2011 年版。
和政县文化局、马金山：《松鸣岩原生态花儿》，甘肃内部资料，2011 年。
和政县文化广播影视剧：《松鸣岩花儿曲令》，甘肃内部资料，2013 年。
和政县文化旅游局：《宁河花儿缀集》，内部资料，2003 年。
和政县文化旅游局：《宁河花儿缀集》第 2 集，甘肃内部资料，2004 年。
哈守德、李占忠、东文郁：《天祝花儿选》，甘肃内部资料，2001 年。
湟中县文化体育局、《民间文艺集成》办公室：《花儿专辑湟中资料本》，内部资料，1986 年。
纪叶：《青海民歌选》，人民文学出版社 1954 年版。
吉狄马加等：《青海花儿大典》，青海人民出版社 2009 年版。
季绪才：《岷州爱情花儿精选》，兰州三立印刷厂印制，2006 年。
季绪才：《岷州花儿选集》，甘肃文化出版社 2013 年版。
李文才：《海原民间花儿》，阳光出版社 2013 年版。
李少白：《河湟花儿大全》，青海人民出版社 2011 年版。
临夏回族自治州文化局：《临夏民歌集》，临夏回族自治州印刷厂印制，1982 年。
临夏回族自治州文化局创作研究室：《临夏花儿选》，内部刊物，1982 年。
临夏回族自治州文联：《临夏花儿选》，临夏州印刷厂印刷，内部刊物，1986 年。
鲁剑：《西北民歌与花儿集》，甘肃人民出版社 2002 年版。
李富：《春风吹动花千树古典传统花儿荟萃》，乌鲁木齐市委宣传部沙依巴克区文化局，1991 年。
李少白、李养峰：《河湟花儿大全》第 1 卷，青海人民出版社 2011 年版。
李少白、李养峰：《河湟花儿大全》第 2 卷，青海人民出版社 2011 年版。
临洮县寺洼文化研究会：《临洮花儿》，2009 年。

临洮诗词学会：《临洮花儿选》，内部使用，2007年。
临夏回族自治州文化局：《春催花儿开》，内部交流，1978年。
陇崖：《花儿集萃·河州花儿卷》，甘肃文化出版社2005年版。
陇崖：《花儿集萃·莲花山花儿卷》，甘肃文化出版社2005年版。
马春晖：《张家川回族自治县花儿全集》，甘肃文化出版社2013年版。
马得林：《新编大传花儿》，青海人民出版社2003年版。
岷县文化局：《叠藏河花儿专辑》，岷县文学工作者协会，1994年。
岷县文化局：《叠藏河花儿专号》，岷县文学艺术界联合会，2004年。
宁夏固原县文化馆、中国民协宁夏分会：《六盘山花儿两千首》，宁夏人民出版社1989年版。
中国民间文艺研究会宁夏分会编：《宁夏民间文学·第九辑·花儿专辑》1986年。
满自忠：《新编花儿擂台卷》，青海人民出版社2014年版。
米东新区文化馆编：《韩生元演唱专集》，内部资料，2006年。
米东新区文化馆编：《花儿集锦》，内部资料，2006年。
宋志贤：《岷县民间歌谣》，天马图书有限公司2002年版。
腾晓天、井石等：《青海花儿词典》，青海人民出版社2013年版。
腾晓天：《传统花儿精选》，青海人民出版社2017年版。
谢佐、马得林：《新编大传花儿》，青海人民出版社2003年版。
渭源县文化馆编印：《殷建章花儿集》，2015年。
王文光、闫国新：《莲花山花儿》，内部资料，1997年。
王登云：《梨都花儿》，内部资料，青海天和地矿印刷有限公司，2010年。
雪犁、柯杨：《花儿选集》，甘肃人民出版社1980年版。
新疆昌吉回族自治州《博格达》编辑部：《天山下的"花儿"》，新疆人民出版社1982年版。
雪犁、柯杨：《西北花儿精选》，青海人民出版社1987年版。
杨生海：《八宝川花儿》，内部交流，2012年。
朱仲禄：《花儿选》，陕西人民出版社1954年版。
朱仲禄：《爱情花儿》，敦煌文艺出版社2002年版。
朱刚：《传统爱情花儿百首》，青海人民出版社1982年版。
赵意立、汪莲莲：《汪莲莲花儿集》，渭源县文化馆编印，2015年。

《中国民间歌曲集成·青海卷》编辑委员会：《中国民间歌曲集成·青海卷》，中国ISBN中心2000年版。

《中国民间文学集成·甘肃卷》编辑委员会：《中国歌谣集成·甘肃卷》，中国ISBN中心2000年版。

中国民间文艺研究会甘肃分会：《莲花山花儿选粹》，内部交流本，1986年。

中共康乐县委宣传部：《莲花山花儿选》，内部资料，1986年。

政协舟曲县文史资料委员会：《舟曲花儿》，内部资料，2016年。

周健、剑虹：《甘肃民歌选》第2辑，甘肃省文化局、文联编印，1954年。

中共甘肃省委宣传部编：《甘肃民歌选》第2辑，1960年。